OEUVRES
DE
P. CORNEILLE.

DE L'IMPRIMERIE DE P. DIDOT, L'AINÉ,
CHEVALIER DE L'ORDRE ROYAL DE SAINT-MICHEL,
IMPRIMEUR DU ROI.

OEUVRES
DE
P. CORNEILLE

AVEC

LE COMMENTAIRE DE VOLTAIRE,

ET LES JUGEMENTS DE LA HARPE.

TOME NEUVIÈME.

A PARIS,

Chez JANET ET COTELLE, LIBRAIRES,

M DCCC XXI.

ATTILA,
ROI DES HUNS,
TRAGÉDIE.

1667.

PRÉFACE DE VOLTAIRE.

Attila parut malheureusement la même année qu'*Andromaque*. La comparaison ne contribua pas à faire remonter Corneille à ce haut point de gloire où il s'était élevé ; il baissait, et Racine s'élevait : c'était alors le temps de la retraite ; il devait prendre ce parti honorable. La plaisanterie de Despréaux devait l'avertir de ne plus travailler, ou de travailler avec plus de soin :

> J'ai vu l'Agésilas,
> Hélas !
> Mais après l'Attila,
> Holà !

On connaît encore ces vers :

> Peut aller au parterre attaquer Attila,
> Et, si le roi des Huns ne lui charme l'oreille,
> Traiter de visigoths tous les vers de Corneille.

On a prétendu (car que ne prétend-on pas?) que Corneille avait regardé ces vers comme un éloge ; mais quel poëte trouvera jamais bon qu'on traite ses vers de visigoths, sur-tout lorsqu'ils sont en effet durs et obscurs pour la plupart? La dureté et la sécheresse dans l'expression sont assez communément le partage de la vieillesse; il arrive alors à notre esprit ce qui arrive à nos fibres. Racine, dans la force de son âge, né avec un cœur tendre, un esprit flexible, une oreille harmonieuse, donnait à la langue française un charme qu'elle n'avait point eu jusque alors. Ses vers entraient dans la mémoire des spectateurs comme un jour doux entre dans les yeux. Jamais les nuances des passions ne furent exprimées avec un coloris plus naturel et plus vrai; jamais on ne fit de vers plus coulants, et en même temps plus exacts.

Il ne faut pas s'étonner si le style de Corneille, devenu encore plus incorrect et plus raboteux dans ses dernières pièces, rebutait les esprits que Racine enchantait, et qui devenaient par cela même plus difficiles.

Quel commentaire peut-on faire sur Attila, *qui combat de tête encore plus que de bras; sur la terreur de son bras, qui lui donne pour nouveaux compagnons les Alains, les Francs, et les Bourguignons; sur un Ardaric, et sur un Vala-*

mir, deux prétendus rois, qu'on traite comme des officiers subalternes ; sur cet Ardaric, qui est amoureux, et qui s'écrie :

> Qu'un monarque est heureux lorsque le ciel lui donne
> La main d'une si rare et si belle personne ! etc.

La même raison qui m'a empêché d'entrer dans aucun détail sur *Agésilas* m'arrête pour *Attila ;* et les lecteurs qui pourront lire ces pièces me pardonneront sans doute de m'abstenir des remarques : je suis sûr du moins qu'ils ne me pardonneraient pas d'en avoir fait.

Je dirai seulement, dans cette préface, qu'il est très vraisemblable que cet Attila, très peu connu des historiens, était un homme d'un mérite rare dans son métier de brigand. Un capitaine de la nation des Huns qui force l'empereur Théodose à lui payer tribut, qui savait discipliner ses armées, les recruter chez ses ennemis mêmes, et nourrir la guerre par la guerre ; un homme qui marcha en vainqueur de Constantinople aux portes de Rome, et qui, dans un règne de dix ans, fut la terreur de l'Europe entière, devait avoir autant de politique que de courage ; et c'est une grande erreur de penser qu'on puisse être conquérant sans avoir au-

PRÉFACE

tant d'habileté que de valeur. Il ne faut pas croire, sur la foi de Jornandez, qu'Attila mena une armée de cinq cent mille hommes dans les plaines de la Champagne : avec quoi aurait-il nourri une pareille armée? La prétendue victoire remportée par Aétius auprès de Châlons, et deux cent mille hommes tués de part et d'autre dans cette bataille, peuvent être mis au rang des mensonges historiques. Comment Attila, vaincu en Champagne, serait-il allé prendre Aquilée? La Champagne n'est pas assurément le chemin d'Aquilée dans le Frioul. Personne ne nous a donné des détails historiques sur ces temps malheureux. Tout ce qu'on sait, c'est que les barbares venaient des Palus-Méotides, et du Borysthène, passaient par l'Illyrie, entraient en Italie par le Tyrol, ravageaient l'Italie entière, franchissaient ensuite l'Apennin et les Alpes, et allaient jusqu'au Rhin, jusqu'au Danube.

Corneille, dans sa tragédie d'*Attila*, fait paraître Ildione, une princesse sœur d'un prétendu roi de France ; elle s'appelait Ildecone à la première représentation ; on changea ensuite ce nom ridicule. Mérouée, son prétendu frère, ne fut jamais roi de France. Il était à la tête d'une petite nation barbare vers Mayence, Francfort et Cologne. Corneille dit

> Que le grand Mérouée est un roi magnanime,
> Amoureux de la gloire, ardent après l'estime,
> Qu'il a déja soumis et la Seine et la Loire.

Ces fictions peuvent être permises dans une tragédie; mais il faudrait que ces fictions fussent intéressantes.

PRÉFACE DE CORNEILLE.

AU LECTEUR.

Le nom d'Attila est assez connu, mais tout le monde n'en connoît pas tout le caractère. Il étoit plus homme de tête que de main, tâchoit à diviser ses ennemis, ravageoit les peuples indéfendus, pour donner de la terreur aux autres, et tirer tribut de leur épouvante; et s'étoit fait un tel empire sur les rois qui l'accompagnoient, que, quand même il leur eût commandé des parricides, ils n'eussent osé lui désobéir. Il est malaisé de savoir quelle étoit sa religion : le surnom de *Fléau de Dieu* qu'il prenoit lui-même montre qu'il n'en croyoit pas plusieurs. Je l'estimerois arien, comme les Ostrogoths et les Gépides de son armée, n'étoit la pluralité des femmes, que je lui ai retranchée ici. Il croyoit fort aux devins, et c'étoit peut-être tout ce qu'il croyoit. Il envoya demander par deux fois à l'empereur Valentinian sa sœur Honorie avec de grandes menaces; et, en attendant, il épousa

Ildione, dont tous les historiens marquent la beauté, sans parler de sa naissance. C'est ce qui m'a enhardi à la faire sœur d'un de nos premiers rois, afin d'opposer la France naissante au déclin de l'empire. Il est constant qu'il mourut la première nuit de son mariage avec elle. Marcellin dit qu'elle le tua elle-même; et je lui en ai voulu donner l'idée, quoique sans effet. Tous les autres rapportent qu'il avoit accoutumé de saigner du nez, et que les vapeurs du vin et des viandes dont il se chargea fermèrent le passage à ce sang, qui, après l'avoir étouffé, sortit avec violence par tous les conduits. Je les ai suivis sur la manière de sa mort; mais j'ai cru plus à propos d'en attribuer la cause à un excès de colère qu'à un excès d'intempérance.

Au reste, on m'a pressé de répondre ici par occasion aux invectives qu'on a publiées depuis quelque temps contre la comédie: mais je me contenterai d'en dire deux choses, pour fermer la bouche à ces ennemis d'un divertissement si honnête et si utile: l'une, que je soumets tout ce que j'ai fait et ferai à l'avenir à la censure des puissances, tant ecclésiastiques que séculières, sous lesquelles Dieu me fait vivre; je ne sais s'ils en voudroient faire autant: l'autre, que la comédie est assez justifiée par cette célèbre traduction de la moitié de celles de Térence, que des personnes d'une piété exemplaire et rigide ont donnée au public, et ne l'auroient jamais fait, si elles n'eussent jugé qu'on peut innocemment mettre sur la scène des filles engrossées par leurs amants, et des marchands d'esclaves à prostituer. La nôtre ne souffre point de tels ornements. L'amour en est l'ame pour l'ordinaire; mais l'amour dans le malheur n'excite que la pitié, et est plus capable de purger en nous cette passion que de nous en faire envie.

Il n'y a point d'homme, au sortir de la représentation du *Cid*, qui voulût avoir tué, comme lui, le père de sa maîtresse, pour en recevoir de pareilles douceurs, ni de fille qui souhaitât que son amant eût tué son père, pour avoir la joie de l'aimer en poursuivant sa mort. Les tendresses de l'amour content sont d'une autre nature; et c'est ce qui m'oblige à les éviter. J'espère un jour traiter cette matière plus au long, et faire voir quelle erreur c'est de dire qu'on peut faire parler sur le théâtre toutes sortes de gens, selon toute l'étendue de leurs caractères.

PERSONNAGES.

ATTILA, roi des Huns.
ARDARIC, roi des Gépides.
VALAMIR, roi des Ostrogoths.
HONORIE, sœur de l'empereur Valentinian.
ILDIONE, sœur de Mérouée, roi de France.
OCTAR, capitaine des gardes d'Attila.
FLAVIE, dame d'honneur d'Honorie.
GARDES.

La scène est au camp d'Attila, dans la Norique.

ATTILA.

ACTE PREMIER.

SCÈNE I.

ATTILA, OCTAR, GARDES.

ATTILA.

Ils ne sont pas venus, nos deux rois : qu'on leur die
Qu'ils se font trop attendre, et qu'Attila s'ennuie;
Qu'alors que je les mande ils doivent se hâter.

OCTAR.

Mais, seigneur, quel besoin de les en consulter?
Pourquoi de votre hymen les prendre pour arbitres,
Eux qui n'ont de leur trône ici que de vains titres,
Et que vous ne laissez au nombre des vivants
Que pour traîner par-tout deux rois pour vos suivants?

ATTILA.

J'en puis résoudre seul, Octar, et les appelle,
Non sous aucun espoir de lumière nouvelle;
Je crois voir avant eux ce qu'ils m'éclairciront,
Et m'être déja dit tout ce qu'ils me diront :
Mais de ces deux partis lequel que je préfère,
Sa gloire est un affront pour l'autre, et pour son frère;

Et je veux attirer d'un si juste courroux
Sur l'auteur du conseil les plus dangereux coups,
Assurer une excuse à ce manque d'estime,
Pouvoir, s'il est besoin, livrer une victime;
Et c'est ce qui m'oblige à consulter ces rois,
Pour faire à leurs périls éclater ce grand choix:
Car enfin j'aimerois un prétexte à leur perte;
J'en prendrois hautement l'occasion offerte.
Ce titre en eux me choque, et je ne sais pourquoi
Un roi que je commande ose se nommer roi.
Un nom si glorieux marque une indépendance
Que souille, que détruit la moindre obéissance;
Et je suis las de voir que du bandeau royal
Ils prennent droit tous deux de me traiter d'égal.

OCTAR.
Mais, seigneur, se peut-il que pour ces deux princesses
Vous ayez mêmes yeux et pareilles tendresses,
Que leur mérite égal dispose sans ennui
Votre ame irrésolue aux sentiments d'autrui?
Ou si vers l'une ou l'autre elle a pris quelque pente,
Dont prennent ces deux rois la route différente,
Voudra-t-elle, aux dépens de ses vœux les plus doux,
Préparer une excuse à ce juste courroux?
Et pour juste qu'il soit, est-il si fort à craindre
Que le grand Attila s'abaisse à se contraindre?

ATTILA.
Non: mais la noble ardeur d'envahir tant d'états
Doit combattre de téte encor plus que de bras,
Entre ses ennemis rompre l'intelligence,
Y jeter du désordre et de la défiance,

ACTE I, SCÈNE I.

Et ne rien hasarder qu'on n'ait de toutes parts,
Autant qu'il est possible, enchaîné les hasards.
    Nous étions aussi forts qu'à présent nous le sommes,
Quand je fondis en Gaule avec cinq cent mille hommes.
Dès-lors, s'il t'en souvient, je voulus, mais en vain,
D'avec le Visigoth détacher le Romain.
J'y perdis auprès d'eux des soins qui me perdirent;
Loin de se diviser, d'autant mieux ils s'unirent.
La terreur de mon nom pour nouveaux compagnons
Leur donna les Alains, les Francs, les Bourguignons;
Et, n'ayant pu semer entre eux aucuns divorces,
Je me vis en déroute avec toutes mes forces.
J'ai su les rétablir, et cherche à me venger;
Mais je cherche à le faire avec moins de danger.
    De ces cinq nations contre moi trop heureuses,
J'envoie offrir la paix aux deux plus belliqueuses;
Je traite avec chacune; et comme toutes deux
De mon hymen offert ont accepté les nœuds,
Des princesses qu'ensuite elles en font le gage
L'une sera ma femme et l'autre mon otage.
Si j'offense par là l'un des deux souverains,
Il craindra pour sa sœur qui reste entre mes mains.
Ainsi je les tiendrai l'un et l'autre en contrainte,
L'un par mon alliance, et l'autre par la crainte;
Ou si le malheureux s'obstine à s'irriter,
L'heureux en ma faveur saura lui résister;
Tant que de nos vainqueurs terrassés l'un par l'autre
Les trônes ébranlés tombent au pied du nôtre.
Quant à l'amour, apprends que mon plus doux souci
N'est.... Mais Ardaric entre, et Valamir aussi.

SCÈNE II.

ATTILA, ARDARIC, VALAMIR, OCTAR,
GARDES.

ATTILA.

Rois, amis d'Attila, soutiens de ma puissance,
Qui rangez tant d'états sous mon obéissance,
Et de qui les conseils, le grand cœur et la main
Me rendent formidable à tout le genre humain;
Vous voyez en mon camp les éclatantes marques
Que de ce vaste effroi nous donnent deux monarques.
En Gaule Mérouée, à Rome l'empereur,
Ont cru par mon hymen éviter ma fureur.
La paix avec tous deux en même temps traitée
Se trouve avec tous deux à ce prix arrêtée;
Et presque sur les pas de mes ambassadeurs
Les leurs m'ont amené deux princesses leurs sœurs.
Le choix m'en embarrasse, il est temps de le faire;
Depuis leur arrivée en vain je le diffère;
Il faut enfin résoudre; et, quel que soit ce choix,
J'offense un empereur, ou le plus grand des rois.
 Je le dis le plus grand, non qu'encor la victoire
Ait porté Mérouée à ce comble de gloire;
Mais, si de nos devins l'oracle n'est point faux,
Sa grandeur doit atteindre aux degrés les plus hauts;
Et de ses successeurs l'empire inébranlable
Sera de siècle en siècle enfin si redoutable,
Qu'un jour toute la terre en recevra des lois,

Ou tremblera du moins au nom de leurs François.
Vous donc, qui connoissez de combien d'importance
Est pour nos grands projets l'une et l'autre alliance,
Prêtez-moi des clartés pour bien voir aujourd'hui
De laquelle ils auront ou plus ou moins d'appui;
Qui des deux, honoré par ces nœuds domestiques,
Nous vengera le mieux des champs catalauniques;
Et qui des deux enfin, déchu d'un tel espoir,
Sera le plus à craindre à qui veut tout pouvoir.

ARDARIC.

En l'état où le ciel a mis votre puissance
Nous mettrions en vain leurs forces en balance :
Tout ce qu'on y peut voir ou de plus ou de moins
Ne vaut pas amuser le moindre de vos soins.
L'un et l'autre traité suffit pour nous instruire
Qu'ils vous craignent tous deux et n'osent plus vous nuire.
Ainsi, sans perdre temps à vous inquiéter,
Vous n'avez que vos yeux, seigneur, à consulter.
Laissez aller ce choix du côté du mérite
Pour qui, sur leur rapport, l'amour vous sollicite;
Croyez ce qu'avec eux votre cœur résoudra;
Et de ces potentats s'offense qui voudra.

ATTILA.

L'amour chez Attila n'est pas un bon suffrage;
Ce qu'on m'en donneroit me tiendroit lieu d'outrage;
Et tout exprès ailleurs je porterois ma foi,
De peur qu'on n'eût par là trop de pouvoir sur moi.
Les femmes qu'on adore usurpent un empire
Que jamais un mari n'ose ou ne peut dédire :
C'est au commun des rois à se plaire en leurs fers,

Non à ceux dont le nom fait trembler l'univers.
Que chacun de leurs yeux aime à se faire esclave;
Moi, je ne veux les voir qu'en tyrans que je brave :
Et par quelques attraits qu'ils captivent un cœur,
Le mien en dépit d'eux est tout à ma grandeur.
Parlez donc seulement du choix le plus utile,
Du courroux à dompter ou plus ou moins facile;
Et ne me dites point que de chaque côté
Vous voyez comme lui peu d'inégalité.
En matière d'état ne fût-ce qu'un atome,
Sa perte quelquefois importe d'un royaume;
Il n'est scrupule exact qu'il n'y faille garder,
Et le moindre avantage a droit de décider.

VALAMIR.

Seigneur, dans le penchant que prennent les affaires,
Les grands discours ici ne sont pas nécessaires;
Il ne faut que des yeux; et pour tout découvrir,
Pour décider de tout, on n'a qu'à les ouvrir.
    Un grand destin commence, un grand destin s'achève* :
L'empire est prêt à choir, et la France s'élève;
L'une peut avec elle affermir son appui,
Et l'autre en trébuchant l'ensevelir sous lui.
Vos devins vous l'ont dit; n'y mettez point d'obstacles,
Vous qui n'avez jamais douté de leurs oracles :
Soutenir un état chancelant et brisé,

---

* Dans cette délibération politique, on trouve encore des intentions dignes de Corneille : cette scène est d'un genre qu'il affectionnait, mais plus propre à la dissertation qu'à la tragédie, quoiqu'il en eût pu faire, dans son bon temps, un grand et magnifique tableau. P.

ACTE I, SCÈNE II.

C'est chercher par sa chute à se voir écrasé.
Appuyez donc la France, et laissez tomber Rome;
Aux grands ordres du ciel prêtez ceux d'un grand homme:
D'un si bel avenir avouez vos devins,
Avancez le succès, et hâtez les destins.

ARDARIC.

Oui, le ciel, par le choix de ces grands hyménées,
A mis entre vos mains le cours des destinées;
Mais s'il est glorieux, seigneur, de le hâter,
Il l'est, et plus encor, de si bien l'arrêter,
Que la France, en dépit d'un infaillible augure,
N'aille qu'à pas traînants vers sa grandeur future,
Et que l'aigle, accablé par ce destin nouveau,
Ne puisse trébucher que sur votre tombeau.
Seroit-il gloire égale à celle de suspendre
Ce que ces deux états du ciel doivent attendre,
Et de vous faire voir aux plus savants devins
Arbitre des succès et maître des destins?
J'ose vous dire plus. Tout ce qu'ils vous prédisent,
Avec pleine clarté dans le ciel ils le lisent;
Mais vous assurent-ils que quelque astre jaloux
N'ait point mis plus d'un siècle entre l'effet et vous?
Ces éclatants retours que font les destinées
Sont assez rarement l'œuvre de peu d'années;
Et ce qu'on vous prédit touchant ces deux états
Peut être un avenir qui ne vous touche pas.
Cependant regardez ce qu'est encor l'empire:
Il chancèle, il se brise, et chacun le déchire;
De ses entrailles même il produit les tyrans;
Mais il peut encor plus que tous ses conquérants.

2.

Le moindre souvenir des champs catalauniques
En peut mettre à vos yeux des preuves trop publiques :
Singibar, Gondebaut, Mérouée, et Thierri,
Là, sans Aétius, tous quatre auroient péri.
Les Romains firent seuls cette grande journée :
Unissez-les à vous par un digne hyménée.
Puisque déja sans eux vous pouvez presque tout,
Il n'est rien dont par eux vous ne veniez à bout.
Quand de ces nouveaux rois ils vous auront fait maître,
Vous verrez à loisir de qui vous voudrez l'être,
Et résoudrez vous seul avec tranquillité
Si vous leur souffrirez encor l'égalité.

VALAMIR.

L'empire, je l'avoue, est encor quelque chose;
Mais nous ne sommes plus au temps de Théodose;
Et comme dans sa race il ne revit pas bien,
L'empire est quelque chose, et l'empereur n'est rien.
Ses deux fils n'ont rempli les trônes des deux Romes
Que d'idoles pompeux, que d'ombres au lieu d'hommes.
L'imbécile fierté de ces faux souverains,
Qui n'osoit à son aide appeler des Romains,
Parmi des nations qu'ils traitoient de barbares
Empruntoit pour régner des personnes plus rares;
Et d'un côté Gainas, de l'autre Stilicon,
A ces deux majestés ne laissant que le nom,
On voyoit dominer d'une hauteur égale
Un Goth dans un empire, et dans l'autre un Vandale.
Comme de tous côtés on s'en est indigné,
De tous côtés aussi pour eux on a régné.
Le second Théodose avoit pris leur modèle :

Sa sœur à cinquante ans le tenoit en tutéle,
Et fut, tant qu'il régna, l'ame de ce grand corps,
Dont elle fait encor mouvoir tous les ressorts.
　Pour Valentinian, tant qu'a vécu sa mère,
Il a semblé répondre à ce grand caractère;
Il a paru régner : mais on voit aujourd'hui
Qu'il régnoit par sa mère, ou sa mère pour lui;
Et depuis son trépas il a trop fait connoître
Que s'il est empereur, Aétius est maître;
Et c'en seroit la sœur qu'il faudroit obtenir,
Si jamais aux Romains vous vouliez vous unir.
　Au reste, un prince foible, envieux, mol, stupide,
Qu'un heureux succès enfle, un douteux intimide,
Qui pour unique emploi s'attache à son plaisir,
Et laisse le pouvoir à qui s'en peut saisir.
　Mais le grand Mérouée est un roi magnanime,
Amoureux de la gloire, ardent après l'estime,
Qui ne permet aux siens d'emploi, ni de pouvoir,
Qu'autant que par son ordre ils en doivent avoir.
Il sait vaincre et régner; et depuis sa victoire,
S'il a déja soumis et la Seine et la Loire,
Quand vous voudrez aux siens joindre vos combattants
La Garonne et l'Arar ne tiendront pas long-temps.
Alors ces mêmes champs, témoins de notre honte,
En verront la vengeance et plus haute et plus prompte;
Et, pour glorieux prix d'avoir su nous venger,
Vous aurez avec lui la Gaule à partager;
D'où vous ferez savoir à toute l'Italie
Que lorsque la prudence à la valeur s'allie,
Il n'est rien à l'épreuve, et qu'il est temps qu'enfin

Et du Tibre et du Pô vous fassiez le destin.

ARDARIC.

Prenez-en donc le droit des mains d'une princesse
Qui l'apporte pour dot à l'ardeur qui vous presse;
Et paroissez plutôt vous saisir de son bien,
Qu'usurper des états sur qui ne vous doit rien.
Sa mère eut tant de part à la toute-puissance,
Qu'elle fit à l'empire associer Constance;
Et si ce même empire a quelque attrait pour vous,
La fille a même droit en faveur d'un époux.

Allez la force en main demander ce partage,
Que d'un père mourant lui laissa le suffrage :
Sous ce prétexte heureux vous verrez des Romains
Se détacher de Rome, et vous tendre les mains.
Aétius n'est pas si maître qu'on veut croire,
Il a jusque chez lui des jaloux de sa gloire;
Et vous aurez pour vous tous ceux qui dans le cœur
Sont mécontents du prince, ou las du gouverneur.
Le débris de l'empire a de belles ruines;
S'il n'a plus de héros, il a des héroïnes.
Rome vous en offre une, et part à ce débris;
Pourriez-vous refuser votre main à ce prix?
Ildione n'apporte ici que sa personne,
Sa dot ne peut s'étendre aux droits d'une couronne,
Ses Francs n'admettent point de femme à dominer;
Mais les droits d'Honorie ont de quoi tout donner.
Attachez-les, seigneur, à vous, à votre race;
Du fameux Théodose assurez-vous la place :
Rome adore la sœur; le frère est sans pouvoir,
On hait Aétius; vous n'avez qu'à vouloir.

ATTILA.

Est-ce comme il me faut tirer d'inquiétude,
Que de plonger mon ame en plus d'incertitude?
Et pour vous prévaloir de mes perplexités
Choisissez-vous exprès ces contrariétés?
Plus j'entends raisonner, et moins on détermine;
Chacun dans sa pensée également s'obstine;
Et quand par vous je cherche à ne plus balancer,
Vous cherchez l'un et l'autre à mieux m'embarrasser!
Je ne demande point de si diverses routes :
Il me faut des clartés, et non de nouveaux doutes;
Et quand je vous confie un sort tel que le mien,
C'est m'offenser tous deux que ne résoudre rien.

VALAMIR.

Seigneur, chacun de nous vous parle comme il pense,
Chacun de ce grand choix vous fait voir l'importance;
Mais nous ne sommes point jaloux de nos avis.
Croyez-le, croyez-moi, nous en serons ravis;
Ils sont les purs effets d'une amitié fidèle,
De qui le zèle ardent....

ATTILA.

Unissez donc ce zèle,
Et ne me forcez point à voir dans vos débats,
Plus que je ne veux voir, et.... Je n'achève pas.
Dites-moi seulement ce qui vous intéresse
A protéger ici l'une et l'autre princesse.
Leurs frères vous ont-ils, à force de présents,
Chacun de son côté, rendus leurs partisans?
Est-ce amitié pour l'une, est-ce haine pour l'autre,
Qui forme auprès de moi son avis et le vôtre?

Par quel dessein de plaire ou de vous agrandir....
Mais derechef je veux ne rien approfondir,
Et croire qu'où je suis on n'a pas tant d'audace.
Vous, si vous vous aimez, faites-vous une grace;
Accordez-vous ensemble, et ne contestez plus,
Ou de l'une des deux ménagez un refus,
Afin que nous puissions en cette conjoncture
A son aversion imputer la rupture.
Employez-y tous deux ce zèle et cette ardeur
Que vous dites avoir tous deux pour ma grandeur.
J'en croirai les efforts qu'on fera pour me plaire,
Et veux bien jusque-là suspendre ma colère.

SCÈNE III.

ARDARIC, VALAMIR.

ARDARIC.

En serons-nous toujours les malheureux objets?
Et verrons-nous toujours qu'il nous traite en sujets?

VALAMIR.

Fermons les yeux, seigneur, sur de telles disgraces;
Le ciel en doit un jour effacer jusqu'aux traces :
Mes devins me l'ont dit; et, s'il en est besoin,
Je dirai que ce jour peut-être n'est pas loin :
Ils en ont, disent-ils, un assuré présage.
Je vous confierai plus : ils m'ont dit davantage,
Et qu'un Théodoric qui doit sortir de moi
Commandera dans Rome, et s'en fera le roi;
Et c'est ce qui m'oblige à parler pour la France,

A presser Attila d'en choisir l'alliance,
D'épouser Ildione, afin que par ce choix
Il laisse à mon hymen Honorie et ses droits.
 Ne vous opposez plus aux grandeurs d'Ildione,
Souffrez en ma faveur qu'elle monte à ce trône;
Et si jamais pour vous je puis en faire autant....

ARDARIC.

Vous le pouvez, seigneur, et dès ce même instant.
Souffrez qu'à votre exemple en deux mots je m'explique.
 Vous aimez, mais ce n'est qu'un amour politique;
Et puisque je vous dois confidence à mon tour,
J'ai pour l'autre princesse un véritable amour;
Et c'est ce qui m'oblige à parler pour l'empire,
Afin qu'on m'abandonne un objet où j'aspire.
 Une étroite amitié l'un à l'autre nous joint;
Mais enfin nos desirs ne compatissent point.
Voyons qui se doit vaincre, et s'il faut que mon ame
A votre ambition immole cette flamme,
Ou s'il n'est point plus beau que votre ambition
Elle-même s'immole à cette passion.

VALAMIR.

Ce seroit pour mon cœur un cruel sacrifice.

ARDARIC.

Et l'autre pour le mien seroit un dur supplice.
Vous aime-t-on?

VALAMIR.

 Du moins j'ai lieu de m'en flatter.
Et vous, seigneur?

ARDARIC.

 Du moins on me daigne écouter.

VALAMIR.

Qu'un mutuel amour est un triste avantage
Quand ce que nous aimons d'un autre est le partage!

ARDARIC.

Cependant le tyran prendra pour attentat
Cet amour qui fait seul tant de raisons d'état.
Nous n'avons que trop vu jusqu'où va sa colère,
Qui n'a pas épargné le sang même d'un frère,
Et combien après lui de rois ses alliés
A son orgueil barbare il a sacrifiés.

VALAMIR.

Les peuples qui suivoient ces illustres victimes
Suivent encor sous lui l'impunité des crimes;
Et ce ravage affreux qu'il permet aux soldats
Lui gagne tant de cœurs, lui donne tant de bras,
Que nos propres sujets sortis de nos provinces
Sont en dépit de nous plus à lui qu'à leurs princes.

ARDARIC.

Il semble à ses discours déja nous soupçonner,
Et ce sont des soupçons qu'il nous faut détourner.
A ce refus qu'il veut disposons ma princesse.

VALAMIR.

Pour y porter la mienne il faudra peu d'adresse.

ARDARIC.

Si vous persuadez, quel malheur est le mien!

VALAMIR.

Et si l'on vous en croit, puis-je espérer plus rien?

ARDARIC.

Ah! que ne pouvons-nous être heureux l'un et l'autre!

VALAMIR.

Ah! que n'est mon bonheur plus compatible au vôtre!

ARDARIC.

Allons des deux côtés chacun faire un effort.

VALAMIR.

Allons, et du succès laissons-en faire au sort.

FIN DU PREMIER ACTE.

ACTE SECOND.

SCÈNE I.

HONORIE, FLAVIE.

FLAVIE.

Je ne m'en défends point : oui, madame, Octar m'aime;
Tout ce que je vous dis, je l'ai su de lui-même.
Ils sont rois, mais c'est tout : ce titre sans pouvoir
N'a rien presque en tous deux de ce qu'il doit avoir;
Et le fier Attila chaque jour fait connoître
Que s'il n'est pas leur roi, du moins il est leur maître,
Et qu'ils n'ont en sa cour le rang de ses amis
Qu'autant qu'à son orgueil ils s'y montrent soumis.
Tous deux ont grand mérite, et tous deux grand courage;
Mais ils sont, à vrai dire, ici comme en otage,
Tandis que leurs soldats en des camps éloignés
Prennent l'ordre sous lui de gens qu'il a gagnés;
Et si de le servir leurs troupes n'étoient prêtes,
Ces rois, tous rois qu'ils sont, répondroient de leurs têtes.
Son frère aîné Vléda, plus rempli d'équité,
Les traitoit malgré lui d'entière égalité;
Il n'a pu le souffrir, et sa jalouse envie,
Pour n'avoir plus d'égaux, s'est immolé sa vie.

Le sang qu'après avoir mis ce prince au tombeau
On lui voit chaque jour distiller du cerveau
Punit son parricide, et chaque jour vient faire
Un tribut étonnant à celui de ce frère :
Suivant même qu'il a plus ou moins de courroux,
Ce sang forme un supplice ou plus rude ou plus doux,
S'ouvre une plus féconde ou plus stérile veine ;
Et chaque emportement porte avec lui sa peine.

HONORIE.

Que me sert donc qu'on m'aime? et pourquoi m'engager
A souffrir un amour qui ne peut me venger?
L'insolent Attila me donne une rivale ;
Par ce choix qu'il balance il la fait mon égale ;
Et quand pour l'en punir je crois prendre un grand roi,
Je ne prends qu'un grand nom qui ne peut rien pour moi.
Juge que de chagrins au cœur d'une princesse
Qui hait également l'orgueil et la foiblesse ;
Et de quel œil je puis regarder un amant
Qui n'aura que pitié de mon ressentiment,
Qui ne saura qu'aimer, et dont tout le service
Ne m'assure aucun bras à me faire justice.

Jusqu'à Rome Attila m'envoie offrir sa foi,
Pour douter dans son camp entre Ildione et moi.
Hélas! Flavie, hélas! si ce doute m'offense,
Que doit faire une indigne et haute préférence?
Et n'est-ce pas alors le dernier des malheurs,
Qu'un éclat impuissant d'inutiles douleurs?

FLAVIE.

Prévenez-le, madame ; et montrez à sa honte
Combien de tant d'orgueil vous faites peu de compte.

HONORIE.

La bravade est aisée, un mot est bientôt dit :
Mais où fuir un tyran que la bravade aigrit ?
Retournerai-je à Rome où j'ai laissé mon frère
Enflammé contre moi de haine et de colère,
Et qui sans la terreur d'un nom si redouté
Jamais n'eût mis de borne à ma captivité ?
Moi qui prétends pour dot la moitié de l'empire....

FLAVIE.

Ce seroit d'un malheur vous jeter dans un pire.
Ne vous emportez pas contre vous jusque-là :
Il est d'autres moyens de braver Attila.
Épousez Valamir.

HONORIE.

    Est-ce comme on le brave
Que d'épouser un roi dont il fait son esclave ?

FLAVIE.

Mais vous l'aimez.

HONORIE.

    Eh bien ! si j'aime Valamir,
Je ne veux point de rois qu'on force d'obéir ;
Et si tu me dis vrai, quelque rang que je tienne,
Cet hymen pourroit être et sa perte et la mienne.
Mais je veux qu'Attila, pressé d'un autre amour,
Endure un tel insulte* au milieu de sa cour :
Ildione par là me verroit à sa suite ;
A de honteux respects je m'y verrois réduite ;
Et le sang des Césars, qu'on adora toujours,

---

* *Insulte*, et Boileau lui-même a employé ce mot comme Corneille, était alors du genre masculin. P.

ACTE II, SCÈNE I.

Feroit hommage au sang d'un roi de quatre jours!
Dis-le-moi toutefois, pencheroit-il vers elle?
Que t'en a dit Octar?

FLAVIE.

Qu'il la trouve assez belle,
Qu'il en parle avec joie, et fuit à lui parler.

HONORIE.

Il me parle; et s'il faut ne rien dissimuler,
Ses discours me font voir du respect, de l'estime,
Et même quelque amour sans que le nom s'exprime.

FLAVIE.

C'est un peu plus qu'à l'autre.

HONORIE.

Et peut-être bien moins.

FLAVIE.

Quoi! ce qu'à l'éviter il apporte de soins....

HONORIE.

Peut-être il ne la fuit que de peur de se rendre;
Et s'il ne me fuit pas, il sait mieux s'en défendre.
Oui, sans doute, il la craint, et toute sa fierté
Ménage, pour choisir, un peu de liberté.

FLAVIE.

Mais laquelle des deux voulez-vous qu'il choisisse?

HONORIE.

Mon ame des deux parts attend même supplice:
Ainsi que mon amour, ma gloire a ses appas;
Je meurs s'il me choisit, ou ne me choisit pas;
Et.... Mais Valamir entre, et sa vue en mon ame
Fait trembler mon orgueil, enorgueillit ma flamme.
Flavie, il peut sur moi bien plus que je ne veux:

Pour peu que je l'écoute il aura tous mes vœux.
Dis-lui.... Mais il vaut mieux faire effort sur moi-même.

SCÈNE II.

VALAMIR, HONORIE, FLAVIE.

HONORIE.

Le savez-vous, seigneur, comment je veux qu'on m'aime?
Et puisque jusqu'à moi vous portez vos souhaits,
Avez-vous su connoître à quel prix je me mets?
Je parle avec franchise, et ne veux point vous taire
Que vos soins me plairoient s'il ne falloit que plaire:
Mais quand cent et cent fois ils seroient mieux reçus,
Il faut pour m'obtenir quelque chose de plus.
Attila m'est promis, j'en ai sa foi pour gage;
La princesse des Francs prétend même avantage;
Et bien que sur le choix il me semble hésiter,
Étant ce que je suis j'aurois tort d'en douter.
Mais qui promet à deux outrage l'une et l'autre.
J'ai du cœur, on m'offense; examinez le vôtre.
Pourrez-vous m'en venger? pourrez-vous l'en punir?

VALAMIR.

N'est-ce que par le sang qu'on peut vous obtenir?
Et faut-il que ma flamme à ce grand cœur réponde
Par un assassinat du plus grand roi du monde,
D'un roi que vous avez souhaité pour époux?
Ne sauroit-on sans crime être digne de vous?

HONORIE.

Non, je ne vous dis pas qu'aux dépens de sa tête

Vous vous fassiez aimer, et payiez ma conquête.
De l'aimable façon qu'il vous traite aujourd'hui
Il a trop mérité ces tendresses pour lui.
D'ailleurs, s'il faut qu'on l'aime, il est bon qu'on le craigne.
Mais c'est cet Attila qu'il faut que je dédaigne.
Pourrez-vous hautement me tirer de ses mains,
Et braver avec moi le plus fier des humains?

VALAMIR.

Il n'en est pas besoin, madame : il vous respecte;
Et bien que sa fierté vous puisse être suspecte,
A vos moindres froideurs, à vos moindres dégoûts,
Je sais que ses respects me donneroient à vous.

HONORIE.

Que j'estime assez peu le sang de Théodose
Pour souffrir qu'en moi-même un tyran en dispose,
Qu'une main qu'il me doit me choisisse un mari,
Et me présente un roi comme son favori?
Pour peu que vous m'aimiez, seigneur, vous devez croire
Que rien ne m'est sensible à l'égal de ma gloire.
Régnez comme Attila, je vous préfère à lui;
Mais point d'époux qui n'ose en dédaigner l'appui,
Point d'époux qui m'abaisse au rang de ses sujettes.
Enfin, je veux un roi : regardez si vous l'êtes;
Et quoi que sur mon cœur vous ayez d'ascendant,
Sachez qu'il n'aimera qu'un prince indépendant.
Voyez à quoi, seigneur, on connoît les monarques :
Ne m'offrez plus de vœux qui n'en portent les marques;
Et soyez satisfait qu'on vous daigne assurer
Qu'à tous les rois ce cœur voudroit vous préférer.

SCÈNE III.

VALAMIR, FLAVIE.

VALAMIR.
Quelle hauteur, Flavie! et que faut-il qu'espère
Un roi dont tous les vœux....
FLAVIE.
Seigneur, laissez-la faire;
L'amour sera le maître; et la même hauteur
Qui vous dispute ici l'empire de son cœur
Vous donne en même temps le secours de la haine
Pour triompher bientôt de la fierté romaine.
L'orgueil qui vous dédaigne en dépit de ses feux
Fait haïr Attila de se promettre à deux.
Non que cette fierté n'en soit assez jalouse
Pour ne pouvoir souffrir qu'Ildione l'épouse.
A son frère, à ses Francs faites-la renvoyer;
Vous verrez tout ce cœur soudain se déployer,
Suivre ce qui lui plaît, braver ce qui l'irrite,
Et livrer hautement la victoire au mérite.
Ne vous rebutez point d'un peu d'emportement;
Quelquefois malgré nous il vient un bon moment.
L'amour fait des heureux lorsque moins on y pense;
Et je ne vous dis rien sans beaucoup d'apparence.
Ardaric vous apporte un entretien plus doux.
Adieu. Comme le cœur le temps sera pour vous.

SCÈNE IV.

ARDARIC, VALAMIR.

ARDARIC.

Qu'avez-vous obtenu, seigneur, de la princesse?

VALAMIR.

Beaucoup, et rien. J'ai vu pour moi quelque tendresse;
Mais elle sait d'ailleurs si bien ce qu'elle vaut,
Que si celle des Francs a le cœur aussi haut,
Si c'est à même prix, seigneur, qu'elle se donne,
Vous lui pourrez long-temps offrir votre couronne.
Mon rival est haï, je n'en saurois douter;
Tout le cœur est à moi, j'ai lieu de m'en vanter;
Au reste des mortels je sais qu'on me préfère,
Et ne sais toutefois ce qu'il faut que j'espère.
 Voyez votre Ildione; et puissiez-vous, seigneur
Y trouver plus de jour à lire dans son cœur,
Un esprit plus facile! Octar sort de sa tente.
Adieu.

SCÈNE V.

ARDARIC, OCTAR.

ARDARIC.

Pourrai-je voir la princesse à mon tour?

OCTAR.

Non, à moins qu'il vous plaise attendre son retour;

Mais, à ce que ses gens, seigneur, m'ont fait entendre,
Vous n'avez en ce lieu qu'un moment à l'attendre.
ARDARIC.
Dites-moi cependant: Vous fûtes prisonnier
Du roi des Francs, son frère, en ce combat dernier?
OCTAR.
Le désordre, seigneur, des champs catalauniques
Me donna peu de part aux disgraces publiques.
Si j'y fus prisonnier de ce roi généreux,
Il me fit dans sa cour un sort assez heureux:
Ma prison y fut libre; et j'y trouvai sans cesse
Une bonté si rare au cœur de la princesse,
Que de retour ici je pense lui devoir
Les plus sacrés respects qu'un sujet puisse avoir.
ARDARIC.
Qu'un monarque est heureux lorsque le ciel lui donne
La main d'une si belle et si rare personne!
OCTAR.
Vous savez toutefois qu'Attila ne l'est pas,
Et combien son trop d'heur lui cause d'embarras.
ARDARIC.
Ah! puisqu'il a des yeux, sans doute il la préfère.
Mais vous vous louez fort aussi du roi son frère;
Ne me déguisez rien. A-t-il des qualités
A se faire admirer ainsi de tous côtés?
Est-ce une vérité que ce que j'entends dire,
Ou si c'est sans raison que l'univers l'admire?
OCTAR.
Je ne sais pas, seigneur, ce qu'on vous en a dit;
Mais si pour l'admirer ce que j'ai vu suffit,

ACTE II, SCÈNE V.

Je l'ai vu dans la paix, je l'ai vu dans la guerre,
Porter par-tout un front de maître de la terre.
J'ai vu plus d'une fois de fières nations
Désarmer son courroux par leurs soumissions.
J'ai vu tous les plaisirs de son ame héroïque
N'avoir rien que d'auguste, et que de magnifique;
Et ses illustres soins ouvrir à ses sujets
L'école de la guerre au milieu de la paix.
Par ces délassements sa noble inquiétude
De ses justes desseins faisoit l'heureux prélude;
Et, si j'ose le dire, il doit nous être doux
Que ce héros les tourne ailleurs que contre nous.
Je l'ai vu, tout couvert de poudre et de fumée,
Donner le grand exemple à toute son armée,
Semer par ses périls l'effroi de toutes parts,
Bouleverser les murs d'un seul de ses regards,
Et sur l'orgueil brisé des plus superbes têtes
De sa course rapide entasser les conquêtes.
Ne me commandez point de peindre un si grand roi;
Ce que j'en ai vu passe un homme tel que moi:
Mais je ne puis, seigneur, m'empêcher de vous dire
Combien son jeune prince est digne qu'on l'admire.
 Il montre un cœur si haut sous un front délicat,
Que dans son premier lustre il est déja soldat.
Le corps attend les ans, mais l'ame est toute prête.
D'un gros de cavaliers il se met à la tête,
Et, l'épée à la main, anime l'escadron
Qu'enorgueillit l'honneur de marcher sous son nom.
Tout ce qu'a d'éclatant la majesté du père,
Tout ce qu'ont de charmant les graces de la mère,

Tout brille sur ce front, dont l'aimable fierté
Porte empreints et ce charme et cette majesté.
L'amour et le respect qu'un si jeune mérite....
Mais la princesse vient, seigneur; et je vous quitte.

SCÈNE VI.

ARDARIC, ILDIONE.

ILDIONE.

On vous a consulté, seigneur; m'apprendrez-vous
Comment votre Attila dispose enfin de nous?

ARDARIC.

Comment disposez-vous vous-même de mon ame?
Attila va choisir; il faut parler, madame;
Si son choix est pour vous, que ferez-vous pour moi?

ILDIONE.

Tout ce que peut un cœur qu'engage ailleurs ma foi.
C'est devers vous qu'il penche; et si je ne vous aime,
Je vous plaindrai du moins à l'égal de moi-même;
J'aurai mêmes ennuis, j'aurai mêmes douleurs;
Mais je n'oublierai point que je me dois ailleurs.

ARDARIC.

Cette foi que peut-être on est prêt de vous rendre,
Si vous aviez du cœur, vous sauriez la reprendre.

ILDIONE.

J'en ai, s'il faut me vaincre, autant qu'on peut avoir,
Et n'en aurai jamais pour vaincre mon devoir.

ARDARIC.

Mais qui s'engage à deux dégage l'un et l'autre.

ACTE II, SCÈNE VI.

ILDIONE.

Ce seroit ma pensée aussi bien que la vôtre;
Et si je n'étois pas, seigneur, ce que je suis,
J'en prendrois quelque droit de finir mes ennuis :
Mais l'esclavage fier d'une haute naissance,
Où toute autre peut tout, me tient dans l'impuissance;
Et, victime d'état, je dois sans reculer
Attendre aveuglément qu'on me daigne immoler.

ARDARIC.

Attendre qu'Attila, l'objet de votre haine,
Daigne vous immoler à la fierté romaine?

ILDIONE.

Qu'un pareil sacrifice auroit pour moi d'appas!
Et que je souffrirai s'il ne s'y résout pas!

ARDARIC.

Qu'il seroit glorieux de le faire vous-même,
D'en épargner la honte à votre diadème!
J'entends celui des Francs, qu'au lieu de maintenir...

ILDIONE.

C'est à mon frère alors de venger et punir;
Mais ce n'est point à moi de rompre une alliance
Dont il vient d'attacher vos Huns avec sa France,
Et me faire par là du gage de la paix
Le flambeau d'une guerre à ne finir jamais.
Il faut qu'Attila parle : et puisse être Honorie
La plus considérée, ou moi la moins chérie!
Puisse-t-il se résoudre à me manquer de foi!
C'est tout ce que je puis et pour vous et pour moi.
S'il vous faut des souhaits, je n'en suis point avare;
S'il vous faut des regrets, tout mon cœur s'y prépare,

Et veut bien....
ARDARIC.
Que feront d'inutiles souhaits
Que laisser à tous deux d'inutiles regrets?
Pouvez-vous espérer qu'Attila vous dédaigne?
ILDIONE.
Rome est encor puissante, il se peut qu'il la craigne.
ARDARIC.
A moins que pour appui Rome n'ait vos froideurs,
Vos yeux l'emporteront sur toutes ses grandeurs;
Je le sens en moi-même, et ne vois point d'empire
Qu'en mon cœur d'un regard ils ne puissent détruire.
Armez-les de rigueurs, madame; et, par pitié,
D'un charme si funeste ôtez-leur la moitié:
C'en sera trop encore; et pour peu qu'ils éclatent,
Il n'est aucun espoir dont mes désirs se flattent.
Faites donc davantage; allez jusqu'au refus,
Ou croyez qu'Ardaric déja n'espère plus,
Qu'il ne vit déja plus, et que votre hyménée
A déja par vos mains tranché sa destinée.
ILDIONE.
Ai-je si peu de part en de tels déplaisirs,
Que pour m'y voir en prendre il faille vos soupirs?
Me voulez-vous forcer à la honte des larmes?
ARDARIC.
Si contre tant de maux vous m'enviez leurs charmes,
Faites quelque autre grace à mes sens alarmés,
Madame, et pour le moins dites que vous m'aimez.
ILDIONE.
Ne vouloir pas m'en croire à moins d'un mot si rude,

C'est pour une belle ame un peu d'ingratitude.
De quelques traits pour vous que mon cœur soit frappé,
Ce grand mot jusqu'ici ne m'est point échappé;
Mais haïr un rival, endurer d'être aimée,
Comme vous de ce choix avoir l'ame alarmée,
A votre espoir flottant donner tous mes souhaits,
A votre espoir déçu donner tous mes regrets,
N'est-ce point dire trop ce qui sied mal à dire?

ARDARIC.

Mais vous épouserez Attila?

ILDIONE.

J'en soupire,
Et mon cœur....

ARDARIC.

Que fait-il, ce cœur, que m'abuser,
Si, même en n'osant rien, il craint de trop oser?
Non, si vous en aviez, vous sauriez la reprendre,
Cette foi que peut-être on est prêt de vous rendre.
Je ne m'en dédis point, et ma juste douleur
Ne peut vous dire assez que vous manquez de cœur.

ILDIONE.

Il faut donc qu'avec vous tout-à-fait je m'explique.
Écoutez; et sur-tout, seigneur, plus de réplique.
Je vous aime. Ce mot me coûte à prononcer;
Mais puisqu'il vous plaît tant, je veux bien m'y forcer.
Permettez toutefois que je vous dise encore
Que, si votre Attila de ce grand choix m'honore,
Je recevrai sa main d'un œil aussi content
Que si je me donnois ce que mon cœur prétend:
Non que de son amour je ne prenne un tel gage

Pour le dernier supplice et le dernier outrage,
Et que le dur effort d'un si cruel moment
Ne redouble ma haine et mon ressentiment;
Mais enfin mon devoir veut une déférence
Où même il ne soupçonne aucune répugnance.
  Je l'épouserai donc, et réserve pour moi
La gloire de répondre à ce que je me doi.
J'ai ma part, comme une autre, à la haine publique
Qu'aime à semer partout son orgueil tyrannique;
Et le hais d'autant plus, que son ambition
A voulu s'asservir toute ma nation;
Qu'en dépit des traités et de tout leur mystère
Un tyran qui déja s'est immolé son frère,
Si jamais sa fureur ne redoutoit plus rien,
Auroit peut-être peine à faire grace au mien.
Si donc ce triste choix m'arrache à ce que j'aime,
S'il me livre à l'horreur qu'il me fait de lui-même,
S'il m'attache à la main qui veut tout saccager,
Voyez que d'intérêts, que de maux à venger!
Mon amour, et ma haine, et la cause commune,
Crieront à la vengeance, en voudront trois pour une;
Et comme j'aurai lors sa vie entre mes mains,
Il a lieu de me craindre autant que je vous plains.
Assez d'autres tyrans ont péri par leurs femmes;
Cette gloire aisément touche les grandes ames;
Et de ce même coup qui brisera mes fers,
Il est beau que ma main venge tout l'univers.
  Voilà quelle je suis, voilà ce que je pense,
Voilà ce que l'amour prépare à qui l'offense.
Vous, faites-moi justice; et songez mieux, seigneur,

ACTE II, SCÈNE VI.

S'il faut me dire encor que je manque de cœur.

ARDARIC, *seul*.

Vous préserve le ciel de l'épreuve cruelle
Où veut un cœur si grand mettre une ame si belle!
Et puisse Attila prendre un esprit assez doux
Pour vouloir qu'on vous doive autant à lui qu'à vous!

FIN DU SECOND ACTE.

ACTE TROISIÈME.

SCÈNE I.

ATTILA, OCTAR.

ATTILA.
Octar, as-tu pris soin de redoubler ma garde?
OCTAR.
Oui, seigneur; et déja chacun s'entre-regarde,
S'entre-demande à quoi ces ordres que j'ai mis....
ATTILA.
Quand on a deux rivaux, manque-t-on d'ennemis?
OCTAR.
Mais, seigneur, jusqu'ici vous en doutez encore.
ATTILA.
Et pour bien éclaircir ce qu'en effet j'ignore,
Je me mets à couvert de ce que de plus noir
Inspire à leurs pareils l'amour au désespoir;
Et ne laissant pour arme à leur douleur pressante
Qu'une haine sans force, une rage impuissante,
Je m'assure un triomphe en ce glorieux jour
Sur leurs ressentiments, comme sur leur amour.
Qu'en disent nos deux rois?
OCTAR.
              Leurs ames alarmées
De voir par ce renfort leurs tentes enfermées

Affectent de montrer une tranquillité....
ATTILA.
De leur tente à la mienne ils ont la liberté.
OCTAR.
Oui, mais seuls, et sans suite; et quant aux deux princesses,
Que de leurs actions on laisse encor maîtresses,
On ne permet d'entrer chez elles qu'à leurs gens;
Et j'en bannis par là ces rois et leurs agents.
N'en ayez plus, seigneur, aucune inquiétude :
Je les fais observer avec exactitude;
Et de quelque côté qu'elles tournent leurs pas,
J'ai des yeux tout placés qui ne les manquent pas :
On vous rendra bon compte et des deux rois et d'elles.
ATTILA.
Il suffit sur ce point : apprends d'autres nouvelles.
Ce grand chef des Romains, l'illustre Aétius,
Le seul que je craignois, Octar, il ne vit plus.
OCTAR.
Qui vous en a défait?
ATTILA.
Valentinian même.
Craignant qu'il n'usurpât jusqu'à son diadème,
Et pressé des soupçons où j'ai su l'engager,
Lui-même, à ses yeux même, il l'a fait égorger.
Rome perd en lui seul plus de quatre batailles;
Je me vois l'accès libre au pied de ses murailles;
Et si j'y fais paroître Honorie et ses droits,
Contre un tel empereur j'aurai toutes les voix :
Tant l'effroi de mon nom, et la haine publique
Qu'attire sur sa tête une mort si tragique,

Sauront faire aisément, sans en venir aux mains,
De l'époux d'une sœur un maître des Romains!
OCTAR.
Ainsi donc votre choix tombe sur Honorie?
ATTILA.
J'y fais ce que je puis, et ma gloire m'en prie :
Mais d'ailleurs Ildione a pour moi tant d'attraits,
Que mon cœur étonné flotte plus que jamais.
Je sens combattre encor dans ce cœur qui soupire
Les droits de la beauté contre ceux de l'empire.
L'effort de ma raison qui soutient mon orgueil
Ne peut non plus que lui soutenir un coup d'œil;
Et quand de tout moi-même il m'a rendu le maître,
Pour me rendre à mes fers elle n'a qu'à paroître.

O beauté, qui te fais adorer en tous lieux,
Cruel poison de l'ame, et doux charme des yeux,
Que devient, quand tu veux, l'autorité suprême,
Si tu prends malgré moi l'empire de moi-même,
Et si cette fierté qui fait par-tout la loi
Ne peut me garantir de la prendre de toi?

Va la trouver pour moi, cette beauté charmante;
Du plus utile choix donne-lui l'épouvante;
Pour l'obliger à fuir, peins-lui bien tout l'affront
Que va mon hyménée imprimer sur son front.
Ose plus; fais-lui peur d'une prison sévère
Qui me réponde ici du courroux de son frère,
Et retienne tous ceux que l'espoir de sa foi
Pourroit en un moment soulever contre moi.
Mais quelle ame en effet n'en seroit pas séduite?
Je vois trop de périls, Octar, en cette fuite;

Ses yeux, mes souverains, à qui tout est soumis,
Me sauroient d'un coup d'œil faire trop d'ennemis.
Pour en sauver mon cœur prends une autre manière :
Fais-m'en haïr, peins-moi d'une humeur noire et fière ;
Dis-lui que j'aime ailleurs ; et fais-lui prévenir
La gloire qu'Honorie est prête d'obtenir.
Fais qu'elle me dédaigne, et me préfère un autre
Qui n'ait pour tout pouvoir qu'un foible emprunt du nôtre,
Ardaric, Valamir, ne m'importe des deux.
Mais voir en d'autres bras l'objet de tous mes vœux !
Vouloir qu'à mes yeux même un autre la possède !
Ah ! le mal est encor plus doux que le remède.
Dis-lui, fais-lui savoir....

OCTAR.

Quoi, seigneur ?

ATTILA.

Je ne sai :
Tout ce que j'imagine est d'un fâcheux essai.

OCTAR.

A quand remettez-vous, après tout, d'en résoudre ?

ATTILA.

Octar, je l'aperçois. Quel nouveau coup de foudre !
O raison confondue, orgueil presque étouffé,
Avant ce coup fatal que n'as-tu triomphé !

SCÈNE II.

ILDIONE, ATTILA, OCTAR.

ATTILA.

Venir jusqu'en ma tente enlever mes hommages,

Madame, c'est trop loin pousser vos avantages;
Ne vous suffit-il point que le cœur soit à vous?

ILDIONE.

C'est de quoi faire naître un espoir assez doux.
Ce n'est pas toutefois, seigneur, ce qui m'amène;
Ce sont des nouveautés dont j'ai lieu d'être en peine.
Votre garde est doublée, et par un ordre exprès
Je vois ici deux rois observés de fort près.

ATTILA.

Prenez-vous intérêt ou pour l'un ou pour l'autre?

ILDIONE.

Mon intérêt, seigneur, c'est d'avoir part au vôtre.
J'ai droit en vos périls de m'en mettre en souci;
Et de plus, je me trompe, ou l'on m'observe aussi.
Vous serois-je suspecte? Et de quoi?

ATTILA.

        D'être aimée:
Madame, vos attraits, dont j'ai l'ame charmée,
Si j'en crois l'apparence, ont blessé plus d'un roi;
D'autres ont un cœur tendre et des yeux, comme moi;
Et pour vous et pour moi j'en préviens l'insolence,
Qui pourroit sur vous-même user de violence.

ILDIONE.

Il en est des moyens plus doux et plus aisés,
Si je vous charme autant que vous m'en accusez.

ATTILA.

Ah! vous me charmez trop, moi, de qui l'ame altière
Cherche à voir sous mes pas trembler la terre entière:
Moi, qui veux pouvoir tout, sitôt que je vous vois,
Malgré tout cet orgueil, je ne puis rien sur moi.

ACTE III, SCÈNE II.

Je veux, je tâche en vain d'éviter par la fuite
Ce charme dominant qui marche à votre suite :
Mes plus heureux succès ne font qu'enfoncer mieux
L'inévitable trait dont me percent vos yeux.
Un regard imprévu leur fait une victoire ;
Leur moindre souvenir l'emporte sur ma gloire ;
Il s'empare et du cœur et des soins les plus doux ;
Et j'oublie Attila dès que je pense à vous.
Que pourrai-je, madame, après que l'hyménée
Aura mis sous vos lois toute ma destinée ?
Quand je voudrai punir, vous saurez pardonner ;
Vous refuserez grace où j'en voudrai donner :
Vous enverrez la paix où je voudrai la guerre ;
Vous saurez par mes mains conduire le tonnerre ;
Et tout mon amour tremble à s'accorder un bien
Qui me met en état de ne pouvoir plus rien.
    Attentez un peu moins sur ce pouvoir suprême,
Madame ; et pour un jour cessez d'être vous-même,
Cessez d'être adorable, et laissez-moi choisir
Un objet qui m'en laisse aisément ressaisir.
Défendez à vos yeux cet éclat invincible
Avec qui ma fierté devient incompatible :
Prêtez-moi des refus, prêtez-moi des mépris,
Et rendez-moi vous-même à moi-même à ce prix.

ILDIONE.

Je croyois qu'on me dût préférer Honorie
Avec moins de douceur et de galanterie ;
Et je n'attendois pas une civilité
Qui malgré cette honte enflât ma vanité.
Ses honneurs près des miens ne sont qu'honneurs frivoles,

Ils n'ont que des effets, j'ai les belles paroles;
Et si de son côté vous tournez tous vos soins,
C'est qu'elle a moins d'attraits, et se fait craindre moins.
L'auroit-on jamais cru qu'un Attila pût craindre
Qu'un si léger éclat eût de quoi l'y contraindre,
Et que de ce grand nom qui remplit tout d'effroi
Il n'osât hasarder tout l'orgueil contre moi?
Avant qu'il porte ailleurs ces timides hommages
Que jusqu'ici j'enlève avec tant d'avantages,
Apprenez-moi, seigneur, pour suivre vos desseins,
Comme il faut dédaigner le plus grand des humains;
Dites-moi quels mépris peuvent le satisfaire.
Ah! si je lui déplais à force de lui plaire,
Si de son trop d'amour sa haine est tout le fruit,
Alors qu'on la mérite, où se voit-on réduit?
    Allez, seigneur, allez où tant d'orgueil aspire.
Honorie a pour dot la moitié de l'empire;
D'un mérite penchant c'est un ferme soutien;
Et cet heureux éclat efface tout le mien:
Je n'ai que ma personne.

ATTILA.

                    Et c'est plus que l'empire,
Plus qu'un droit souverain sur tout ce qui respire.
Tout ce qu'a cet empire ou de grand ou de doux,
Je veux mettre ma gloire à le tenir de vous.
Faites-moi l'accepter, et pour reconnoissance
Quels climats voulez-vous sous votre obéissance?
Si la Gaule vous plaît, vous la partagerez;
J'en offre la conquête à vos yeux adorés;
Et mon amour....

ILDIONE.

A quoi que cet amour s'apprête,
La main du conquérant vaut mieux que sa conquête.

ATTILA.

Quoi ! vous pourriez m'aimer, madame, à votre tour ?
Qui sème tant d'horreurs fait naître peu d'amour.
Qu'aimeriez-vous en moi ? Je suis cruel, barbare ;
Je n'ai que ma fierté, que ma fureur de rare ;
On me craint, on me hait ; on me nomme en tout lieu
La terreur des mortels, et le fléau de Dieu.
Aux refus que je veux c'est là trop de matière ;
Et si ce n'est assez d'y joindre la prière,
Si rien ne vous résout à dédaigner ma foi,
Appréhendez pour vous, comme je fais pour moi.
Si vos tyrans d'appas retiennent ma franchise,
Je puis l'être comme eux de qui me tyrannise.
Souvenez-vous enfin que je suis Attila,
Et que c'est dire tout que d'aller jusque-là.

ILDIONE.

Il faut donc me résoudre ? Eh bien ! j'ose.... De grace
Dispensez-moi du reste, il y faut trop d'audace.
Je tremble comme un autre à l'aspect d'Attila,
Et ne me puis, seigneur, oublier jusque-là.
J'obéis : ce mot seul dit tout ce qu'il souhaite ;
Si c'est m'expliquer mal, qu'il en soit l'interprète.
J'ai tous les sentiments qu'il lui plaît m'ordonner ;
J'accepte cette dot qu'il vient de me donner ;
Je partage déja la Gaule avec mon frère,
Et veux tout ce qu'il faut pour ne vous plus déplaire.
Mais ne puis-je savoir, pour ne manquer à rien,

A qui vous me donnez, quand j'obéis si bien?
ATTILA.
Je n'ose le résoudre, et de nouveau je tremble
Sitôt que je conçois tant de chagrins ensemble.
C'est trop que de vous perdre et vous donner ailleurs.
Madame, laissez-moi séparer mes douleurs :
Souffrez qu'un déplaisir me prépare pour l'autre.
Après mon hyménée on aura soin du vôtre :
Ce grand effort déja n'est que trop rigoureux,
Sans y joindre celui de faire un autre heureux.
Souvent un peu de temps fait plus qu'on n'ose attendre.
ILDIONE.
J'oserai plus que vous, seigneur, et sans en prendre;
Et puisque de son bien chacun peut ordonner,
Votre cœur est à moi, j'oserai le donner;
Mais je ne le mettrai qu'en la main qu'il souhaite.
Vous, traitez-moi, de grace, ainsi que je vous traite;
Et quand ce coup pour vous sera moins rigoureux,
Avant que me donner consultez-en mes vœux.
ATTILA.
Vous aimeriez quelqu'un!
ILDIONE.
Jusqu'à votre hyménée
Mon cœur est au monarque à qui l'on m'a donnée;
Mais quand par ce grand choix j'en perdrai tout espoir,
J'ai des yeux qui verront ce qu'il me faudra voir.

SCÈNE III.

HONORIE, ATTILA, ILDIONE, OCTAR.

HONORIE.

Ce grand choix est donc fait, seigneur? et pour le faire
Vous avez à tel point redouté ma colère,
Que vous n'avez pas cru vous en pouvoir sauver
Sans doubler votre garde, et me faire observer?
Je ne me jugeois pas en ces lieux tant à craindre;
Et d'un tel attentat j'aurois tort de me plaindre,
Quand je vois que la peur de mes ressentiments
En commence déjà les justes châtiments.

ILDIONE.

Que ces ordres nouveaux ne troublent point votre ame:
C'étoit moi qu'on craignoit, et non pas vous, madame;
Et ce glorieux choix qui vous met en courroux
Ne tombe pas sur moi, madame, c'est sur vous.
Il est vrai que sans moi vous n'y pouviez prétendre;
Son cœur, tant qu'il m'eût plu, s'en auroit su défendre;
Il étoit tout à moi. Ne vous alarmez pas
D'apprendre qu'il étoit au peu que j'ai d'appas;
Je vous en fais un don; recevez-le pour gage
Ou de mes amitiés ou d'un parfait hommage;
Et, forte désormais de vos droits et des miens,
Donnez à ce grand cœur de plus dignes liens.

HONORIE.

C'est donc de votre main qu'il passe dans la mienne,
Madame, et c'est de vous qu'il faut que je le tienne?

ILDIONE.

Si vous ne le voulez aujourd'hui de ma main,
Craignez qu'il soit trop tard de le vouloir demain.
Elle l'aimera mieux sans doute de la vôtre,
Seigneur, ou vous ferez ce présent à quelque autre.
Pour lui porter ce cœur que je vous avois pris,
Vous m'avez commandé des refus, des mépris ;
Souffrez que des mépris le respect me dispense,
Et voyez pour le reste entière obéissance.
Je vous rends à vous-même, et ne puis rien de plus ;
Et c'est à vous de faire accepter mes refus.

SCÈNE IV.

ATTILA, HONORIE, OCTAR.

HONORIE.

Accepter ses refus ! moi, seigneur ?

ATTILA.

Vous, madame.
Peut-il être honteux de devenir ma femme ?
Et quand on vous assure un si glorieux nom,
Peut-il vous importer qui vous en fait le don ?
Peut-il vous importer par quelle voie arrive
La gloire dont pour vous Ildione se prive ?
Que ce soit son refus, ou que ce soit mon choix,
En marcherez-vous moins sur la tête des rois ?
Mes deux traités de paix m'ont donné deux princesses,
Dont l'une aura ma main, si l'autre eut mes tendresses ;
L'une aura ma grandeur, comme l'autre eut mes vœux :

C'est ainsi qu'Attila se partage à vous deux.
N'en murmurez, madame, ici non plus que l'autre;
Sa part la satisfait, recevez mieux la vôtre;
J'en étois idolâtre, et veux vous épouser.
La raison? c'est ainsi qu'il me plaît d'en user.

HONORIE.

Et ce n'est pas ainsi qu'il me plaît qu'on en use :
Je cesse d'estimer ce qu'une autre refuse;
Et, bien que vos traités vous engagent ma foi,
Le rebut d'Ildione est indigne de moi.
Oui, bien que l'univers ou vous serve ou vous craigne,
Je n'ai que des mépris pour ce qu'elle dédaigne.
Quel honneur est celui d'être votre moitié,
Qu'elle cède par grace, et m'offre par pitié?
Je sais ce que le ciel m'a faite au-dessus d'elle,
Et suis plus glorieuse encor qu'elle n'est belle.

ATTILA.

J'adore cet orgueil, il est égal au mien,
Madame; et nos fiertés se ressemblent si bien,
Que si la ressemblance est par où l'on s'entr'aime,
J'ai lieu de vous aimer comme un autre moi-même.

HONORIE.

Ah! si non plus que vous je n'ai point le cœur bas,
Nos fiertés pour cela ne se ressemblent pas.
La mienne est de princesse, et la vôtre est d'esclave :
Je brave les mépris, vous aimez qu'on vous brave;
Votre orgueil a son foible, et le mien, toujours fort,
Ne peut souffrir d'amour dans ce peu de rapport.
S'il vient de ressemblance, et que d'illustres flammes
Ne puissent que par elle unir les grandes âmes,

D'où naîtroit cet amour, quand je vois en tous lieux
De plus dignes fiertés qui me ressemblent mieux?

ATTILA.

Vous en voyez ici, madame; et je m'abuse,
Ou quelque autre me vole un cœur qu'on me refuse;
Et cette noble ardeur de me désobéir
En garde la conquête à l'heureux Valamir.

HONORIE.

Ce n'est qu'à moi, seigneur, que j'en dois rendre compte;
Quand je voudrai l'aimer, je le pourrai sans honte;
Il est roi comme vous.

ATTILA.

En effet il est roi,
J'en demeure d'accord, mais non pas comme moi.
Même splendeur de sang, même titre nous pare;
Mais de quelques degrés le pouvoir nous sépare;
Et du trône où le ciel a voulu m'affermir
C'est tomber d'assez haut que jusqu'à Valamir.
Chez ses propres sujets ce titre qu'il étale
Ne fait d'entre eux et moi que remplir l'intervalle;
Il reçoit sous ce titre et leur porte mes lois;
Et s'il est roi des Goths, je suis celui des rois.

HONORIE.

Et j'ai de quoi le mettre au-dessus de ta tête,
Sitôt que de ma main j'aurai fait sa conquête.
Tu n'as pour tout pouvoir que des droits usurpés
Sur des peuples surpris et des princes trompés;
Tu n'as d'autorité que ce qu'en font les crimes;
Mais il n'aura de moi que des droits légitimes;
Et fût-il sous ta rage à tes pieds abattu,

ACTE III, SCÈNE IV.

Il est plus grand que toi, s'il a plus de vertu.

ATTILA.

Sa vertu ni vos droits ne sont pas de grands charmes,
A moins que pour appui je leur prête mes armes.
Ils ont besoin de moi, s'ils veulent aller loin;
Mais pour être empereur je n'en ai plus besoin.
Aétius est mort, l'empire n'a plus d'homme;
Et je puis trop sans vous me faire place à Rome.

HONORIE.

Aétius est mort! Je n'ai plus de tyran;
Je reverrai mon frère en Valentinian;
Et mille vrais héros qu'opprimoit ce faux maître
Pour me faire justice à l'envi vont paroître.
Ils défendront l'empire, et soutiendront mes droits
En faveur des vertus dont j'aurai fait le choix.
Les grands cœurs n'osent rien sous de si grands ministres;
Leur plus haute valeur n'a d'effets que sinistres;
Leur gloire fait ombrage à ces puissants jaloux
Qui s'estiment perdus s'ils ne les perdent tous.
Mais après leur trépas tous ces grands cœurs revivent;
Et, pour ne plus souffrir des fers qui les captivent,
Chacun reprend sa place et remplit son devoir.
La mort d'Aétius te le fera trop voir:
Si pour leur maître en toi je leur mène un barbare,
Tu verras quel accueil leur vertu te prépare;
Mais si d'un Valamir j'honore un si haut rang,
Aucun pour me servir n'épargnera son sang.

ATTILA.

Vous me faites pitié de si mal vous connoître,
Que d'avoir tant d'amour, et le faire paroître.

Il est honteux, madame, à des rois tels que nous,
Quand ils en sont blessés, d'en laisser voir les coups.
Il a droit de régner sur les ames communes,
Non sur celles qui font et défont les fortunes;
Et si de tout le cœur on ne peut l'arracher,
Il faut s'en rendre maître, ou du moins le cacher.
Je ne vous blâme point d'avoir eu mes foiblesses,
Mais faites même effort sur ces lâches tendresses;
Et comme je vous tiens seule digne de moi,
Tenez-moi seul aussi digne de votre foi.
Vous aimez Valamir, et j'adore Ildione :
Je me garde pour vous, gardez-vous pour mon trône :
Prenez ainsi que moi des sentiments plus hauts,
Et suivez mes vertus ainsi que mes défauts.

HONORIE.

Parle de tes fureurs et de leur noir ouvrage.
Il s'y mêle peut-être une ombre de courage;
Mais, bien loin qu'avec gloire on te puisse imiter,
La vertu des tyrans est même à détester.
Irai-je à ton exemple assassiner mon frère?
Sur tous mes alliés répandre ma colère,
Me baigner dans leur sang, et d'un orgueil jaloux....

ATTILA.

Si nous nous emportons, j'irai plus loin que vous,
Madame.

HONORIE.

Les grands cœurs parlent avec franchise.

ATTILA.

Quand je m'en souviendrai, n'en soyez pas surprise;
Et si je vous épouse avec ce souvenir,

ACTE III, SCÈNE IV.

Vous voyez le passé, jugez de l'avenir.
Je vous laisse y penser. Adieu, madame.

HONORIE.

Ah, traître!

ATTILA.

Je suis encore amant, demain je serai maître.
Remenez la princesse, Octar.

HONORIE.

Quoi!

ATTILA.

C'est assez.
Vous me direz tantôt tout ce que vous pensez;
Mais pensez-y deux fois avant que me le dire:
Songez que c'est de moi que vous tiendrez l'empire,
Que vos droits sans ma main ne sont que droits en l'air.

HONORIE.

Ciel!

ATTILA.

Allez, et du moins apprenez à parler.

HONORIE.

Apprends, apprends toi-même à changer de langage,
Lorsqu'au sang des Césars ta parole t'engage.

ATTILA.

Nous en pourrons changer avant la fin du jour.

HONORIE.

Fais ce que tu voudras, tyran; j'aurai mon tour.

FIN DU TROISIÈME ACTE.

ACTE QUATRIÈME.

SCÈNE I.

HONORIE, OCTAR, FLAVIE.

HONORIE.

Allez, servez-moi bien. Si vous aimez Flavie,
Elle sera le prix de m'avoir bien servie;
J'en donne ma parole; et sa main est à vous
Dès que vous m'obtiendrez Valamir pour époux.

OCTAR.

Je voudrois le pouvoir; j'assurerois, madame,
Sous votre Valamir mes jours avec ma flamme.
Bien qu'Attila me traite assez confidemment,
Ils dépendent sous lui d'un malheureux moment:
Il ne faut qu'un soupçon, un dégoût, un caprice,
Pour en faire à sa haine un soudain sacrifice:
Ce n'est pas un esprit que je porte où je veux.
Faire un peu plus de pente au penchant de ses vœux,
L'attacher un peu plus au parti qu'ils choisissent;
Ce n'est rien qu'avec moi deux mille autres ne puissent:
Mais proposer de front, ou vouloir doucement
Contre ce qu'il résout tourner son sentiment,
Combattre sa pensée en faveur de la vôtre,

C'est ce que nous n'osons, ni moi, ni pas un autre;
Et si je hasardois ce contre-temps fatal,
Je me perdrois, madame, et vous servirois mal.
HONORIE.
Mais qui l'attache à moi, quand pour l'autre il soupire?
OCTAR.
La mort d'Aétius et vos droits sur l'empire.
Il croit s'en voir par là les chemins aplanis;
Et tous autres souhaits de son cœur sont bannis.
Il aime à conquérir, mais il hait les batailles;
Il veut que son nom seul renverse les murailles;
Et, plus grand politique encor que grand guerrier,
Il tient que les combats sentent l'aventurier.
Il veut que de ses gens le déluge effroyable
Atterre impunément les peuples qu'il accable;
Et prodigue de sang, il épargne celui
Que tant de combattants exposeroient pour lui.
Ainsi n'espérez pas que jamais il relâche,
Que jamais il renonce à ce choix qui vous fâche :
Si pourtant je vois jour à plus que je n'attends,
Madame, assurez-vous que je prendrai mon temps.

SCÈNE II.

HONORIE, FLAVIE.

FLAVIE.
Ne vous êtes-vous point un peu trop déclarée,
Madame? et le chagrin de vous voir préférée
Étouffe-t-il la peur que marquoient vos discours

De rendre hommage au sang d'un roi de quatre jours?
HONORIE.
Je te l'avois bien dit, que mon ame incertaine
De tous les deux côtés attendoit même gêne,
Flavie; et de deux maux qu'on craint également
Celui qui nous arrive est toujours le plus grand,
Celui que nous sentons devient le plus sensible.
D'un choix si glorieux la honte est trop visible;
Ildione a su l'art de m'en faire un malheur :
La gloire en est pour elle, et pour moi la douleur;
Elle garde pour soi tout l'effet du mérite,
Et me livre avec joie aux ennuis qu'elle évite.
Vois avec quelle insulte et de quelle hauteur
Son refus en mes mains rejette un si grand cœur,
Cependant que ravie elle assure à son ame
La douceur d'être toute à l'objet de sa flamme;
Car je ne doute point qu'elle n'ait de l'amour.
Ardaric qui s'attache à la voir chaque jour,
Les respects qu'il lui rend, et les soins qu'il se donne....
FLAVIE.
J'ose vous dire plus, Attila l'en soupçonne:
Il est fier et colère; et s'il sait une fois
Qu'Ildione en secret l'honore de son choix,
Qu'Ardaric ait sur elle osé jeter la vue,
Et briguer cette foi qu'à lui seul il croit due,
Je crains qu'un tel espoir, au lieu de s'affermir...
HONORIE.
Que n'ai-je donc mieux tû que j'aimois Valamir!
Mais quand on est bravée, et qu'on perd ce qu'on aime,
Flavie, est-on si tôt maîtresse de soi-même?

ACTE IV, SCÈNE II. 63

D'Attila, s'il se peut, tournons l'emportement
Ou contre ma rivale, ou contre son amant;
Accablons leur amour sous ce que j'appréhende;
Promettons à ce prix la main qu'on nous demande;
Et faisons que l'ardeur de recevoir ma foi
L'empêche d'être ici plus heureuse que moi.
Renversons leur triomphe. Étrange frénésie!
Sans aimer Ardaric j'en conçois jalousie!
Mais je me venge, et suis, en ce juste projet,
Jalouse du bonheur, et non pas de l'objet.

FLAVIE.

Attila vient, madame.

HONORIE.

Eh bien! faisons connoître
Que le sang des Césars ne souffre point de maître,
Et peut bien refuser de pleine autorité
Ce qu'une autre refuse avec témérité.

SCÈNE III.

ATTILA, HONORIE, FLAVIE.

ATTILA.

Tout s'apprête, madame, et ce grand hyménée
Peut dans une heure ou deux terminer la journée,
Mais sans vous y contraindre; et je ne viens que voir
Si vous avez mieux vu quel est votre devoir.

HONORIE.

Mon devoir est, seigneur, de soutenir ma gloire,
Sur qui va s'imprimer une tache trop noire,

Si votre illustre amour pour son premier effet
Ne venge hautement l'outrage qu'on lui fait.
Puis-je voir sans rougir qu'à la belle Ildione
Vous demandiez congé de m'offrir votre trône,
Que....

ATTILA.

Toujours Ildione, et jamais Attila!

HONORIE.

Si vous me préférez, seigneur, punissez-la;
Prenez mes intérêts, et pressez votre flamme
De remettre en honneur le nom de votre femme.
Ildione le traite avec trop de mépris;
Souffrez-en de pareils, ou rendez-lui son prix.
A quel droit voulez-vous qu'un tel manque d'estime,
S'il est gloire pour elle, en moi devienne un crime;
Qu'après que nos refus ont tous deux éclaté,
Le mien soit punissable où le sien est flatté;
Qu'elle brave à vos yeux ce qu'il faut que je craigne,
Et qu'elle me condamne à ce qu'elle dédaigne?

ATTILA.

Pour vous justifier mes ordres et mes vœux,
Je croyois qu'il suffit d'un simple, Je le veux:
Mais voyez, puisqu'il faut mettre tout en balance,
D'Ildione et de vous qui m'oblige ou m'offense.
Quand son refus me sert, le vôtre me trahit;
Il veut me commander, quand le sien m'obéit.
L'un est plein de respect, l'autre est gonflé d'audace;
Le vôtre me fait honte, et le sien me fait grace.
Faut-il après cela qu'aux dépens de son sang

Je mérite l'honneur de vous mettre en mon rang?
HONORIE.
Ne peut-on se venger à moins qu'on assassine?
Je ne veux point sa mort, ni même sa ruine;
Il est des châtiments plus justes et plus doux,
Qui l'empêcheroient mieux de triompher de nous.
Je dis de nous, seigneur, car l'offense est commune,
Et ce que vous m'offrez des deux n'en feroit qu'une.
Ildione, pour prix de son manque de foi,
Dispose arrogamment et de vous et de moi!
Pour prix de la hauteur dont elle m'a bravée,
A son heureux amant sa main est réservée,
Avec qui, satisfaite, elle goûte l'appas
De m'ôter ce que j'aime, et me mettre en vos bras!
ATTILA.
Quel est-il cet amant?
HONORIE.
Ignorez-vous encore
Qu'elle adore Ardaric, et qu'Ardaric l'adore?
ATTILA.
Qu'on m'amène Ardaric. Mais de qui savez-vous....
HONORIE.
C'est une vision de mes soupçons jaloux;
J'en suis mal éclaircie, et votre orgueil l'avoue,
Et quand elle me brave, et quand elle vous joue;
Même, s'il faut vous croire, on ne vous sert pas mal
Alors qu'on vous dédaigne en faveur d'un rival.
ATTILA.
D'Ardaric et de moi telle est la différence,

Qu'elle en punit assez la folle préférence.

HONORIE.

Quoi! s'il peut moins que vous, ne lui volez-vous pas
Ce pouvoir usurpé sur ses propres soldats?
Un véritable roi qu'opprime un sort contraire,
Tout opprimé qu'il est, garde son caractère;
Ce nom lui reste entier sous les plus dures lois:
Il est dans les fers même égal aux plus grands rois;
Et la main d'Ardaric suffit à ma rivale
Pour lui donner plein droit de me traiter d'égale.
Si vous voulez punir l'affront qu'elle nous fait,
Réduisez-la, seigneur, à l'hymen d'un sujet;
Ne cherchez point pour elle une plus dure peine
Que de voir votre femme être sa souveraine;
Et je pourrai moi-même alors vous demander
Le droit de m'en servir et de lui commander.

ATTILA.

Madame, je saurai lui trouver un supplice :
Agréez cependant pour vous même justice;
Et s'il faut un sujet à qui dédaigne un roi,
Choisissez dans une heure, ou d'Octar, ou de moi.

HONORIE.

D'Octar, ou....

ATTILA.

    Les grands cœurs parlent avec franchise,
C'est une vérité que vous m'avez apprise.
Songez donc sans murmure à cet illustre choix,
Et remerciez-moi de suivre ainsi vos lois.

HONORIE.

Me proposer Octar!

ACTE IV, SCÈNE III.

ATTILA.

Qu'y trouvez-vous à dire?
Seroit-il à vos yeux indigne de l'empire?
S'il est né sans couronne et n'eut jamais d'états,
On monte à ce grand trône encor d'un lieu plus bas.
On a vu des Césars, et même des plus braves,
Qui sortoient d'artisans, de bandouliers, d'esclaves :
Le temps et leurs vertus les ont rendus fameux*;
Et notre cher Octar a des vertus comme eux.

HONORIE.

Va, ne me tourne point Octar en ridicule;
Ma gloire pourroit bien l'accepter sans scrupule,
Tyran, et tu devrois du moins te souvenir
Que, s'il n'en est pas digne, il peut le devenir.
Au défaut d'un beau sang, il est de grands services,
Il est des vœux soumis, il est des sacrifices,
Il est de glorieux et surprenants effets,
Des vertus de héros, et même des forfaits.
L'exemple y peut beaucoup. Instruit par tes maximes,
Il s'est fait de ton ordre une habitude aux crimes :
Comme ta créature, il doit te ressembler.
Quand je l'enhardirai, commence de trembler :
Ta vie est en mes mains dès qu'il voudra me plaire;
Et rien n'est sûr pour toi, si je veux qu'il espère.
Ton rival entre, adieu : délibère avec lui
Si ce cher Octar m'aime, ou sera ton appui.

---

* A quelques expressions près, qui sont trop familières, ces vers ne sont pas indignes de Corneille :

Le temps et leurs vertus les ont rendus fameux,

nous parait même très beau. P.

SCÈNE IV.

ATTILA, ARDARIC.

ATTILA.

Seigneur, sur ce grand choix je cesse d'être en peine;
J'épouse dès ce soir la princesse romaine,
Et n'ai plus qu'à prévoir à qui plus sûrement
Je puis confier l'autre et son ressentiment.
Le roi des Bourguignons, par ambassade expresse,
Pour Sigismond, son fils, vouloit cette princesse;
Mais nos ambassadeurs furent mieux écoutés.
Pourroit-il nous donner toutes nos sûretés?

ARDARIC.

Son état sert de borne à ceux de Mérouée;
La partie entre eux deux seroit bientôt nouée;
Et vous verriez armer d'une pareille ardeur
Un mari pour sa femme, un frère pour sa sœur:
L'union en seroit trop facile et trop grande.

ATTILA.

Celui des Visigoths faisoit même demande.
Comme de Mérouée il est plus écarté,
Leur union auroit moins de facilité:
Le Bourguignon d'ailleurs sépare leurs provinces,
Et serviroit pour nous de barre à ces deux princes.

ARDARIC.

Oui, mais bientôt lui-même entre eux deux écrasé
Leur feroit à se joindre un chemin trop aisé;
Et ces deux rois par là maîtres de la contrée,

D'autant plus fortement en défendroient l'entrée
Qu'ils auroient plus à perdre, et qu'un juste courroux
N'auroit plus tant de chefs à liguer contre vous.
La princesse Ildione est orgueilleuse et belle;
Il lui faut un mari qui réponde mieux d'elle,
Dont tous les intérêts aux vôtres soient soumis,
Et ne le pas choisir parmi vos ennemis.
D'une fière beauté la haine opiniâtre
Donne à ce qu'elle hait jusqu'au bout à combattre;
Et pour peu que la veuille écouter un époux....

ATTILA.

Il lui faut donc, seigneur, ou Valamir, ou vous;
La pourriez-vous aimer? parlez sans flatterie.
J'apprends que Valamir est aimé d'Honorie;
Il peut de mon hymen concevoir quelque ennui,
Et je m'assurerois sur vous plus que sur lui.

ARDARIC.

C'est m'honorer, seigneur, de trop de confiance.

ATTILA.

Parlez donc, pourriez-vous goûter cette alliance?

ARDARIC.

Vous savez que vous plaire est mon plus cher souci.

ATTILA.

Qu'on cherche la princesse, et qu'on l'amène ici :
Je veux que de ma main vous receviez la sienne.
Mais dites-moi, de grâce, attendant qu'elle vienne,
Par où me voulez-vous assurer votre foi?
Et que seriez-vous prêt d'entreprendre pour moi?
Car enfin elle est belle, elle peut tout séduire,
Et vous forcer vous-même à me vouloir détruire.

ARDARIC.

Faut-il vous immoler l'orgueil de Torrismond?
Faut-il teindre l'Arar du sang de Sigismond?
Faut-il mettre à vos pieds et l'un et l'autre trône?

ATTILA.

Ne dissimulez point, vous aimez Ildione,
Et proposez bien moins ces glorieux travaux
Contre mes ennemis que contre vos rivaux.
Ce prompt emportement et ces subites haines
Sont d'un amour jaloux les preuves trop certaines :
Les soins de cet amour font ceux de ma grandeur;
Et si vous n'aimiez pas, vous auriez moins d'ardeur.
Voyez comme un rival est soudain haïssable,
Comme vers notre amour ce nom le rend coupable,
Comme sa perte est juste encor qu'il n'ose rien;
Et, sans aller si loin, délivrez-moi du mien.
Différez à punir une offense incertaine,
Et servez ma colère avant que votre haine.
Seroit-il sûr pour moi d'exposer ma bonté
A tous les attentats d'un amant supplanté?
Vous-même pourriez-vous épouser une femme,
Et laisser à ses yeux le maître de son ame?

ARDARIC.

S'il étoit trop à craindre, il faudroit l'en bannir.

ATTILA.

Quand il est trop à craindre, il faut le prévenir.
C'est un roi dont les gens, mêlés parmi les nôtres,
Feroient accompagner son exil de trop d'autres
Qu'on verroit s'opposer aux soins que nous prendrons,
Et de nos ennemis grossir les escadrons.

ACTE IV, SCÈNE IV.

ARDARIC.

Est-ce un crime pour lui qu'une douce espérance
Que vous pourriez ailleurs porter la préférence?

ATTILA.

Oui, pour lui, pour vous-même, et pour tout autre roi,
C'en est un que prétendre en même lieu que moi.
S'emparer d'un esprit dont la foi m'est promise,
C'est surprendre une place entre mes mains remise;
Et vous ne seriez pas moins coupable que lui,
Si je ne vous voyois d'un autre œil aujourd'hui.
A des crimes pareils j'ai dû même justice,
Et ne choisis pour vous qu'un amoureux supplice;
Pour un si cher objet que je mets en vos bras,
Est-ce un prix excessif qu'un si juste trépas?

ARDARIC.

Mais c'est déshonorer, seigneur, votre hyménée
Que vouloir d'un tel sang en marquer la journée.

ATTILA.

Est-il plus grand honneur que de voir en mon choix
Qui je veux à ma flamme immoler de deux rois,
Et que du sacrifice où s'expiera leur crime,
L'un d'eux soit le ministre, et l'autre la victime?
Si vous n'osez par là satisfaire vos feux,
Craignez que Valamir ne soit moins scrupuleux,
Qu'il ne s'impute pas à tant de barbarie
D'accepter à ce prix son illustre Honorie,
Et n'ait aucune horreur de ses vœux les plus doux
Si leur entier succès ne lui coûte que vous;
Car je puis épouser encor votre princesse,
Et détourner vers lui l'effort de ma tendresse.

SCÈNE V.

ILDIONE, ATTILA, ARDARIC.

ATTILA, *à Ildione.*

Vos refus obligeants ont daigné m'ordonner
De consulter vos vœux avant que vous donner ;
Je m'en fais une loi. Dites-moi donc, madame,
Votre cœur d'Ardaric agréeroit-il la flamme ?

ILDIONE.

C'est à moi d'obéir, si vous le souhaitez ;
Mais, seigneur....

ATTILA.

Il y fait quelques difficultés :
Mais je sais que sur lui vous êtes absolue.
Achevez d'y porter son ame irrésolue,
Afin que dans une heure, au milieu de ma cour,
Votre hymen et le mien couronnent ce grand jour.

SCÈNE VI.

ARDARIC, ILDIONE.

ILDIONE.

D'où viennent ces soupirs, d'où naît cette tristesse ?
Est-ce que la surprise étonne l'allégresse,
Qu'elle en suspend l'effet pour le mieux signaler,
Et qu'aux yeux du tyran il faut dissimuler ?
Il est parti, seigneur ; souffrez que votre joie,

ACTE IV, SCÈNE VI.

Souffrez que son excès tout entier se déploie,
Qu'il fasse voir aux miens celui de votre amour.

ARDARIC.

Vous allez soupirer, madame, à votre tour,
A moins que votre cœur malgré vous se prépare
A n'avoir rien d'humain non plus que ce barbare.
 Il me choisit pour vous; c'est un honneur bien grand,
Mais qui doit faire horreur par le prix qu'il le vend.
A recevoir ma main pourrez-vous être prête,
S'il faut qu'à Valamir il en coûte la tête?

ILDIONE.

Quoi, seigneur!

ARDARIC.

Attendez à vous en étonner
Que vous sachiez la main qui doit l'assassiner.
C'est à cet attentat la mienne qu'il destine,
Madame.

ILDIONE.

C'est par vous, seigneur, qu'il l'assassine?

ARDARIC.

Il me fait son bourreau pour perdre un autre roi
A qui fait sa fureur la même offre qu'à moi.
Aux dépens de sa tête il veut qu'on vous obtienne,
Ou lui donne Honorie aux dépens de la mienne :
Sa cruelle faveur m'en a laissé le choix.

ILDIONE.

Quel crime voit sa rage à punir en deux rois?

ARDARIC.

Le crime de tous deux, c'est d'aimer deux princesses,
C'est d'avoir, mieux que lui, mérité leurs tendresses.

De vos bontés pour nous, il nous fait un malheur,
Et d'un sujet de joie un excès de douleur.

ILDIONE.

Est-il orgueil plus lâche, ou lâcheté plus noire?
Il veut que je vous coûte ou la vie ou la gloire,
Et serve de prétexte au choix infortuné
D'assassiner vous-même ou d'être assassiné!
Il vous offre ma main comme un bonheur insigne,
Mais à condition de vous en rendre indigne;
Et si vous refusez par là de m'acquérir,
Vous ne sauriez vous-même éviter de périr!

ARDARIC.

Il est beau de périr pour éviter un crime;
Quand on meurt pour sa gloire, on revit dans l'estime;
Et triompher ainsi du plus rigoureux sort,
C'est s'immortaliser par une illustre mort.

ILDIONE.

Cette immortalité qui triomphe en idée
Veut être, pour charmer, de plus loin regardée;
Et quand à notre amour ce triomphe est fatal,
La gloire qui le suit nous en console mal.

ARDARIC.

Vous vengerez ma mort; et mon ame ravie....

ILDIONE.

Ah! venger une mort n'est pas rendre une vie :
Le tyran immolé me laisse mes malheurs,
Et son sang répandu ne tarit pas mes pleurs.

ARDARIC.

Pour sauver une vie, après tout, périssable,
En rendrois-je le reste infame et détestable?

ACTE IV, SCÈNE VI.

Et ne vaut-il pas mieux assouvir sa fureur,
Et mériter vos pleurs, que de vous faire horreur?

ILDIONE.

Vous m'en feriez sans doute, après cette infamie,
Assez pour vous traiter en mortelle ennemie.
Mais souvent la fortune a d'heureux changements
Qui président sans nous aux grands événements :
Le ciel n'est pas toujours aux méchants si propice;
Après tant d'indulgence, il a de la justice.
Parlez à Valamir, et voyez avec lui
S'il n'est aucun remède à ce mortel ennui.

ARDARIC.

Madame....

ILDIONE.

Allez, seigneur : nos maux et le temps pressent,
Et les mêmes périls tous deux vous intéressent.

ARDARIC.

J'y vais; mais, en l'état qu'est son sort et le mien,
Nous nous plaindrons ensemble et ne résoudrons rien.

SCÈNE VII.

ILDIONE.

Trêve, mes tristes yeux, trêve aujourd'hui de larmes!
Armez contre un tyran vos plus dangereux charmes;
Voyez si de nouveau vous le pourrez dompter,
Et renverser sur lui ce qu'il ose attenter.
Reprenez en son cœur votre place usurpée;
Ramenez à l'autel ma victime échappée;
Rappelez ce courroux que son choix incertain

En faveur de ma flamme allumoit dans mon sein.
   Que tout semble facile en cette incertitude!
Mais qu'à l'exécuter tout est pénible et rude!
Et qu'aisément le sexe oppose à sa fierté
Sa douceur naturelle et sa timidité!
Quoi! ne donner ma foi que pour être perfide!
N'accepter un époux que pour un parricide!
Ciel, qui me vois frémir à ce nom seul d'époux,
Ou rends-moi plus barbare, ou mon tyran plus doux!

FIN DU QUATRIÈME ACTE.

ACTE CINQUIÈME.

SCÈNE I.

ARDARIC, VALAMIR.

(Ils n'ont point d'épée l'un ni l'autre.)

ARDARIC.

Seigneur, vos devins seuls ont causé notre perte ;
Par eux à tous nos maux la porte s'est ouverte ;
Et l'infidèle appât de leur prédiction
A jeté trop d'amorce à votre ambition.
C'est de là qu'est venu cet amour politique
Que prend pour attentat un orgueil tyrannique.
Sans le flatteur espoir d'un avenir si doux,
Honorie auroit eu moins de charmes pour vous.
   C'est par là que vos yeux la trouvent adorable,
Et que vous faites naître un amour véritable,
Qui, l'attachant à vous, excite des fureurs
Que vous voyez passer aux dernières horreurs.
A moins que je vous perde il faut que je périsse ;
On vous fait même grace, ou pareille injustice :
Ainsi vos seuls devins nous forcent de périr,
Et ce sont tous les droits qu'ils vous font acquérir.

VALAMIR.

Je viens de les quitter; et, loin de s'en dédire,
Ils assurent ma race encor du même empire.
Ils savent qu'Attila s'aigrit au dernier point:
Et ses emportements ne les émeuvent point;
Quelque loi qu'il nous fasse, ils sont inébranlables;
Le ciel en a donné des arrêts immuables;
Rien n'en rompra l'effet; et Rome aura pour roi
Ce grand Théodoric qui doit sortir de moi.

ARDARIC.

Ils veulent donc, seigneur, qu'aux dépens de ma tête
Vos mains à ce héros préparent sa conquête?

VALAMIR.

Seigneur, c'est m'offenser encor plus qu'Attila.

ARDARIC.

Par où lui pouvez-vous échapper que par là?
Pouvez-vous que par là posséder Honorie?
Et d'où naîtra ce fils si vous perdez la vie?

VALAMIR.

Je me vois comme vous aux portes du trépas;
Mais j'espère, après tout, ce que je n'entends pas.

SCÈNE II.

HONORIE, VALAMIR, ARDARIC.

HONORIE.

Savez vous d'Attila jusqu'où va la furie,
Princes, et quelle en est l'affreuse barbarie?
Cette offre qu'il vous fait d'en rendre l'un heureux

N'est qu'un piége qu'il tend pour vous perdre tous deux.
Il veut, sous cet espoir, qu'il donne à l'un et l'autre,
Votre sang de sa main, ou le sien de la vôtre :
Mais qui le serviroit seroit bientôt livré
Aux troupes de celui qu'il auroit massacré ;
Et par le désaveu de cette obéissance
Ce tigre assouviroit sa rage et leur vengeance.
Octar aime Flavie ; et l'en vient d'avertir.

VALAMIR.

Euric son lieutenant ne fait que de sortir :
Le tyran soupçonneux, qui craint ce qu'il mérite,
A pour nous désarmer choisi ce satellite ;
Et comme avec justice il nous croit irrités,
Pour nous parler encor il prend ses sûretés.
Pour peu qu'il eût tardé, nous allions dans sa tente
Surprendre et prévenir sa plus barbare attente,
Tandis qu'il nous laissoit encor la liberté
D'y porter l'un et l'autre une épée au côté.
Il promet à tous deux de nous la faire rendre
Dès qu'il saura de nous ce qu'il en doit attendre,
Quel est notre dessein, ou, pour en mieux parler,
Dès que nous résoudrons de nous entre immoler.
Cependant il réduit à l'entière impuissance
Ce noble désespoir qu'il punit par avance,
Et qui, se faisant droit avant que de mourir,
Croit que se perdre ainsi c'est un peu moins périr :
Car nous aurions péri par la main de sa garde ;
Mais la mort est plus belle alors qu'on la hasarde.

HONORIE.

Il vient, seigneur.

SCÈNE III.

ATTILA, VALAMIR, ARDARIC, HONORIE,
OCTAR.

ATTILA.

Eh bien! mes illustres amis,
Contre mes grands rivaux quel espoir m'est permis?
Pas un n'a-t-il pour soi la digne complaisance
D'acquérir sa princesse en perdant qui m'offense?
Quoi! l'amour, l'amitié, tout va d'un froid égal!
Pas un ne m'aime assez pour haïr mon rival?
Pas un de son objet n'a l'ame assez ravie
Pour vouloir être heureux aux dépens d'une vie?
Quels amis! quels amants! et quelle dureté!
Daignez, daignez du moins la mettre en sûreté:
Si ces deux intérêts n'ont rien qui la fléchisse,
Que l'horreur de mourir à leur défaut agisse;
Et si vous n'écoutez l'amitié ni l'amour,
Faites un noble effort pour conserver le jour.

VALAMIR.

A l'inhumanité joindre la raillerie,
C'est à son dernier point porter la barbarie.
Après l'assassinat d'un frère et de six rois,
Notre tour est venu de subir mêmes lois;
Et nous méritons bien les plus cruels supplices
De nous être exposés aux mêmes sacrifices,
D'en avoir pu souffrir chaque jour de nouveaux.
Punissez, vengez-vous, mais cherchez des bourreaux;

ACTE V, SCÈNE III.

Et si vous êtes roi, songez que nous le sommes.

ATTILA.

Vous? devant Attila vous n'êtes que deux hommes;
Et, dès qu'il m'aura plu d'abattre votre orgueil,
Vos têtes pour tomber n'attendront qu'un coup d'œil.
Je fais grace à tous deux de n'en demander qu'une :
Faites-en décider l'épée et la fortune;
Et qui succombera du moins tiendra de moi
L'honneur de ne périr que par la main d'un roi.
 Nobles gladiateurs, dont ma colère apprête
Le spectacle pompeux à cette grande fête,
Montrez, montrez un cœur enfin digne du rang.

ARDARIC.

Votre main est plus faite à verser de tel sang;
C'est lui faire un affront que d'emprunter les nôtres

ATTILA.

Pour me faire justice il s'en trouvera d'autres :
Mais si vous renoncez aux objets de vos vœux,
Le refus d'une tête en pourra coûter deux.
Je révoque ma grace, et veux bien que vos crimes
De deux rois mes rivaux me fassent deux victimes;
Et ces rares objets si peu dignes de moi
Seront le digne prix de cet illustre emploi.
 (à Ardaric.)
De celui de vos feux je ferai la conquête
De quiconque à mes pieds abattra votre tête.
 (à Honorie.)
Et comme vous paierez celle de Valamir,
Nous aurons à ce prix des bourreaux à choisir;
Et, pour nouveau supplice à de si belles flammes,

Ce choix ne tombera que sur les plus infames.
HONORIE.
Tu pourrois être lâche et cruel jusque-là?
ATTILA.
Encor plus, s'il le faut, mais toujours Attila,
Toujours l'heureux objet de la haine publique,
Fidéle au grand dépôt du pouvoir tyrannique,
Toujours....
HONORIE.
Achève, et dis que tu veux en tout lieu
Être l'effroi du monde, et le fléau de Dieu.
Étale insolemment l'épouvantable image
De ces fleuves de sang où se baignoit ta rage.
Fais voir....
ATTILA.
Que vous perdez de mots injurieux
A me faire un reproche et doux et glorieux!
Ce Dieu dont vous parlez, de temps en temps sévère,
Ne s'arme pas toujours de toute sa colère;
Mais quand à sa fureur il livre l'univers,
Elle a pour chaque temps des déluges divers.
Jadis, de toutes parts faisant regorger l'onde,
Sous un déluge d'eaux il abyma le monde;
Sa main tient en réserve un déluge de feux
Pour le dernier moment de nos derniers neveux;
Et mon bras, dont il fait aujourd'hui son tonnerre,
D'un déluge de sang couvre pour lui la terre.
HONORIE.
Lorsque par les tyrans il punit les mortels,
Il réserve sa foudre à ces grands criminels

ACTE V, SCÈNE III.

Qu'il donne pour supplice à toute la nature,
Jusqu'à ce que leur rage ait comblé la mesure.
Peut-être qu'il prépare en ce même moment
A de si noirs forfaits l'éclat du châtiment,
Qu'alors que ta fureur à nous perdre s'apprête
Il tient le bras levé pour te briser la tête,
Et veut qu'un grand exemple oblige de trembler
Quiconque désormais t'osera ressembler.

ATTILA.

Eh bien! en attendant ce changement sinistre,
J'oserai jusqu'au bout lui servir de ministre,
Et faire exécuter toutes ses volontés
Sur vous, et sur des rois contre moi révoltés.
Par des crimes nouveaux je punirai les vôtres,
Et mon tour à périr ne viendra qu'après d'autres.

HONORIE.

Ton sang, qui chaque jour à longs flots distillés
S'échappe vers ton frère et six rois immolés,
Te diroit-il trop bas que leurs ombres t'appellent?
Faut-il que ces avis par moi se renouvellent?
Vois, vois couler ce sang qui te vient avertir,
Tyran, que pour les joindre il faut bientôt partir.

ATTILA.

Ce n'est rien; et pour moi s'il n'est point d'autre foudre,
J'aurai pour ce départ du temps à m'y résoudre.
D'autres vous enverroient leur frayer le chemin;
Mais j'en laisserai faire à votre grand destin,
Et trouverai pour vous quelques autres vengeances,
Quand l'humeur me prendra de punir tant d'offenses.

SCÈNE IV.

ILDIONE, ATTILA, HONORIE, VALAMIR,
ARDARIC, OCTAR.

ATTILA, *à Ildione.*
Où venez-vous, madame, et qui vous enhardit
A vouloir voir ma mort qu'ici l'on me prédit?
Venez-vous de deux rois soutenir la querelle,
Vous révolter comme eux, me foudroyer comme elle,
Ou mendier l'appui de mon juste courroux
Contre votre Ardaric qui ne veut plus de vous?

ILDIONE.
Il n'en mériteroit ni l'amour ni l'estime,
S'il osoit espérer m'acquérir par un crime.
D'un si juste refus j'ai de quoi me louer,
Et ne viens pas ici pour l'en désavouer.
Non, seigneur; c'est du mien que j'y viens me dédire,
Rendre à mes yeux sur vous leur souverain empire,
Rattacher, réunir votre vouloir au mien,
Et reprendre un pouvoir dont vous n'usez pas bien.
Seigneur, est-ce là donc cette reconnoissance
Si hautement promise à mon obéissance?
J'ai quitté tous les miens sous l'espoir d'être à vous;
Par votre ordre mon cœur quitte un espoir si doux;
Je me réduis au choix qu'il vous a plu me faire,
Et votre ordre le met hors d'état de me plaire!
Mon respect qui me livre aux vœux d'un autre roi
N'y voit pour lui qu'opprobre, et que honte pour moi!

ACTE V, SCÈNE IV.

Rendez, rendez-le-moi, cet empire suprême
Qui ne vous laissoit plus disposer de vous-même :
Rendez toute votre ame à son premier souhait ;
Recevez qui vous aime, et fuyez qui vous hait.
Honorie a ses droits : mais celui de vous plaire
N'est pas, vous le savez, un droit imaginaire ;
Et, pour vous appuyer, Mérouée a des bras
Qui font taire les droits quand il faut des combats.

ATTILA.

Non, je ne puis plus voir cette ingrate Honorie
Qu'avec la même horreur qu'on voit une furie ;
Et tout ce que le ciel a formé de plus doux,
Tout ce qu'il peut de mieux, je crois le voir en vous.
Mais dans votre cœur même un autre amour murmure,
Lorsque....

ILDIONE.

Vous pourriez croire une telle imposture !
Qu'ai-je dit ? qu'ai-je fait que de vous obéir ?
Et par où jusque-là m'aurois-je pu trahir ?

ATTILA.

Ardaric est pour vous un époux adorable.

ILDIONE.

Votre main lui donnoit ce qu'il avoit d'aimable ;
Et je ne l'ai tantôt accepté pour époux
Que par cet ordre exprès que j'ai reçu de vous.
Vous aviez déja vu qu'en dépit de ma flamme,
Pour vous faire empereur....

ATTILA.

Vous me trompez, madame ;
Mais l'amour par vos yeux me sait si bien dompter

Que je ferme les miens pour n'y plus résister.
N'abusez pas pourtant d'un si puissant empire;
Songez qu'il est encor d'autres biens où j'aspire;
Que la vengeance est douce aussi bien que l'amour;
Et laissez-moi pouvoir quelque chose à mon tour.

ILDIONE.

Seigneur, ensanglanter cette illustre journée!
Grace, grace du moins jusqu'après l'hyménée.
A son heureux flambeau souffrez un pur éclat;
Et laissez pour demain les maximes d'état.

ATTILA.

Vous le voulez, madame, il faut vous satisfaire;
Mais ce n'est que grossir d'autant plus ma colère;
Et ce que par votre ordre elle perd de moments
Enfle l'avidité de mes ressentiments.

HONORIE.

Voyez, voyez plutôt, par votre exemple même,
Seigneur, jusqu'où s'aveugle un grand cœur quand il aime :
Voyez jusqu'où l'amour, qui vous ferme les yeux,
Force et dompte les rois qui résistent le mieux,
Quel empire il se fait sur l'ame la plus fière :
Et si vous avez vu la mienne trop altière,
Voyez ce même amour immoler pleinement
Son orgueil le plus juste au salut d'un amant,
Et toute sa fierté dans mes larmes éteinte
Descendre à la prière et céder à la crainte.
Avoir su jusque-là réduire mon courroux
Vous doit être, seigneur, un triomphe assez doux.
Que tant d'orgueil dompté suffise pour victime.
Voudriez-vous traiter votre exemple de crime?

ACTE V, SCÈNE IV.

Et, quand vous adorez qui ne vous aime pas,
D'un réciproque amour condamner les appas?

ATTILA.

Non, princesse; il vaut mieux nous imiter l'un l'autre.
Vous, suivez mon exemple, et je suivrai le vôtre.
(Il montre Ildione à Honorie.)
Vous condamniez madame à l'hymen d'un sujet;
Remplissez au lieu d'elle un si juste projet.
Je vous l'ai déja dit; et mon respect, fidèle
A cette digne loi que vous faisiez pour elle,
N'ose prendre autre régle à punir vos mépris.
Si Valamir vous plaît, sa vie est à ce prix;
Disposez à ce prix d'une main qui m'est due.
  Octar, ne perdez pas la princesse de vue.
  (à Ildione.)
Vous, qui me commandez de vous donner ma foi,
Madame, allons au temple; et vous, rois, suivez-moi.

SCÈNE V.

HONORIE, OCTAR.

HONORIE.

Tu le vois, pour toucher cet orgueilleux courage,
J'ai pleuré, j'ai prié, j'ai tout mis en usage,
Octar; et, pour tout fruit de tant d'abaissement,
Le barbare me traite encor plus fièrement!
S'il reste quelque espoir, c'est toi seul qu'il regarde.
Prendras-tu bien ton temps? Tu commandes sa garde;
La nuit et le sommeil vont tout mettre en ton choix;

Et Flavie est le prix du salut de deux rois.
OCTAR.
Ah! madame, Attila, depuis votre menace,
Met hors de mon pouvoir l'effet de cette audace.
Ce défiant esprit n'agit plus maintenant,
Dans toutes ses fureurs, que par mon lieutenant;
C'est par lui qu'aux deux rois il fait ôter les armes;
Et deux mots en son ame ont jeté tant d'alarmes,
Qu'exprès à votre suite il m'attache aujourd'hui
Pour m'ôter tout moyen de m'approcher de lui.
Pour peu que je vous quitte il y va de ma vie,
Et s'il peut découvrir que j'adore Flavie...
HONORIE.
Il le saura de moi, si tu ne veux agir,
Infame, qui t'en peux excuser sans rougir :
Si tu veux vivre encor, va, cherche du courage.
Tu vois ce qu'à toute heure il immole à sa rage;
Et ta vertu, qui craint de trop paroître au jour,
Attend, les bras croisés, qu'il t'immole à son tour!
Fais périr, ou péris; préviens, lâche, ou succombe;
Venge toute la terre, ou grossis l'hécatombe.
Si la gloire sur toi, si l'amour ne peut rien,
Meurs en traître, et du moins sers de victime au mien.

SCÈNE VI.

VALAMIR, HONORIE, OCTAR.

HONORIE, *à Valamir.*
Mais qui me rend, seigneur, le bien de votre vue?

ACTE V, SCÈNE VI.

VALAMIR.

L'impatient transport d'une joie imprévue.
Notre tyran n'est plus.

HONORIE.

Il est mort?

VALAMIR.

Écoutez
Comme enfin l'ont puni ses propres cruautés,
Et comme heureusement le ciel vient de souscrire
A ce que nos malheurs vous ont fait lui prédire.
A peine sortions-nous, pleins de trouble et d'horreur,
Qu'Attila recommence à saigner de fureur,
Mais avec abondance ; et le sang qui bouillonne
Forme un si gros torrent, que lui-même il s'étonne.
Tout surpris qu'il en est, « S'il ne veut s'arrêter,
« Dit-il, on me paiera ce qu'il m'en va coûter. »
Il demeure à ces mots sans parole, sans force ;
Tous ses sens d'avec lui font un soudain divorce :
Sa gorge enfle, et du sang dont le cours s'épaissit
Le passage se ferme, ou du moins s'étrécit.
De ce sang renfermé la vapeur en furie
Semble avoir étouffé sa colère et sa vie ;
Et déja de son front la funeste pâleur
N'opposoit à la mort qu'un reste de chaleur,
Lorsqu'une illusion lui présente son frère,
Et lui rend tout d'un coup la vie et la colère :
Il croit le voir suivi des ombres de six rois,
Qu'il se veut immoler une seconde fois ;
Mais ce retour si prompt de sa plus noire audace
N'est qu'un dernier effort de la nature lasse,

Qui, prête à succomber sous la mort qui l'atteint,
Jette un plus vif éclat, et tout d'un coup s'éteint.
C'est en vain qu'il fulmine à cette affreuse vue,
Sa rage qui renaît en même temps le tue.
L'impétueuse ardeur de ces transports nouveaux
A son sang prisonnier ouvre tous les canaux;
Son élancement perce ou rompt toutes les veines,
Et ces canaux ouverts sont autant de fontaines
Par où l'ame et le sang se pressent de sortir,
Pour terminer sa rage et nous en garantir.
Sa vie à longs ruisseaux se répand sur le sable;
Chaque instant l'affoiblit, et chaque effort l'accable;
Chaque pas rend justice au sang qu'il a versé,
Et fait grace à celui qu'il avoit menacé.
Ce n'est plus qu'en sanglots qu'il dit ce qu'il croit dire;
Il frissonne, il chancelle, il trébuche, il expire;
Et sa fureur dernière, épuisant tant d'horreurs,
Venge enfin l'univers de toutes ses fureurs.

SCÈNE VII.

ARDARIC, VALAMIR, HONORIE, ILDIONE, OCTAR.

ARDARIC.

Ce n'est pas tout, seigneur; la haine générale,
N'ayant plus à le craindre avidement s'étale;
Tous brûlent de servir sous des ordres plus doux,
Tous veulent à l'envi les recevoir de nous.
Ce bonheur étonnant que le ciel nous renvoie

ACTE V, SCÈNE VII.

De tant de nations fait la commune joie;
La fin de nos périls en remplit tous les vœux,
Et, pour être tous quatre au dernier point heureux,
Nous n'avons plus qu'à voir notre flamme avouée
Du souverain de Rome et du grand Mérouée :
La princesse des Francs m'impose cette loi.

HONORIE.

Pour moi, je n'en ai plus à prendre que de moi.

ARDARIC.

Ne perdons point de temps en ce retour d'affaires;
Allons donner tous deux les ordres nécessaires,
Remplir ce trône vide, et voir sous quelles lois
Tant de peuples voudront nous recevoir pour rois.

VALAMIR.

Me le permettez-vous, madame? et puis-je croire
Que vous tiendrez enfin ma flamme à quelque gloire?

HONORIE.

Allez; et cependant assurez-vous, seigneur,
Que nos destins changés n'ont point changé mon cœur.

FIN D'ATTILA.

TITE ET BÉRÉNICE,

COMÉDIE HÉROÏQUE.

1670.

PRÉFACE DE VOLTAIRE.

Un amant et une maîtresse qui se quittent ne sont pas sans doute un sujet de tragédie. Si on avait proposé un tel plan à Sophocle ou à Euripide, ils l'auraient renvoyé à Aristophane. L'amour qui n'est qu'amour, qui n'est point une passion terrible et funeste, ne semble fait que pour la comédie, pour la pastorale, ou pour l'églogue.

Cependant Henriette d'Angleterre, belle-sœur de Louis XIV, voulut que Racine et Corneille fissent chacun une tragédie des adieux de Titus et de Bérénice. Elle crut qu'une victoire obtenue sur l'amour le plus vrai et le plus tendre ennoblissait le sujet; et en cela elle ne se trompait pas : mais elle avait encore un intérêt secret à voir cette victoire représentée sur le théâtre; elle se ressouvenait des sentiments qu'elle avait eus long-temps pour Louis XIV, et du goût vif de ce prince pour elle. Le danger de cette passion, la crainte de mettre le trouble dans la famille royale, les noms de beau-frère et de belle-sœur, mirent un frein à leurs desirs; mais il resta toujours dans leurs cœurs une inclination secrète, toujours chère à l'un et à l'autre.

Ce sont ces sentiments qu'elle voulut voir développés sur la scène, autant pour sa consolation que pour son amusement. Elle chargea le marquis de Dangeau, confident de ses amours avec le roi, d'engager secrètement Corneille et Racine à travailler l'un et l'autre sur ce sujet, qui paraissait si peu fait pour la scène. Les deux pièces furent composées dans l'année 1670, sans qu'aucun des deux sût qu'il avait un rival.

Elles furent jouées en même temps sur la fin de la même année; celle de Racine à l'hôtel de Bourgogne, et celle de Corneille au Palais-Royal.

Il est étonnant que Corneille tombât dans ce piège; il devait bien sentir que le sujet était l'opposé de son talent. Entelle ne terrassa point Darès dans ce combat, il s'en faut bien. La pièce de Corneille tomba; celle de Racine eut trente représentations de suite; et toutes les fois qu'il s'est trouvé un acteur et une actrice capables d'intéresser dans les rôles de Titus et de Bérénice, cet ouvrage dramatique, qui n'est peut-être pas une tragédie, a toujours excité les applaudissements les plus vrais, ce sont les larmes.

XIPHILINUS EX DIONE
IN VESPASIANO,
GUILLELMO BLANCO INTERPRETE.

Vespasianus, a senatu absens, imperator creatur; Titusque et Domitianus cæsares designantur.

Domitianus animum ad amorem Domitiæ filiæ Corbulonis applicaverat, eamque, a Lucio Lamio Æmiliano viro ejus abductam, secum habebat in numero amicarum, eamdemque postea uxorem duxit.

Per id tempus Berenice maximè florebat, ob eamque causam cum Agrippa fratre Romam venit. Is prætoriis honoribus auctus est; ipsa habitavit in palatio, cœpitque cum Tito coire. Spes erat eam Tito nuptum iri; jam enim omnia, ita ut si esset uxor, gerebat. Sed Titus cùm intelligeret populum romanum id molestè ferre, eam repudiavit, præsertim quòd de iis rebus magni rumores perferrentur.

IN TITO.

Titus, ex quo tempore principatum solus obtinuit, nec cædes fecit, nec amoribus inservivit; sed comis, quamvis insidiis peteretur, et continens, Berenice licet in urbem reversa, fuit.

Titus moriens se unius tantummodò rei pœnitere dixit: id autem quid esset non aperuit, nec quisquam certò novit, aliud aliis conjicientibus. Constans fama fuit, ut nonnulli tradunt, quòd Domitiam uxorem fratris habuisset. Alii putant, quibus ego assentior, quod Domitianum, a quo certò sciebat sibi insidias parari, non interfecisset, sed id ab eo pati maluisset, et quòd traderet imperium romanum tali viro.

PERSONNAGES.

TITE, empereur de Rome, et amant de Bérénice.
DOMITIAN, frère de Tite, et amant de Domitie.
BÉRÉNICE, reine d'une partie de la Judée.
DOMITIE, fille de Corbulon.
PLAUTINE, confidente de Domitie.
FLAVIAN, confident de Tite.
ALBIN, confident de Domitian.
PHILON, ministre d'état, confident de Bérénice.

La scène est à Rome, dans le palais impérial.

TITE ET BÉRÉNICE.

ACTE PREMIER.

SCÈNE I.

DOMITIE, PLAUTINE.

DOMITIE.

Laisse-moi mon chagrin, tout injuste qu'il est:
Je le chasse, il revient; je l'étouffe, il renaît;
Et plus nous approchons de ce grand hyménée [1],
Plus en dépit de moi je m'en trouve gênée:

---

[1] On saura bientôt de quel hyménée on parle; mais on ne saura point que c'est Domitie qui parle; et le lieu où elle est n'est point annoncé.

Cette Domitie, fille de Corbulon, est amoureuse de Domitian, qui l'est aussi d'elle : il est vrai que cet amour est froid; mais il est vrai aussi que quand Domitian et sa maîtresse Domitie s'exprimeraient avec la tendre élégance des héros de Racine, ils n'en intéresseraient pas davantage. Il y a des personnages qu'il ne faut jamais représenter amoureux; les grands hommes, comme Alexandre, César, Scipion, Caton, Cicéron, parceque c'est les avilir; et les méchants hommes, parceque l'amour dans une ame féroce ne peut jamais être qu'une passion grossière qui révolte au lieu de toucher, à moins qu'un tel caractère ne soit attendri et changé par un amour qui le subjugue. Domitian, Caligula, Néron, Com-

Il fait toute ma gloire; il fait tous mes desirs :
Ne devroit-il pas faire aussi tous mes plaisirs [1]?
Depuis plus de six mois la pompe s'en apprête;
Rome s'en fait d'avance en l'esprit une fête [2];
Et tandis qu'à l'envi tout l'empire l'attend,
Mon cœur dans tout l'empire est le seul mécontent.

PLAUTINE.

Que trouvez-vous, madame, ou d'amer ou de rude
A voir qu'un tel bonheur n'ait plus d'incertitude?
Et quand dans quatre jours vous devez y monter,
Quel importun chagrin pouvez-vous écouter?
Si vous n'en êtes pas tout-à-fait la maîtresse,
Du moins à l'empereur cachez cette tristesse :
Le dangereux soupçon de n'être pas aimé
Peut le rendre à l'objet dont il fut trop charmé.
Avant qu'il vous aimât, il aimoit Bérénice :
Et s'il n'en put alors faire une impératrice,
A présent il est maître; et son père au tombeau
Ne peut plus le forcer d'éteindre un feu si beau.

mode, en un mot, tous les tyrans qui feront l'amour à l'ordinaire, déplairont toujours. Dès que Domitian est l'amoureux de la pièce, la pièce est tombée.

[1] Il semble, par ce vers, et par tant d'autres dans ce goût, que Corneille ait voulu imiter la mollesse du style de son rival, qui seul alors était en possession des applaudissements au théâtre; mais il l'imite comme un homme robuste, sans grace et sans souplesse, qui voudrait se donner les attitudes gracieuses d'un danseur agile et élégant.

[2] Cette expression, et l'*amer* et le *rude*, *tout-à-fait la maîtresse*, *un nœud reculé qui dégoûte*; font bien voir que Corneille n'était pas fait pour combattre Racine dans la carrière de l'élégance et du sentiment.

ACTE I, SCÈNE I.

DOMITIE.

C'est là ce qui me gêne, et l'image importune
Qui trouble les douceurs de toute ma fortune.
J'ambitionne et crains l'hymen d'un empereur
Dont j'ai lieu de douter si j'aurai tout le cœur.
Ce pompeux appareil, où sans cesse il ajoute,
Recule chaque jour un nœud qui le dégoûte.
Il souffre chaque jour que le gouvernement
Vole ce qu'à me plaire il doit d'attachement;
Et ce qu'il en étale agit d'une manière
Qui ne m'assure point d'une ame tout entière.
Souvent même, au milieu des offres de sa foi,
Il semble tout-à-coup qu'il n'est pas avec moi,
Qu'il a quelque plus douce ou noble inquiétude.
Son feu de sa raison est l'effet et l'étude;
Il s'en fait un plaisir bien moins qu'un embarras,
Et s'efforce à m'aimer, mais il ne m'aime pas.

PLAUTINE.

A cet effort pour vous qui pourroit le contraindre?
Maître de l'univers, a-t-il un maître à craindre?

DOMITIE.

J'ai quelques droits, Plautine, à l'empire romain [1],
Que le choix d'un époux peut mettre en bonne main:
Mon père, avant le sien, élu pour cet empire [2],

---

[1] Où sont donc ces droits à l'empire qu'elle *peut mettre en bonne main?* quoi! parcequ'elle est fille d'un Corbulon, que quelques troupes voulurent déclarer césar, elle a des droits à l'empire? C'est heurter toutes les notions qu'on a du gouvernement des Romains.

[2] *On n'est point élu pour l'empire,* cela n'est pas français; et

Préféra.... Tu le sais, et c'est assez t'en dire.
C'est par cet intérêt qu'il m'apporte sa foi;
Mais pour le cœur, te dis-je, il n'est pas tout à moi.

PLAUTINE.

La chose est bien égale, il n'a pas tout le vôtre [2] :
S'il aime un autre objet, vous en aimez un autre;
Et comme sa raison vous donne tous ses vœux,
Votre ardeur pour son rang fait pour lui tous vos feux.

DOMITIE.

Ne dis point qu'entre nous la chose soit égale.
Un divorce avec moi n'a rien qui le ravale :
Sans avilir son sort, il me renvoie au mien;
Et du rang qui lui reste, il ne me reste rien.

que veut dire ce *préféra....* avec ces points? On peut laisser une phrase suspendue, quand on craint de s'expliquer, quand on aurait trop de choses à dire, quand on fait entendre par ce qui suit ce qu'on n'a pas voulu énoncer d'abord, et qu'on le fait plus fortement entendre que si on s'expliquait, comme dans *Britannicus :*

  Et ce même Sénèque, et ce même Burrhus,
   Qui depuis.... Rome alors estimoit leurs vertus.

Mais ici ce *préféra* ne signifie autre chose, sinon que Corbulon préféra son devoir : ce n'était pas là la place d'une réticence. On s'est un peu étendu sur cette remarque, parcequ'elle contient une règle générale, et que ces réticences inutiles et déplacées ne sont que trop communes.

[1] *La chose est bien égale; il n'a pas tout le vôtre; vous en aimez un autre; et comme sa raison; une ardeur pour un rang; qu'entre nous la chose soit égale; un divorce qui ravale; un sort à qui l'on renvoie; ce que Domitie a d'ambitieux caprice qui lui fait un dur supplice; en l'aimant comme il faut; comme il faut qu'il vous aime.* Est-il possible qu'avec un tel style on ait voulu jouter contre Racine dans un ouvrage où tout dépend du style!

ACTE I, SCÈNE I.

PLAUTINE.

Que ce que vous avez d'ambitieux caprice,
Pardonnez-moi ce mot, vous fait un dur supplice!
Le cœur rempli d'amour, vous prenez un époux,
Sans en avoir pour lui, sans qu'il en ait pour vous.
Aimez pour être aimée, et montrez-lui vous-même,
En l'aimant comme il faut, comme il faut qu'il vous aime;
Et si vous vous aimez, gagnez sur vous ce point,
De vous donner entière, ou ne vous donnez point.

DOMITIE.

Si l'amour quelquefois souffre qu'on le contraigne,
Il souffre rarement qu'une autre ardeur l'éteigne;
Et quand l'ambition en met l'empire à bas,
Elle en fait son esclave, et ne l'étouffe pas [1].
Mais un si fier esclave, ennemi de sa chaîne,
La secoue à toute heure, et la porte avec gêne;
Et, maître de nos sens, qu'il appelle au secours,
Il échappe souvent, et murmure toujours.
Veux-tu que je te fasse un aveu tout sincère?
Je ne puis aimer Tite, ou n'aimer pas son frère;
Et, malgré cet amour, je ne puis m'arrêter
Qu'au degré le plus haut où je puisse monter.
Laisse-moi retracer ma vie en ta mémoire :
Tu me connois assez pour en savoir l'histoire [2];

---

[1] Je passe tous les vers ou foibles, ou durs, ou qui offensent la langue, et je remarquerai seulement que voilà des dissertations sur l'amour, des sentences générales. Ce n'est pas là comme il faut s'y prendre pour traiter une passion douce et tendre; ce n'est pas là *Horatii curiosa felicitas*, et le *molle* de Virgile.

[2] Pourquoi donc répète-t-elle cette histoire à une personne qui

Mais tu n'as pu connoître, en chaque événement,
De mon illustre orgueil quel fut le sentiment.
 En naissant, je trouvai l'empire en ma famille.
Néron m'eût pour parente, et Corbulon pour fille ;
Et le bruit qu'en tous lieux fit sa haute valeur,
Autant que ma naissance, enfla mon jeune cœur.
 De l'éclat des grandeurs par là préoccupée,
Je vis d'un œil jaloux Octavie et Poppée ;
Et Néron, des mortels et l'horreur et l'effroi,
M'eût paru grand héros, s'il m'eût offert sa foi.
 Après tant de forfaits et de morts entassées,
Les troupes du Levant, d'un tel monstre lassées,
Pour césar en sa place élurent Corbulon.
Son austère vertu rejeta ce grand nom :
Un lâche assassinat en fut le prompt salaire.
Mais mon orgueil, sensible à ces honneurs d'un père,
Prit de tout autre rang une assez forte horreur,
Pour me traiter dans l'ame en fille d'empereur.

la sait si bien ? Le sentiment de son *illustre orgueil* n'est pas une raison suffisante pour fonder ce récit, qui d'ailleurs est trop long et trop peu intéressant.

 Cette Domitie, partagée entre l'ambition et l'amour, n'est véritablement ni ambitieuse ni sensible. Ces caractères indécis et mitoyens ne peuvent jamais réussir, à moins que leur incertitude ne naisse d'une passion violente, et qu'on ne voie jusque dans cette indécision l'effet du sentiment dominant qui les emporte. Tel est Pyrrhus dans *Andromaque*; caractère vraiment théâtral et tragique, excepté dans la scène imitée de Térence : *Crois-tu, si je l'épouse, qu'Andromaque en son cœur n'en sera pas jalouse ?* et dans la scène où Pyrrhus vient dire à Hermione qu'il ne peut l'aimer.

 Cette première scène de Domitie annonce que la pièce sera sans intérêt : c'est le plus grand des défauts.

Néron périt enfin. Trois empereurs de suite
Virent de leur fortune une assez prompte fuite.
L'Orient de leurs noms fut à peine averti,
Qu'il fit Vespasian chef d'un plus fort parti.
Le ciel l'en avoua : ce guerrier magnanime
Par Tite, son aîné, fit assiéger Solime;
Et, tandis qu'en Égypte il prit d'autres emplois,
Domitian ici vint dispenser ses lois.
Je le vis et l'aimai. Ne blâme point ma flamme :
Rien de plus grand que lui n'éblouissoit mon ame.
Je ne voyois point Tite, un hymen me l'ôtoit.
Mille soupirs aidoient au rang qui me flattoit.
Pour remplir tous nos vœux nous n'attendions qu'un père :
Il vint, mais d'un esprit à nos vœux si contraire,
Que, quoi qu'on lui pût dire, on n'en put arracher
Ce qu'attendoit un feu qui nous étoit si cher.
On n'en sut point la cause; et divers bruits coururent,
Qui tous à notre amour également déplurent.
J'en eus un long chagrin. Tite fit tôt après
De Bérénice à Rome admirer les attraits.
Pour elle avec Martie il avoit fait divorce;
Et cette belle reine eut sur lui tant de force,
Que, pour montrer à tous sa flamme, et hautement,
Il lui fit au palais prendre un appartement.
L'empereur, bien qu'en l'ame il prévît quelle haine
Concevroit tout l'état pour l'époux d'une reine,
Sembla voir cet amour d'un œil indifférent,
Et laisser un cours libre aux flots de ce torrent.
Mais, sous les vains dehors de cette complaisance,
On ménagea ce prince avec tant de prudence,

Qu'en dépit de son cœur, que charmoient tant d'appas,
Il l'obligea lui-même à revoir ses états.
A peine je le vis sans maîtresse et sans femme,
Que mon orgueil vers lui tourna toute mon ame;
Et s'étant emparé des plus doux de mes soins,
Son frère commença de me plaire un peu moins :
Non qu'il ne fût toujours maître de ma tendresse,
Mais je la regardois ainsi qu'une foiblesse,
Comme un honteux effet d'un amour éperdu
Qui me voloit un rang que je me croyois dû.
Tite à peine sur moi jetoit alors la vue;
Cent fois avec douleur je m'en suis aperçue :
Mais ce qui consoloit ce juste et long ennui,
C'est que Vespasian me regardoit pour lui.
Je commençois pourtant à n'en plus rien attendre,
Quand je vis en ses yeux quelque chose de tendre :
Il me rendit visite, et fit tout ce qu'on fait
Alors qu'on veut aimer, ou qu'on aime en effet.
Je veux bien t'avouer que j'y crus du mystère,
Qu'il ne me disoit rien que par l'ordre d'un père;
Mais qui ne pencheroit à s'en désabuser,
Lorsque, ce père mort, il songe à m'épouser?
Toi, qui vois tout mon cœur, juge de son martyre :
L'ambition l'entraîne, et l'amour le déchire;
Quand je crois m'être mise au-dessus de l'amour,
L'amour vers son objet me ramène à son tour;
Je veux régner, et tremble à quitter ce que j'aime,
Et ne me saurois voir d'accord avec moi-même.

PLAUTINE.

Ah! si Domitian devenoit empereur,

Que vous auriez bientôt calmé tout ce grand cœur !
Que bientôt... Mais il vient. Ce grand cœur en soupire !

DOMITIE.

Hélas! plus je le vois, moins je sais que lui dire.
Je l'aime, et le dédaigne; et, n'osant m'attendrir,
Je me veux mal des maux que je lui fais souffrir.

SCÈNE II.

DOMITIAN, DOMITIE, ALBIN, PLAUTINE.

DOMITIAN.

Faut-il mourir, madame? et, si proche du terme,
Votre illustre inconstance est-elle encor si ferme,
Que les restes d'un feu que j'avois cru si fort
Puissent dans quatre jours se promettre ma mort[1] ?

DOMITIE.

Ce qu'on m'offre, seigneur, me feroit peu d'envie
S'il en coûtoit à Rome une si belle vie;

---

[1] Cette seconde scène tient au-delà de ce que la première a promis. Un Domitian qui veut mourir d'amour! c'est mettre un hochet entre les mains de Polyphème : et qu'est-ce qu'une *illustre inconstance proche du terme, si ferme, que les restes d'un feu si fort se promettent la mort de Domitian dans quatre jours?* Ces paroles, ces tours inintelligibles qui sont comme jetés au hasard, forment un étrange discours. La princesse Henriette joua un tour bien sanglant à Corneille, quand elle le fit travailler à *Bérénice*.

On ne voit que trop combien la suite est digne de ce commencement. Quels vers que ceux-ci! et que de barbarismes! *Ce n'est pas un mal qui vaille en soupirer; un choix qui charme avec un peu d'appas, qu'on met si bas;* et tous ces compliments ironiques

Et ce n'est pas un mal qui vaille en soupirer,
Que de faire une perte aisée à réparer.

DOMITIAN.

Aisée à réparer ! Un choix qui m'a su plaire,
Et qui ne plaît pas moins à l'empereur mon frère,
Charme-t-il l'un et l'autre avec si peu d'appas
Que vous sachiez son prix, et le mettiez si bas ?

DOMITIE.

Quoi qu'on ait pour soi-même ou d'amour ou d'estime,
Ne s'en croire pas trop n'est pas faire un grand crime.
Mais n'examinons point, en cet excès d'honneur,
Si j'ai quelque mérite, ou n'ai que du bonheur.
Telle que je puis être, obtenez-moi d'un frère.

DOMITIAN.

Hélas ! si je n'ai pu vous obtenir d'un père,
Si même je ne puis vous obtenir de vous,

que se font Domitian et Domitie : et cette beauté qui n'a écouté aucun des soupirants qui l'accabloient de leurs regards mourants ; et son cœur qui va tout à Domitian quand on le laisse aller !

On est étonné qu'on ait pu jouer une pièce ainsi écrite, ainsi dialoguée et raisonnée.

Tous ces raisonnements de Domitie ne peuvent être écoutés. *Comme la passion du trône est la première, elle est la dominante : ce n'est pas qu'elle ne se violente à trahir l'amour, mais il est juste que des soupirs secrets la punissent d'aimer contre ses intérêts.*

Il semble que, dans cette pièce, Corneille ait voulu en quelque sorte imiter ce double amour qui règne dans l'*Andromaque*, et qu'il ait tenté de plier la roideur de son caractère à ce genre de tragédie si délicat et si difficile. Domitian aime Domitie ; Titus aime aussi Domitie un peu : on propose Bérénice à Domitian, et Bérénice est aimée véritablement de Titus. Avouons qu'on ne pouvait faire un plus mauvais plan.

ACTE I, SCÈNE II.

Qu'obtiendrai-je d'un frère amoureux et jaloux?

DOMITIE.

Et moi, résisterai-je à sa toute-puissance,
Quand vous n'y répondez qu'avec obéissance?
Moi, qui n'ai sous les cieux que vous seul pour soutien,
Que puis-je contre lui, quand vous n'y pouvez rien?

DOMITIAN.

Je ne puis rien sans vous, et pourrois tout, madame,
Si je pouvois encor m'assurer de votre ame.

DOMITIE.

Pouvez-vous en douter, après deux ans de pleurs
Qu'à vos yeux j'ai donnés à nos communs malheurs?
Durant un déplaisir si long et si sensible
De voir toujours un père à nos vœux inflexible,
Ai-je écouté quelqu'un de tant de soupirants
Qui m'accabloient par-tout de leurs regards mourants?
Quel que fût leur amour, quel que fût leur mérite...

DOMITIAN.

Oui, vous m'avez aimé jusqu'à l'amour de Tite.
Mais de ces soupirants qui vous offroient leur foi
Aucun ne vous eût mise alors si haut que moi;
Votre ame ambitieuse à mon rang attachée
N'en voyoit point en eux dont elle fût touchée :
Ainsi de ces rivaux aucun n'a réussi.
Mais les temps sont changés, madame, et vous aussi.

DOMITIE.

Non, seigneur; je vous aime, et garde au fond de l'ame
Tout ce que j'eus pour vous de tendresse et de flamme:
L'effort que je me fais me tue autant que vous;
Mais enfin l'empereur veut être mon époux.

TITE ET BÉRÉNICE.

DOMITIAN.

Ah! si vous n'acceptez sa main qu'avec contrainte,
Venez, venez, madame, autoriser ma plainte :
L'empereur m'aime assez pour quitter vos liens
Quand je lui porterai vos vœux avec les miens.
Dites que vous m'aimez, et que tout son empire...

DOMITIE.

C'est ce qu'à dire vrai j'aurai peine à lui dire,
Seigneur; et le respect, qui n'y peut consentir....

DOMITIAN.

Non, votre ambition ne se peut démentir.
Ne la déguisez plus, montrez-la tout entière
Cette ame que le trône a su rendre si fière,
Cette ame dont j'ai fait les plaisirs les plus doux,
Cette ame....

DOMITIE.

Voyez-la cette ame toute à vous,
Voyez-y tout ce feu que vous y fîtes naître;
Et soyez satisfait, si vous le pouvez être.
Je ne veux point, seigneur, vous le dissimuler,
Mon cœur va tout à vous quand je le laisse aller :
Mais, sans dissimuler j'ose aussi vous le dire,
Ce n'est pas mon dessein qu'il m'en coûte l'empire;
Et je n'ai point une ame à se laisser charmer
Du ridicule honneur de savoir bien aimer.
La passion du trône est seule toujours belle,
Seule à qui l'ame doive une ardeur immortelle.
J'ignorois de l'amour quel est le doux poison
Quand elle s'empara de toute ma raison.
Comme elle est la première, elle est la dominante.

Non qu'à trahir l'amour je ne me violente;
Mais il est juste enfin que des soupirs secrets
Me punissent d'aimer contre mes intérêts.
 Daignez donc voir, seigneur, quelle route il faut prendre
Pour ne point m'imposer la honte de descendre.
Tout mon cœur vous préfère à cet heureux rival;
Pour m'avoir toute à vous, devenez son égal.
Vous dites qu'il vous aime; et je ne le puis croire
Si je ne vois sur vous un rayon de sa gloire.
On vous a vus tous deux sortir d'un même flanc;
Ayez mêmes honneurs ainsi que même sang.
Dites-lui que le droit qu'a ce sang à l'empire...

DOMITIAN.

C'est là ce qu'à mon tour j'aurai peine à lui dire,
Madame; et le devoir qui n'y peut consentir...

DOMITIE.

A mes vives douleurs daignez donc compatir,
Seigneur; j'achète assez le rang d'impératrice,
Sans qu'un reproche injuste augmente mon supplice.

DOMITIAN.

Eh bien! dans cet hymen, qui n'en a que pour moi,
J'applaudirai moi-même à votre peu de foi;
Je dirai que le ciel doit à votre mérite...

DOMITIE.

Non, seigneur; faites mieux, et quittez qui vous quitte.
Rome a mille beautés dignes de votre cœur;
Mais dans toute la terre il n'est qu'un empereur.
Si mon père avoit eu les sentiments du vôtre,
Je vous aurois donné ce que j'attends d'un autre;
Et ma flamme en vos mains eût mis sans balancer

Le sceptre qu'en la mienne il auroit dû laisser.
Laissez à son défaut suppléer la fortune,
Et n'ayez pas une ame assez basse et commune
Pour s'opposer au ciel qui me rend par autrui
Ce que trop de vertu me fit perdre par lui.
Pour peu que vous m'aimiez, aimez mes avantages :
Il n'est point d'autre amour digne des grands courages.
Voilà toute mon ame. Après cela, seigneur,
Laissez-moi m'épargner les troubles de mon cœur.
Un plus long entretien ne pourroit rien produire
Qui ne pût malgré moi vous déplaire, ou me nuire.

SCÈNE III.

DOMITIAN, ALBIN.

ALBIN.

Elle se défend bien, seigneur; et dans la cour...

DOMITIAN.

Aucun n'a plus d'esprit, Albin, et moins d'amour [1].
J'admire, ainsi que toi, dans ce qu'elle m'oppose,
Son adresse à défendre une mauvaise cause;
Et si, pour m'assurer que son cœur n'est qu'à moi,
Tant d'esprit agissoit en faveur de sa foi;
Si sa flamme au secours appliquoit cette adresse,
L'empereur convaincu me rendroit ma maîtresse.

[1] Il s'agit bien là d'esprit; et cette *adresse à défendre une mauvaise cause*, et *la flamme qui applique cette adresse au secours*. Quels vains et malheureux propos! Peut-on dire en de plus mauvais vers des choses plus indignes du théâtre tragique?

ACTE I, SCÈNE III.

ALBIN.
Cependant n'est-ce rien que ce cœur soit à vous?

DOMITIAN.
D'un bonheur si mal sûr je ne suis point jaloux;
Et trouve peu de jour à croire qu'elle m'aime,
Quand elle ne regarde et n'aime que soi-même.

ALBIN.
Seigneur, s'il m'est permis de parler librement,
Dans toute la nature aime-t-on autrement[1]?
L'amour-propre est la source en nous de tous les autres;
C'en est le sentiment qui forme tous les nôtres;
Lui seul allume, éteint, ou change nos desirs :
Les objets de nos vœux le sont de nos plaisirs.
Vous-même, qui brûlez d'une ardeur si fidéle,
Aimez-vous Domitie, ou vos plaisirs en elle?
Et quand vous aspirez à des liens si doux,
Est-ce pour l'amour d'elle, ou pour l'amour de vous?
De sa possession l'aimable et chère idée
Tient vos sens enchantés et votre ame obsédée;
Mais si vous conceviez quelques destins meilleurs,

---

[1] Quoi! dans une tragédie une dissertation sur l'amour-propre? Finissons. Il a bien fallu faire quelques remarques sur ce premier acte, pour montrer que c'est une peine perdue que d'en faire sur les autres. Un commentaire peut être utile quand on a des beautés et des défauts à examiner; mais ce serait vouloir outrager la mémoire de Corneille de s'appesantir sur toutes les fautes d'un ouvrage où il n'y a guère que des fautes. Finissons nos remarques par respect pour lui : rendons-lui justice; convenons que c'est un grand homme, qui fut trop souvent différent de lui-même, sans que ses pièces malheureuses fissent tort aux beaux morceaux qui sont dans les autres.

Vous porteriez bientôt toute cette ame ailleurs.
Sa conquête est pour vous le comble des délices;
Vous ne vous figurez ailleurs que des supplices :
C'est par là qu'elle seule a droit de vous charmer;
Et vous n'aimez que vous, quand vous croyez l'aimer.

DOMITIAN.

En l'état où je suis, les maux dont je soupire
M'ôtent la liberté de te rien contredire :
Cherchons-en le remède, au lieu de raisonner
Sur l'amour où le ciel se plaît à m'obstiner.
N'est-il point de secret, n'est-il point d'artifice...

ALBIN.

Oui, seigneur, il en est; rappelons Bérénice;
Sous le nom de César pratiquons son retour,
Qui retarde l'hymen, et suspende l'amour.

DOMITIAN.

Que je verrois, Albin, ma volage punie,
Si de ces grands apprêts pour la cérémonie,
Que depuis si long-temps on dresse à si grand bruit,
Elle n'avoit que l'ombre, et qu'une autre eût le fruit!
Qu'elle seroit confuse! et que j'aurois de joie!
Mais il faut que le ciel lui-même la renvoie,
Cette belle rivale; et tout notre discours
Ne la sauroit ici rendre dans quatre jours.

ALBIN.

N'importe : en l'attendant préparons sa victoire;
Dans l'esprit d'un rival ranimons sa mémoire;
Retraçons à ses yeux l'image du passé,
Et profitons par là d'un cœur embarrassé.
N'y perdez point de temps; allez, sans plus rien taire,

Tâter jusqu'en ce cœur les tendresses de frère.
Si vous ne l'emportez, il pourra s'ébranler.
S'il ne rompt cet hymen, il pourra reculer :
Je me trompe, ou son ame y penche d'elle-même.
S'il s'émeut, redoublez, dites que l'on vous aime,
Dites qu'un pur respect contraint avec ennui
Une ame toute à vous à se donner à lui.
S'il se trouble, achevez, parlez de Bérénice,
De tant d'amour qu'il traite avec tant d'injustice.
Pour lui donner le temps de venir au secours,
Nous aurons quatre mois au lieu de quatre jours.

DOMITIAN.

Mais j'aime Domitie; et lui parler contre elle
C'est me mettre au hasard d'irriter l'infidèle.
Ne me condamne point, Albin, à la trahir,
A joindre à ses mépris le droit de me haïr :
En vain je veux contre elle écouter ma colère;
Tout ingrate qu'elle est, je tremble à lui déplaire.

ALBIN.

Seigneur, quelle mesure avez-vous à garder?
Quand on voit tout perdu, craint-on de hasarder?
Et si l'ambition vers un autre l'entraîne,
Que vous peut importer son amour ou sa haine?

DOMITIAN.

Qu'un salutaire avis fait une douce loi
A qui peut avoir l'ame aussi libre que toi!
Mais celle d'un amant n'est pas comme une autre ame:
Il ne voit, il n'entend, il ne croit que sa flamme;
Du plus puissant remède il se fait un poison,
Et la raison pour lui n'est pas toujours raison.

8.

ALBIN.

Et si je vous disois que déja Bérénice
Est dans Rome, inconnue, et par mon artifice;
Qu'elle surprendra Tite, et qu'elle y vient exprès
Pour de ce grand hymen renverser les apprêts?

DOMITIAN.

Albin, seroit-il vrai?

ALBIN.

La nouvelle vous flatte :
Peut-être est-elle fausse; attendez qu'elle éclate;
Sur-tout à l'empereur déguisez-la si bien...

DOMITIAN.

Va, je lui parlerai comme n'en sachant rien.

FIN DU PREMIER ACTE.

ACTE SECOND.

SCÈNE I.

TITE, FLAVIAN.

TITE.

Quoi! des ambassadeurs que Bérénice envoie
Viennent ici, dis-tu, me témoigner sa joie,
M'apporter son hommage, et me féliciter
Sur ce comble de gloire où je viens de monter?

FLAVIAN.

En attendant votre ordre ils sont au port d'Ostie.

TITE.

Ainsi, graces aux dieux, sa flamme est amortie;
Et de pareils devoirs sont pour moi des froideurs,
Puisqu'elle s'en rapporte à ses ambassadeurs.
Jusqu'après mon hymen remettons leur venue;
J'aurois trop à rougir si j'y souffrois leur vue,
Et recevois les yeux de ses propres sujets
Pour envieux témoins du vol que je lui fais.
Car mon cœur fut son bien à cette belle reine,
Et pourroit l'être encor, malgré Rome et sa haine,
Si ce divin objet, qui fut tout mon desir,
Par quelques doux regards s'en venoit ressaisir.
Mais du haut de son trône elle aime mieux me rendre

Ces froideurs que pour elle on me força de prendre.
Peut-être, en ce moment que toute ma raison
Ne sauroit sans désordre entendre son beau nom,
Entre les bras d'un autre un autre amour la livre;
Elle suit mon exemple, et se plaît à le suivre;
Et ne m'envoie ici traiter de souverain
Que pour braver l'amant qu'elle charmoit en vain.

FLAVIAN.

Si vous la revoyiez, je plaindrois Domitie.

TITE.

Contre tous ses attraits ma raison endurcie
Feroit de Domitie encor la sûreté;
Mais mon cœur auroit peu de cette dureté.
N'aurois-tu point appris qu'elle fût infidèle,
Qu'elle écoutât les rois qui soupirent pour elle?
Dis-moi que Polémon règne dans son esprit,
J'en aurai du chagrin, j'en aurai du dépit,
D'une vive douleur j'en aurai l'ame atteinte;
Mais j'épouserai l'autre avec moins de contrainte:
Car enfin elle est belle, et digne de ma foi;
Elle auroit tout mon cœur, s'il étoit tout à moi.
La noblesse du sang, la grandeur du courage,
Font avec son mérite un illustre assemblage:
C'est le choix de mon père; et je connois trop bien
Qu'à choisir en César ce doit être le mien.
Mais tout mon cœur renonce à lui faire justice
Dès que mon souvenir lui rend sa Bérénice.

FLAVIAN.

Si de tels souvenirs vous sont encor si doux,
L'hyménée a, seigneur, peu de charmes pour vous.

ACTE II, SCÈNE I.

TITE.

Si de tels souvenirs ne me faisoient la guerre,
Seroit-il potentat plus heureux sur la terre?
Mon nom par la victoire est si bien affermi,
Qu'on me croit dans la paix un lion endormi :
Mon réveil incertain du monde fait l'étude;
Mon repos en tous lieux jette l'inquiétude;
Et tandis qu'en ma cour les aimables loisirs
Ménagent l'heureux choix des jeux et des plaisirs,
Pour envoyer l'effroi sous l'un et l'autre pole
Je n'ai qu'à faire un pas et hausser la parole.
Que de félicité, si mes vœux imprudents
N'étoient de mon pouvoir les seuls indépendants!
Maître de l'univers sans l'être de moi-même,
Je suis le seul rebelle à ce pouvoir suprême;
D'un feu que je combats je me laisse charmer,
Et n'aime qu'à regret ce que je veux aimer.
En vain de mon hymen Rome presse la pompe :
Je veux de la lenteur, j'aime qu'on l'interrompe,
Et n'ose résister aux dangereux souhaits
De préparer toujours et n'achever jamais.

FLAVIAN.

Si ce dégoût, seigneur, va jusqu'à la rupture,
Domitie aura peine à souffrir cette injure :
Ce jeune esprit, qu'entête et le sang de Néron,
Et le choix qu'en Syrie on fit de Corbulon,
S'attribue à l'empire un droit imaginaire,
Et s'en fait, comme vous, un rang héréditaire.
Si de votre parole un manque surprenant
La jette entre les bras d'un homme entreprenant,

S'il l'unit à quelque ame assez fière et hautaine
Pour servir son orgueil et seconder sa haine,
Un vif ressentiment lui fera tout oser;
En un mot, il vous faut la perdre, ou l'épouser.

TITE.

J'en sais la politique, et cette loi cruelle
A presque fait l'amour qu'il m'a fallu pour elle.
Réduit au triste choix dont tu viens de parler,
J'aime mieux, Flavian, l'aimer que l'immoler,
Et ne puis démentir cette horreur magnanime
Qu'en recevant le jour je conçus pour le crime.
Moi, qui seul des Césars me vois en ce haut rang
Sans qu'il en coûte à Rome une goutte de sang,
Moi, que du genre humain on nomme les délices,
Moi qui ne puis souffrir les plus justes supplices,
Pourrois-je autoriser une injuste rigueur
A perdre une héroïne à qui je dois mon cœur?
Non : malgré les attraits de sa belle rivale,
Malgré les vœux flottants de mon ame inégale,
Je veux l'aimer, je l'aime; et sa seule beauté
Pouvoit me consoler de ce que j'ai quitté.
Elle seule en ses yeux porte de quoi contraindre
Mes feux à s'assoupir, s'ils ne peuvent s'éteindre,
De quoi flatter mon ame, et forcer mes douleurs
A souhaiter du moins de n'aimer plus ailleurs.
Mais je ne vois pas bien que j'en sois encor maître;
Dès que ma flamme expire, un mot la fait renaître,
Et mon cœur malgré moi rappelle un souvenir
Que je n'ose écouter et ne saurois bannir.
Ma raison s'en veut faire en vain un sacrifice;

Tout me ramène ici, tout m'offre Bérénice :
Et même je ne sais par quel pressentiment
Je n'ai souffert personne en son appartement ;
Mais depuis cet adieu, si cruel et si tendre,
Il est demeuré vide, et semble encor l'attendre.
Va, fais porter mon ordre à ses ambassadeurs :
C'est trop entretenir d'inutiles ardeurs ;
Il est temps de chercher qui m'en puisse distraire,
Et le ciel à propos envoie ici mon frère.

FLAVIAN.

Irez-vous au sénat ?

TITE.

Non ; il peut s'assembler
Sur ce déluge ardent qui nous a fait trembler,
Et pourvoir sous mon ordre aux affreuses ruines
Dont ses feux ont couvert les campagnes voisines.

SCÈNE II.

TITE, DOMITIAN, ALBIN.

DOMITIAN.

Puis-je parler, seigneur, et de votre amitié
Espérer une grace à force de pitié ?
Je me suis jusqu'ici fait trop de violence
Pour augmenter encor mes maux par mon silence.
Ce que je vais vous dire est digne du trépas ;
Mais aussi j'en mourrai si je ne le dis pas.
Apprenez donc mon crime, et voyez s'il faut faire
Justice d'un coupable, ou grace aux vœux d'un frère.

J'ai vu ce que j'aimois choisi pour être à vous,
Et je l'ai vu long-temps sans en être jaloux.
Vous n'aimiez Domitie alors que par contrainte;
Vous vous faisiez effort, j'imitois votre feinte;
Et comme aux lois d'un père il falloit obéir,
Je feignois d'oublier, vous de ne point haïr.
Le ciel, qui dans vos mains met sa toute-puissance,
Ne met-il point de borne à cette obéissance?
La faut-il à son ombre, et que ce même effort
Vous déchire encor l'ame et me donne la mort?

TITE.

Souffrez sur cet effort que je vous désabuse.
Il fut grand, et de ceux que tout le cœur refuse :
Pour en sauver le mien, je fis ce que je pus;
Mais ce qui fut effort à présent ne l'est plus.
Sachez-en la raison. Sous l'empire d'un père
Je murmurai toujours d'un ordre si sévère,
Et cherchai les moyens de tirer en longueur
Cet hymen qui vous gêne et m'arrachoit le cœur.
Son trépas a changé toute chose de face :
J'ai pris ses sentiments lorsque j'ai pris sa place;
Je m'impose à mon tour les lois qu'il m'imposoit,
Et me dis après lui tout ce qu'il me disoit.
J'ai des yeux d'empereur, et n'ai plus ceux de Tite;
Je vois en Domitie un tout autre mérite,
J'écoute la raison, j'en goûte les conseils,
Et j'aime comme il faut qu'aiment tous mes pareils.
Si dans les premiers jours que vous m'avez vu maître
Votre feu mal éteint avoit voulu paroître,
J'aurois pu me combattre et me vaincre pour vous :

ACTE II, SCÈNE II.

Mais si près d'un hymen si souhaité de tous,
Quand Domitie a droit de s'en croire assurée,
Que le jour en est pris, la fête préparée,
Je l'aime, et lui dois trop pour jeter sur son front
L'éternelle rougeur d'un si mortel affront.
Rome entière et ma foi l'appellent à l'empire :
Voyez mieux de quel œil on m'en verroit dédire,
Ce qu'ose se permettre une femme en fureur,
Et combien Rome entière auroit pour moi d'horreur.

DOMITIAN.

Elle n'en auroit point de vous voir pour un frère
Faire autant que pour elle il vous a plu de faire.
Seigneur, à vos bontés laissez un libre cours :
Qui se vainc une fois peut se vaincre toujours ;
Ce n'est pas un effort que votre ame redoute.

TITE.

Qui se vainc une fois sait bien ce qu'il en coûte ;
L'effort est assez grand pour en craindre un second.

DOMITIAN.

Ah! si votre grande ame à peine s'en répond,
La mienne, qui n'est pas d'une trempe si belle,
Réduite au même effort, seigneur, que fera-t-elle?

TITE.

Ce que je fais, mon frère ; aimez ailleurs.

DOMITIAN.

Hélas !
Ce qui vous fut aisé, seigneur, ne me l'est pas.
Quand vous avez changé, voyiez-vous Bérénice?
De votre changement son départ fut complice ;
Vous l'aviez éloignée, et j'ai devant les yeux,

Je vois presque en vos bras ce que j'aime le mieux.
Jugez de ma douleur par l'excès de la vôtre.
Si vous voyiez la reine entre les bras d'un autre,
Contre un rival heureux épargneriez-vous rien,
A moins que d'un respect aussi grand que le mien?

TITE.

Vengez-vous, j'y consens; que rien ne vous retienne.
Je prends votre maîtresse; allez, prenez la mienne:
Épousez Bérénice, et....

DOMITIAN.

Vous n'achevez point,
Seigneur : me pourriez-vous aimer jusqu'à ce point?

TITE.

Oui, si je ne craignois pour vous l'injuste haine
Que Rome concevroit pour l'époux d'une reine.

DOMITIAN.

Dites, dites, seigneur, qu'il est bien malaisé
De céder ce qu'adore un cœur bien embrasé;
Ne vous contraignez plus, ne gênez plus votre ame,
Satisfaites en maître une si belle flamme :
Quand vous aurez su dire une fois, Je le veux,
D'un seul mot prononcé vous ferez quatre heureux.
Bérénice est toujours digne de votre couche;
Et Domitie enfin vous parle par ma bouche :
Car, je ne saurois plus vous le taire; oui, seigneur,
Vous en voulez la main, et j'en ai tout le cœur :
Elle m'en fit le don dès la première vue,
Et ce don fut l'effet d'une force imprévue,
De cet ordre du ciel qui verse en nos esprits
Les principes secrets de prendre et d'être pris.

ACTE II, SCÈNE II.

Je vous dirois, seigneur, quelle en est la puissance,
Si vous ne le saviez par votre expérience.
Ne rompez pas des nœuds et si forts et si doux :
Rien ne les peut briser que le trépas, ou vous ;
Et c'est un triste honneur pour une si grande ame,
Que d'accabler un frère et contraindre une femme.

TITE.

Je ne contrains personne; et de sa propre voix
Nous allons, vous et moi, savoir quel est son choix.

SCÈNE III.

DOMITIE, TITE, DOMITIAN, ALBIN, PLAUTINE.

TITE.

Parlez, parlez, madame, et daignez nous apprendre
Où porte votre cœur, ce qu'il sent de plus tendre,
Qui le possède entier de mon frère ou de moi?

DOMITIE.

En doutez-vous, seigneur, quand vous avez ma foi?

TITE.

J'aime à n'en point douter, mais on veut que j'en doute :
On dit que cette foi ne vous donne pas toute,
Que ce cœur reste ailleurs. Parlez en liberté,
Et n'en consultez point cette noble fierté,
Ce digne orgueil du sang que mon rang sollicite;
De tout ce que je suis ne regardez que Tite;
Et pour mieux écouter vos desirs les plus doux,
Entre le prince et moi ne regardez que vous.

DOMITIE, *à Domitian.*

Qu'avez-vous dit de moi, prince ?

DOMITIAN.

Que dans votre ame
Vous laissez vivre encor notre première flamme;
Et qu'en faveur du rang, si vous m'osez trahir,
Ce n'est pas tant aimer, madame, qu'obéir.
C'est en dire un peu plus que vous n'aviez envie :
Mais il y va de vous, il y va de ma vie;
Et qui se voit si près de perdre tout son bien,
Se fait arme de tout, et ne ménage rien.

DOMITIE.

Je ne sais de vous deux, seigneur, à ne rien feindre,
Duquel je dois le plus me louer ou me plaindre.
C'est aimer assez mal, que remettre tous deux
Au choix de mes desirs le succès de vos vœux;
Et cette liberté par tous les deux offerte,
Montre que tous les deux peuvent souffrir ma perte,
Et que tout leur amour est prêt à consentir
Que mon cœur ou ma foi veuillent se démentir.
Je me plains de tous deux, et vous plains l'un et l'autre,
Si pour voir tout ce cœur vous m'ouvrez tout le vôtre.
Le prince n'agit pas en amant fort discret;
S'il ne m'impose rien, il trahit mon secret :
Tout ce qu'il vous en dit m'offense ou vous abuse.
Mais ce que fait l'amour, l'amour aussi l'excuse.

(*à Tite.*)

Vous, seigneur, je croyois que vous m'aimiez assez
Pour m'épargner le trouble où vous m'embarrassez,
Et laisser pour couleur à mon peu de constance

La gloire d'obéir à la toute-puissance :
Vous m'ôtez cette excuse, et me voulez charger
De ce qu'a d'odieux la honte de changer.
Si le prince en mon cœur garde encor même place,
C'est manquer de respect que vous le dire en face;
Et si mon choix pour vous n'est point violenté,
C'est trop d'ambition et d'infidélité.
Ainsi des deux côtés tout sert à me confondre.
J'ai cent choses à dire, et rien à vous répondre;
Et ne voulant déplaire à pas un de vous deux,
Je veux, ainsi que vous, douter où vont mes vœux.
 Ce qui le plus m'étonne en cette déférence
Qui veut du cœur entier une entière assurance,
C'est que dans ce haut rang vous ne vouliez pas voir
Qu'il n'importe du cœur quand on sait son devoir,
Et que de vos pareils les hautes destinées
Ne le consultent point sur ces grands hyménées.

TITE.

Si le vôtre, madame étoit de moindre prix.
Mais que veut Flavian?

SCÈNE IV.

TITE, DOMITIAN, DOMITIE, PLAUTINE, FLAVIAN, ALBIN.

FLAVIAN.

Vous en serez surpris,
Seigneur, je vous apporte une grande nouvelle :
La reine Bérénice...

TITE.

Eh bien! est infidèle?
Et son esprit, charmé par un plus doux souci....

FLAVIAN.

Elle est dans ce palais, seigneur; et la voici.

SCÈNE V.

BÉRÉNICE, TITE, DOMITIAN, DOMITIE,
FLAVIAN, ALBIN, PHILON, PLAUTINE.

TITE.

O dieux! est-ce, madame, aux reines de surprendre?
Quel accueil, quels honneurs peuvent-elles attendre,
Quand leur surprise envie au souverain pouvoir
Celui de donner ordre à les bien recevoir?

BÉRÉNICE.

Pardonnez-le, seigneur, à mon impatience.
J'ai fait sous d'autres noms demander audience:
Vous la donniez trop tard à mes ambassadeurs;
Je n'ai pu tant attendre à voir tant de grandeurs;
Et, quoique par vous-même autrefois exilée,
Sans ordre et sans aveu je me suis rappelée,
Pour être la première à mettre à vos genoux
Le sceptre qu'à présent je ne tiens que de vous,
Et prendre sur les rois cet illustre avantage
De leur donner l'exemple à vous en faire hommage.

Je ne vous dirai point avec quelles langueurs
D'un si cruel exil j'ai souffert les longueurs;
Vous savez trop....

ACTE II, SCÈNE V.

TITE.

Je sais votre zéle, et l'admire,
Madame; et pour me voir possesseur de l'empire,
Pour me rendre vos soins, je ne méritois pas
Que rien vous pût résoudre à quitter vos états,
Qu'une si grande reine en formât la pensée.
Un voyage si long vous doit avoir lassée.
Conduisez-la, mon frère, en son appartement.
(à Flavian et à Albin.)
Vous, faites-l'y servir aussi pompeusement,
Avec le même éclat qu'elle s'y vit servie
Alors qu'elle faisoit le bonheur de ma vie.

SCÈNE VI.

TITE, DOMITIE, PLAUTINE, PHILON.

DOMITIE.

Seigneur, faut-il ici vous rendre votre foi?
Ne regardez que vous entre la reine et moi;
Parlez sans vous contraindre, et me daignez apprendre
Où porte votre cœur ce qu'il sent de plus tendre.

TITE.

Adieu, madame, adieu. Dans le trouble où je suis,
Me taire et vous quitter, c'est tout ce que je puis.

SCÈNE VII.

DOMITIE, PLAUTINE.

DOMITIE.

Se taire et me quitter! Après cette retraite,
Crois-tu qu'un tel arrêt ait besoin d'interprète?

PLAUTINE.

Oui, madame; et ce n'est que dérober au jour,
Que vous cacher le trouble où le met ce retour.

DOMITIE.

Non, non. Tu l'as voulu, Plautine, que je vinsse
Désavouer ici les vanités du prince,
Empêcher qu'un amant dont je n'ai pas le cœur
Ne cédât ma conquête à mon premier vainqueur:
Vois la honte qu'ainsi je me suis attirée.
Quand sa reine a paru, m'a-t-il considérée?
A-t-il jeté les yeux sur moi qu'en me quittant?

PLAUTINE.

Pensez-vous que sa reine ait l'esprit plus content?
Avant que vous quitter, lui-même il l'a bannie.

DOMITIE.

Oui, mais avec respect, avec cérémonie,
Avec des yeux enfin qui, l'éloignant des miens,
Lui promettoient assez de plus doux entretiens.
Tu me diras encor que la chose est égale,
Que, s'il m'ose quitter, il chasse ma rivale.
Mais, pour peu qu'il m'aimât, du moins il m'auroit dit
Que je garde en son ame encor même crédit;

Il m'en auroit donné des sûretés nouvelles,
Il m'en auroit laissé quelques marques fidèles :
S'il me vouloit cacher le trouble où je le voi,
La plus mauvaise excuse étoit bonne pour moi.
Mais pour toute réponse, il se tait, et me quitte :
Et tu ne peux souffrir que mon cœur s'en irrite !
Tu veux, lorsque lui-même ose se déclarer,
Que je me flatte encor assez pour espérer !
C'est avec le perfide être d'intelligence.
Sans me flatter en vain, courons à la vengeance;
Faisons voir ce qu'en moi peut le sang de Néron,
Et que je suis de plus fille de Corbulon.

PLAUTINE.

Vous l'êtes; mais enfin c'est n'être qu'une fille,
Que le reste impuissant d'une illustre famille.
Contre un tel empereur où prendrez-vous des bras?

DOMITIE.

Contre un tel empereur nous n'en manquerons pas.
S'il épouse sa reine, il est l'horreur de Rome.
Trouvons alors, trouvons un grand cœur, un grand homme,
Un Romain qui réponde au sang de mes aïeux;
Et pour le révolter laisse faire à mes yeux.
Juge, par le pouvoir de ceux de Bérénice,
Si les miens auront peine à s'en faire justice.
Si ceux-là forcent Tite à me manquer de foi,
Ceux-ci feront briser le joug d'un nouveau roi;
Et si de l'univers les siens charment le maître,
Les miens charmeront ceux qui méritent de l'être.
Dis-le-moi, tu l'as vue, ai-je peu de raison
Quand de mes yeux aux siens je fais comparaison?

Est-elle plus charmante, ai-je moins de mérite?
Suis-je moins digne qu'elle enfin du cœur de Tite?

PLAUTINE.

Madame....

DOMITIE.

Je m'emporte, et mes sens interdits
Impriment leur désordre en tout ce que je dis.
Comment saurai-je aussi ce que je te dois dire,
Si je ne sais pas même à quoi mon ame aspire?
Mon aveugle fureur s'égare à tous propos.
Allons penser à tout avec plus de repos.

PLAUTINE.

Vous pourriez hasarder un moment de visite
Pour voir si ce retour est sans l'aveu de Tite,
Ou si c'est de concert qu'il a fait le surpris.

DOMITIE.

Oui; mais auparavant remettons nos esprits.

FIN DU SECOND ACTE.

ACTE TROISIÈME.

SCÈNE I.

DOMITIAN, BÉRÉNICE, PHILON.

DOMITIAN.
Je vous l'ai dit, madame, et j'aime à le redire,
Qu'il est beau qu'à vous plaire un empereur aspire,
Qu'il lui doit être doux qu'un véritable feu
Par de justes soupirs mérite votre aveu.
Seroit-ce un crime à moi, seroit-ce vous déplaire,
Après un empereur, de vous offrir son frère ?
Et voudriez-vous croire en faveur de ma foi
Qu'un frère d'empereur pourroit valoir un roi ?

BÉRÉNICE.
Si votre ame, seigneur, en veut être éclaircie,
Vous pouvez le savoir de votre Domitie.
De tous les deux aimée, et douce à tous les deux,
Elle sait mieux que moi comme on change de vœux,
Et sait peut-être mal la route qu'il faut prendre
Pour trouver le secret de les faire descendre,
Quelque facilité qu'elle ait eue à trouver,
Malgré sa flamme et vous, l'art de les élever.
Pour moi, qui n'eus jamais l'honneur d'être Romaine,
Et qu'un destin jaloux n'a fait naître que reine,

Sans qu'un de vous descende au rang que je remplis,
Ce me doit être assez d'un de vos affranchis;
Et, si votre empereur suit les traces des autres,
Il suffit d'un tel sort pour relever les nôtres.
Mais changeons de discours, et me dites, seigneur,
Par quel ordre aujourd'hui vous m'offrez votre cœur.
Est-ce pour obliger ou Domitie ou Tite?
N'ose-t-il me quitter à moins que je le quitte?
Et peut-il à son rang si peu se confier
Qu'il veuille mon exemple à se justifier?
Me donne-t-il à vous alors qu'il m'abandonne?

DOMITIAN.

Il vous respecte trop; c'est à vous qu'il me donne,
Et me fait la justice, en m'enlevant mon bien,
De vouloir que je tâche à m'enrichir du sien:
Mais à peine il le veut, qu'il craint pour moi la haine
Que Rome concevroit pour l'époux d'une reine.
C'est à vous de juger d'où part ce sentiment.
En vain par politique il fait ailleurs l'amant,
Il s'y réduit en vain par grandeur de courage:
A ces fausses clartés opposez quelque ombrage;
Et je renonce au jour, s'il ne revient à vous,
Pour peu que vous penchiez à le rendre jaloux.

BÉRÉNICE.

Peut-être. Mais, seigneur, croyez-vous Bérénice
D'un cœur à s'abaisser jusqu'à cet artifice,
Jusques à mendier lâchement le retour
De ce qu'un grand service a mérité d'amour?

DOMITIAN.

Madame, sur ce point je n'ai rien à vous dire.

Vous savez ce que vaut l'empereur et l'empire;
Et si vous consentez qu'on vous manque de foi,
Vous pouvez remarquer si je vaux bien un roi.
J'aperçois Domitie, et lui cède la place.

SCÈNE II.

DOMITIE, BÉRÉNICE, DOMITIAN, PHILON.

DOMITIE.

Je vais me retirer, seigneur, si je vous chasse;
Et j'ai des intérêts que vous servez trop bien
Pour arrêter le cours d'un si long entretien.

DOMITIAN.

Je faisois à la reine une offre de service
Qui peut vous assurer le rang d'impératrice,
Madame; et si j'en suis accepté pour époux,
Tite n'aura plus d'yeux pour d'autres que pour vous.
Est-ce vous mal servir?

DOMITIE.

Quoi! madame, il vous aime?

BÉRÉNICE.

Non; mais il me le dit, madame.

DOMITIE.

Lui?

BÉRÉNICE.

Lui-même.

Est-ce vous offenser que m'offrir vos refus?
Et vous doit-il un cœur dont vous ne voulez plus?

DOMITIE.
Je ne sais si je puis vous dire s'il m'offense,
Quand vous vous préparez à prendre sa défense.
BÉRÉNICE.
Et moi je ne sais pas s'il a droit de changer,
Mais je sais que l'amour ne peut désobliger.
DOMITIE.
Du moins ce nouveau feu rend justice au mérite.
DOMITIAN.
Vous m'avez commandé de quitter qui me quitte,
Vous le savez, madame; et si c'est vous trahir,
Vous m'avouerez aussi que c'est vous obéir.
DOMITIE.
S'il échappe à l'amour un mot qui le trahisse,
A l'effort qu'il se fait veut-il qu'on obéisse?
Il cherche une révolte, et s'en laisse charmer.
Vous le sauriez, ingrat, si vous saviez aimer,
Et ne vous feriez pas l'indigne violence
De vous offrir ailleurs, et même en ma présence.
DOMITIAN, *à Bérénice.*
Madame, vous voyez ce que je vous ai dit;
La preuve est convaincante, et l'exemple suffit.
BÉRÉNICE.
Il suffit pour vous croire, et non pas pour le suivre.
DOMITIE.
Allez, sous quelques lois qu'il vous plaise de vivre,
Vivez-y, j'y consens; mais vous pouviez, seigneur,
Vous hâter un peu moins de m'ôter votre cœur,
Attendre que l'honneur de ce grand hyménée
Vous renvoyât la foi que vous m'avez donnée.

Si vous vouliez passer pour véritable amant,
Il falloit espérer jusqu'au dernier moment;
Il vous falloit....

DOMITIAN.

Eh bien! puisqu'il faut que j'espère,
Madame, faites grace à l'empereur mon frère,
A la reine, à vous-même enfin, si vous m'aimez
Autant qu'il le paroît à vos yeux alarmés.
Les scrupules d'état, qu'il falloit mieux combattre,
Assez et trop long-temps nous ont gênés tous quatre :
Réunissez des cœurs de qui rompt l'union
Cette chimère en Tite, en vous l'ambition.
Vous trouverez au mien encor les mêmes flammes
Qui, dès que je vous vis, charmèrent nos deux ames.
Dès ce premier moment j'adorai vos appas;
Dès ce premier moment je ne vous déplus pas.
Ai-je épargné depuis aucuns soins pour vous plaire?
Est-ce un crime pour moi que l'aînesse d'un frère?
Et faut-il m'accabler d'un éternel ennui
Pour avoir vu le jour deux lustres après lui?
Comme si de mon choix il dépendoit de naître
Dans le temps qu'il falloit pour devenir son maître?

(à *Bérénice*.)

Au nom de votre amour et de ce digne amant,
Madame, qui vous aime encor si chèrement,
Prenez quelque pitié d'un amant déplorable;
Faites-la partager à cette inexorable;
Dissipez la fierté d'une injuste rigueur.
Pour juge entre elle et moi je ne veux que son cœur.
Je vous laisse avec elle arbitre de ma vie.

(*à Domitie.*)
Adieu, madame : adieu, trop aimable ennemie.

SCÈNE III.

BÉRÉNICE, DOMITIE, PHILON.

BÉRÉNICE.
Les intérêts du prince avancent trop le mien
Pour vous oser, madame, importuner de rien ;
Et l'incivilité de la moindre prière
Sembleroit vous presser de me rendre son frère.
Tout ce qu'en sa faveur je crois m'être permis,
Après qu'à votre cœur lui-même il s'est remis,
C'est de vous faire voir ce que hasarde une ame
Qui sacrifie au rang les douceurs de sa flamme,
Et quel long repentir suit ces nobles ardeurs
Qui soumettent l'amour à l'éclat des grandeurs.

DOMITIE.
Quand les choses, madame, auront changé de face,
Je reviendrai savoir ce qu'il faut que je fasse,
Et demander votre ordre avec empressement
Sur le choix ou du prince ou de quelque autre amant.
Agréez cependant un respect qui m'amène
Vous rendre mes devoirs comme à ma souveraine ;
Car je n'ose douter que déja l'empereur
Ne vous ait redonné bonne part en son cœur.
Vous avez sur vos rois pris ce digne avantage
D'être ici la première à rendre un juste hommage ;
Et, pour vous imiter, je veux avoir le bien

D'être aussi la première à vous offrir le mien.
Cet exemple qu'aux rois vous donnez pour un homme,
J'aime pour une reine à le donner à Rome;
Et plus il est nouveau, plus j'ai lieu d'espérer
Que de quelques bontés vous voudrez m'honorer.

BÉRÉNICE.

A vous dire le vrai, sa nouveauté m'étonne;
J'aurois eu quelque peine à vous croire si bonne;
Et je recevrois l'offre avec confusion
Si je n'y soupçonnois un peu d'illusion.
Quoi qu'il en soit, madame, en cette incertitude
Qui nous met l'une et l'autre en quelque inquiétude,
Ce que je puis répondre à vos civilités,
C'est de vous demander pour moi mêmes bontés,
Et que celle des deux qui sera satisfaite
Traite l'autre de l'air qu'elle veut qu'on la traite.
J'ai vu Tite se rendre au peu que j'ai d'appas;
Je ne l'espère plus, et n'y renonce pas.
Il peut se souvenir, dans ce grade sublime,
Qu'il soumit votre Rome en détruisant Solyme,
Qu'en ce siège pour lui je hasardai mon rang,
Prodiguai mes trésors, et mes peuples leur sang;
Et que, s'il me fait part de sa toute-puissance,
Ce sera moins un don qu'une reconnoissance.

DOMITIE.

Ce sont là de grands droits; et, si l'amour s'y joint,
Je dois craindre une chute à n'en relever point.
Tite y peut ajouter que je n'ai point la gloire
D'avoir sur ma patrie étendu sa victoire,
De l'avoir saccagée et détruite à l'envi,

Et renversé l'autel du dieu que j'ai servi :
C'est par là qu'il vous doit cette haute fortune.
Mais je commence à voir que je vous importune.
Adieu. Quelque autre fois nous suivrons ce discours.

BÉRÉNICE.

Je suis venue ici trop tôt de quatre jours;
J'en suis au désespoir, et vous en fais excuse.

DOMITIE.

Dans quatre jours, madame, on verra qui s'abuse.

SCÈNE IV.

BÉRÉNICE, PHILON.

BÉRÉNICE.

Quel caprice, Philon, l'amène jusqu'ici
M'expliquer elle-même un si cuisant souci?
Tite après mon départ l'auroit-il maltraitée?

PHILON.

Après votre départ il l'a soudain quittée,
Madame, et s'est défait de cet esprit jaloux
Avec un compliment encor plus court qu'à vous.

BÉRÉNICE.

Ainsi tout est égal; s'il me chasse, il la quitte.
Mais ce peu qu'il m'a dit ne peut qu'il ne m'irrite :
Il marque trop pour moi son infidélité.
Vois de ses derniers mots quelle est la dureté :
« Qu'on la serve, a-t-il dit, comme elle fut servie
« Alors qu'elle faisoit le bonheur de ma vie. »
Je ne le fais donc plus! Voilà ce que j'ai craint.

Il fait en liberté ce qu'il faisoit contraint.
Cet ordre de sortir, si prompt et si sévère,
N'a plus pour s'excuser l'autorité d'un père;
Il est libre, il est maître, il veut tout ce qu'il fait.

PHILON.

Du peu qu'il vous a dit j'attends un autre effet.
Le trouble de vous voir auprès d'une rivale
Vouloit pour se remettre un moment d'intervalle;
Et quand il a rompu si tôt vos entretiens,
Je lisois dans ses yeux qu'il évitoit les siens,
Qu'il fuyoit l'embarras d'une telle présence.
Mais il vient à son tour prendre son audience,
Madame; et vous voyez si j'en sais bien juger.
Songez de quelle sorte il faut le ménager.

SCÈNE V.

TITE, BÉRÉNICE, FLAVIAN, PHILON.

BÉRÉNICE.

Me cherchez-vous, seigneur, après m'avoir chassée?

TITE.

Vous avez su mieux lire au fond de ma pensée,
Madame; et votre cœur connoît assez le mien
Pour me justifier sans que j'explique rien.

BÉRÉNICE.

Mais justifiera-t-il le don qu'il vous plaît faire
De ma propre personne au prince votre frère?
Et n'est-ce point assez de me manquer de foi,
Sans prendre encor le droit de disposer de moi?

Pouvez-vous jusque-là me bannir de votre ame?
Le pouvez-vous, seigneur?

TITE.

Le croyez-vous, madame?

BÉRÉNICE.

Hélas! que j'ai de peur de vous dire que non!
J'ai voulu vous haïr dès que j'ai su ce don :
Mais à de tels courroux l'ame en vain se confie;
A peine je vous vois que je vous justifie.
Vous me manquez de foi, vous me donnez, chassez.
Que de crimes! Un mot les a tous effacés.
Faut-il, seigneur, faut-il que je ne vous accuse
Que pour dire aussitôt que c'est moi qui m'abuse,
Que pour me voir forcée à répondre pour vous?
Épargnez cette honte à mon dépit jaloux;
Sauvez-moi du désordre où ma bonté m'expose,
Et du moins par pitié dites-moi quelque chose;
Accusez-moi plutôt, seigneur, à votre tour,
Et m'imputez pour crime un trop parfait amour.

Vos chimères d'état, vos indignes scrupules,
Ne pourront-ils jamais passer pour ridicules?
En souffrez-vous encor la tyrannique loi?
Ont-ils encor sur vous plus de pouvoir que moi?
Du bonheur de vous voir j'ai l'ame si ravie,
Que, pour peu qu'il durât, j'oublierois Domitie.
Pourrez-vous l'épouser dans quatre jours? O cieux!
Dans quatre jours, seigneur, y voudrez-vous mes yeux?
Vous plairez-vous à voir qu'en triomphe menée
Je serve de victime à ce grand hyménée;
Que, traînée avec pompe aux marches de l'autel,

ACTE III, SCÈNE V. 143

J'aille de votre main attendre un coup mortel;
M'y verrez-vous mourir sans verser une larme?
Vous y préparez-vous sans trouble et sans alarme?
Et si vous concevez l'excès de ma douleur,
N'en rejaillit-il rien jusque dans votre cœur?

TITE.

Hélas! madame, hélas! pourquoi vous ai-je vue?
Et dans quel contre-temps êtes-vous revenue!
Ce qu'on fit d'injustice à de si chers appas
M'avoit assez coûté pour ne l'envier pas.
Votre absence et le temps m'avoient fait quelque grace;
J'en craignois un peu moins les malheurs où je passe;
Je souffrois Domitie, et d'assidus efforts
M'avoient malgré l'amour fait maître du dehors.
La contrainte sembloit tourner en habitude;
Le joug que je prenois m'en paroissoit moins rude;
Et j'allois être heureux, du moins aux yeux de tous,
Autant qu'on le peut être en n'étant point à vous.
J'allois....

BÉRÉNICE.

N'achevez point, c'est là ce qui me tue.
Et je pourrois souffrir votre hymen à ma vue,
Si vous aviez choisi quelque objet sans éclat,
Qui ne pût être à vous que par raison d'état,
Qui de ses grands aïeux n'eût reçu rien d'aimable,
Qui n'en eût que le nom qui fût considérable.
« Il s'est assez puni de son manque de foi,
« Me dirois-je, et son cœur n'en est pas moins à moi. »
Mais Domitie est belle, elle a tout l'avantage
Qu'ajoute un vrai mérite à l'éclat du visage;

Et, pour vous épargner les discours superflus,
Elle est digne de vous, si vous ne m'aimez plus.
Elle a toujours charmé le prince votre frère,
Elle a gagné sur vous de ne vous plus déplaire :
L'hymen achèvera de me faire oublier ;
Elle aura votre cœur, et l'aura tout entier.
Seigneur, faites-moi grace, épousez Sulpitie,
Ou Camille, ou Sabine, et non pas Domitie ;
Choisissez-en quelqu'une enfin dont le bonheur
Ne m'ôte que la main, et me laisse le cœur.

TITE.

Domitie aisément souffriroit ce partage ;
Ma main satisferoit l'orgueil de son courage :
Et pour le cœur, à peine il vous sait en ces lieux,
Qu'il revient tout entier faire hommage à vos yeux.

BÉRÉNICE.

N'importe ; ayez pitié, seigneur, de ma foiblesse.
Vous avez un cœur fait à changer de maîtresse :
Vous ne savez que trop l'art de manquer de foi ;
Ne l'exercerez-vous jamais que contre moi ?

TITE.

Domitie est le choix de Rome et de mon père :
Ils crurent à propos de l'ôter à mon frère,
De crainte que ce cœur jeune et présomptueux
Ne rendît téméraire un prince impétueux.
Si pour vous obéir je lui suis infidèle,
Rome, qui l'a choisie, y consentira-t-elle ?

BÉRÉNICE.

Quoi ! Rome ne veut pas quand vous avez voulu ?
Que faites-vous, seigneur, du pouvoir absolu ?

ACTE III, SCÈNE V.

N'êtes-vous dans ce trône, où tant de monde aspire,
Que pour assujettir l'empereur à l'empire?
Sur ses plus hauts degrés Rome vous fait la loi!
Elle affermit ou rompt le don de votre foi!
Ah! si j'en puis juger sur ce qu'on voit paroître,
Vous en êtes l'esclave encor plus que le maître.

TITE.

Tel est le triste sort de ce rang souverain
Qui ne dispense pas d'avoir un cœur romain;
Ou plutôt des Romains tel est le dur caprice
A suivre obstinément une aveugle injustice,
Qui, rejetant d'un roi le nom plus que les lois,
Accepte un empereur plus puissant que cent rois.
C'est ce nom seul qui donne à leurs farouches haines
Cette invincible horreur qui passe jusqu'aux reines,
Jusques à leurs époux; et vos yeux adorés
Verroient de notre hymen naître cent conjurés.
Encor s'il n'y falloit hasarder que ma vie;
Si ma perte aussitôt de la vôtre suivie....

BÉRÉNICE.

Non, seigneur, ce n'est pas aux reines comme moi
A hasarder leurs jours pour signaler leur foi.
La plus illustre ardeur de périr l'un pour l'autre
N'a rien de glorieux pour mon rang et le vôtre :
L'amour de nos pareils la traite de fureur;
Et ces vertus d'amant ne sont pas d'empereur.
Mes secours en Judée achevèrent l'ouvrage
Qu'avoit des légions ébauché le suffrage :
Il m'est trop précieux pour le mettre au hasard;
Et j'y pouvois, seigneur, mériter quelque part,

N'étoit qu'affermissant votre heureuse fortune
Je n'ai fait qu'empêcher qu'elle nous fût commune.
Si j'eusse eu moins pour elle ou de zéle ou de foi,
Vous seriez moins puissant, mais vous seriez à moi;
Vous n'auriez que le nom de général d'armée,
Mais j'aurois pour époux l'amant qui m'a charmée;
Et je posséderois dans ma cour, en repos,
Au lieu d'un empereur, le plus grand des héros.

TITE.

Eh bien! madame, il faut renoncer à ce titre
Qui de toute la terre en vain me fait l'arbitre.
Allons dans vos états m'en donner un plus doux;
Ma gloire la plus haute est celle d'être à vous.
Allons où je n'aurai que vous pour souveraine,
Où vos bras amoureux seront ma seule chaîne,
Où l'hymen en triomphe à jamais l'étreindra,
Et soit de Rome esclave et maître qui voudra.

BÉRÉNICE.

Il n'est plus temps: ce nom si sujet à l'envie
Ne se quitte jamais, seigneur, qu'avec la vie;
Et des nouveaux Césars la tremblante fierté
N'ose faire de grace à ceux qui l'ont porté:
Qui l'a pris une fois est toujours punissable.
Ce fut par là qu'Othon se traita de coupable,
Par là Vitellius mérita le trépas;
Et vous n'auriez par-tout qu'assassins sur vos pas.

TITE.

Que faire donc, madame?

BÉRÉNICE.

Assurer votre vie;

ACTE III, SCÈNE V.

Et s'il y faut enfin la main de Domitie....
Mais adieu. Sur ce point si vous pouvez douter,
Ce n'est pas moi, seigneur, qu'il en faut consulter.

TITE, à *Bérénice qui sort.*

Non, madame; et dût-il m'en coûter trône et vie,
Vous ne me verrez point épouser Domitie.
Ciel, si vous ne voulez qu'elle régne en ces lieux,
Que vous m'êtes cruel de la rendre à mes yeux!

FIN DU TROISIÈME ACTE.

ACTE QUATRIÈME.

SCÈNE I.

BÉRÉNICE, PHILON.

BÉRÉNICE.
Avez-vous su, Philon, quel bruit et quel murmure
Fait mon retour à Rome en cette conjoncture?
PHILON.
Oui, madame; j'ai vu presque tous vos amis,
Et su d'eux quel espoir vous peut être permis.
Il est peu de Romains qui penchent la balance
Vers l'extrême hauteur ou l'extrême indulgence;
La plupart d'eux embrasse un avis modéré
Par qui votre retour n'est pas déshonoré :
Mais à l'hymen de Tite il vous ferme la porte;
La fière Domitie est par-tout la plus forte;
La vertu de son père et son illustre sang
A son ambition assurent ce haut rang.
Il est peu sur ce point de voix qui se divisent,
Madame; et quant à vous, voici ce qu'ils en disent :
« Elle a bien servi Rome, il le faut avouer;
« L'empereur et l'empire ont lieu de s'en louer;
« On lui doit des honneurs, des titres sans exemples :
« Mais enfin elle est reine, elle abhorre nos temples,
« Et sert un dieu jaloux qui ne peut endurer

« Qu'aucun autre que lui se fasse révérer ;
« Elle traite à nos yeux les nôtres de fantômes.
« On peut lui prodiguer des villes, des royaumes :
« Il est des rois pour elle ; et déja Polémon
« De ce dieu qu'elle adore invoque le seul nom ;
« Des nôtres pour lui plaire il dédaigne le culte :
« Qu'elle règne avec lui sans nous faire d'insulte ;
« Si ce trône et le sien ne lui suffisent pas,
« Rome est prête d'y joindre encor d'autres états,
« Et de faire éclater avec magnificence
« Un juste et plein effet de sa reconnoissance. »

BÉRÉNICE.

Qu'elle répande ailleurs ces effets éclatants,
Et ne m'enlève point le seul où je prétends.
Elle n'a point de part en ce que je mérite ;
Elle ne me doit rien, je n'ai servi que Tite :
Si j'ai vu sans douleur mon pays désolé,
C'est à Tite, à lui seul, que j'ai tout immolé ;
Sans lui, sans l'espérance à mon amour offerte,
J'aurois servi Solyme, ou péri dans sa perte ;
Et quand Rome s'efforce à m'arracher son cœur,
Elle sert le courroux d'un dieu juste vengeur.
Mais achevez, Philon ; ne dit-on autre chose ?

PHILON.

On parle des périls où votre amour l'expose :
« De cet hymen, dit-on, les nœuds si desirés
« Serviront de prétexte à mille conjurés ;
« Ils pourront soulever jusqu'à son propre frère.
« Il se voulut jadis cantonner contre un père ;
« N'eût été Mucian qui le tint dans Lyon ;

« Il se faisoit le chef de la rébellion,
« Avouoit Civilis, appuyoit ses Bataves,
« Des Gaulois belliqueux soulevoit les plus braves;
« Et les deux bords du Rhin l'auroient pour empereur,
« Pour peu qu'eût Céréal écouté sa fureur. »
Il aime Domitie, et règne dans son ame;
Si Tite ne l'épouse, il en fera sa femme.
Vous savez de tous deux quelle est l'ambition,
Jugez ce qui peut suivre une telle union.

BÉRÉNICE.

Ne dit-on rien de plus?

PHILON.

Ah! madame, je tremble
A vous dire encore.....

BÉRÉNICE.

Quoi?

PHILON.

Que le sénat s'assemble.

BÉRÉNICE.

Quelle est l'occasion qui le fait assembler?

PHILON.

L'occasion n'a rien qui vous doive troubler;
Et ce n'est qu'à dessein de pourvoir aux dommages
Que du Vésuve ardent ont causés les ravages;
Mais Domitie aura des amis, des parents,
Qui pourront bien, après, vous mettre sur les rangs.

BÉRÉNICE.

Quoi que sur mes destins ils usurpent d'empire,
Je ne vois pas leur maître en état d'y souscrire.
Philon, laissons-les faire; ils n'ont qu'à me bannir

Pour trouver hautement l'art de me retenir.
Contre toutes leurs voix je ne veux qu'un suffrage,
Et l'ardeur de me nuire achèvera l'ouvrage.
 Ce n'est pas qu'en effet la gloire où je prétends
N'offre trop de prétexte aux esprits mécontents :
Je ne puis jeter l'œil sur ce que je suis née
Sans voir que de périls suivront cet hyménée.
Mais pour y parvenir s'il faut trop hasarder,
Je veux donner le bien que je n'ose garder ;
Je veux du moins, je veux ôter à ma rivale
Ce miracle vivant, cette ame sans égale ;
Qu'en dépit des Romains, leur digne souverain,
S'il prend une moitié, la prenne de ma main ;
Et, pour tout dire enfin, je veux que Bérénice
Ait une créature en leur impératrice.
 Je vois Domitian. Contre tous leurs arrêts
Il n'est pas malaisé d'unir nos intérêts.

SCÈNE II.

DOMITIAN, BÉRÉNICE, PHILON, ALBIN.

BÉRÉNICE.

Auriez-vous au sénat, seigneur, assez de brigue
Pour combattre et confondre une insolente ligue ?
S'il ne s'assemble pas exprès pour m'exiler,
J'ai quelques envieux qui pourront en parler.
L'exil m'importe peu, j'y suis accoutumée ;
Mais vous perdez l'objet dont votre ame est charmée :
L'audacieux décret de mon bannissement

Met votre Domitie aux bras d'un autre amant ;
Et vous pouvez juger que, s'il faut qu'on m'exile,
Sa conquête pour vous n'en est pas plus facile.
Voyez si votre amour se veut laisser ravir
Cet unique secours qui pourroit le servir.

DOMITIAN.

On en pourra parler, madame ; et mon ingrate
En a déja conçu quelque espoir qui la flatte :
Mais je puis dire aussi que le rang que je tiens
M'a fait assez d'amis pour opposer aux siens ;
Et que, si dès l'abord ils ne les font pas taire,
Ils rompront le grand coup qui seul nous peut déplaire.
Non que tout cet espoir ne coure grand hasard
Si votre amant volage y prend la moindre part :
On l'aime ; et si son ordre à nos amis s'oppose,
Leur plus fidèle ardeur osera peu de chose.

BÉRÉNICE.

Ah, prince ! Je mourrai de honte et de douleur
Pour peu qu'il contribue à faire mon malheur :
Mais je n'ai qu'à le voir pour calmer ces alarmes.

DOMITIAN.

N'y perdez point de temps ; portez-y tous vos charmes,
N'en oubliez aucun dans un péril si grand.
Peut-être, ainsi que vous, ce dessein le surprend ;
Mais je crains qu'après tout son ame irrésolue
Ne relâche un peu trop sa puissance absolue,
Et ne laisse au sénat décider de ses vœux
Pour se faire une excuse envers l'une des deux.

BÉRÉNICE.

Quelques efforts qu'on fasse, et quelque art qu'on déploie,

ACTE IV, SCÈNE II.

Je vous réponds de tout, pourvu que je le voie;
Et je ne crois pas même au pouvoir de vos dieux
De lui faire épouser Domitie à mes yeux.
Si vous l'aimez encor, ce mot vous doit suffire.
Quant au sénat, qu'il m'ôte ou me donne l'empire,
Je ne vous dirai point à quoi je me résous.
Voici votre inconstante. Adieu. Pensez à vous.

SCÈNE III.

DOMITIE, DOMITIAN, ALBIN, PLAUTINE.

DOMITIE.

Prince, si vous m'aimez, l'occasion est belle.

DOMITIAN.

Si je vous aime! Est-il un amant plus fidèle?
Mais, madame, sachons ce que vous souhaitez.

DOMITIE.

Vous me servirez mal, puisque vous en doutez.
L'amant digne du cœur de la beauté qu'il aime
Sait mieux ce qu'elle veut que ce qu'il veut lui-même.
Mais, puisque j'ai besoin d'expliquer mon courroux,
J'en veux à Bérénice, à l'empereur, à vous;
A lui, qui n'ose plus m'aimer en sa présence;
A vous, qui vous mettez de leur intelligence,
Et dont tous les amis vont servir un amour
Qui me rend à vos yeux la fable de la cour.
Si vous m'aimez, seigneur, il faut sauver ma gloire,
M'assurer par vos soins une pleine victoire;
Il faut....

DOMITIAN.

Si vous croyiez votre bonheur douteux,
Votre retour vers moi seroit-il si honteux?
Suis-je indigne de vous? suis-je si peu de chose
Que toute votre gloire à mon amour s'oppose?
Ne voit-on plus en moi ce que vous estimiez?
Et suis-je moindre enfin qu'alors que vous m'aimiez?

DOMITIE.

Non: mais un autre espoir va m'accabler de honte,
Quand le trône m'attend, si Bérénice y monte.
Délivrez-en mes yeux, et prêtez-moi la main
Du moins à soutenir l'honneur du nom romain.
De quel œil verrez-vous qu'une reine étrangère....

DOMITIAN.

De l'œil dont je verrois que l'empereur, mon frère,
En prît d'autres pour vous, ranimât mon espoir,
Et pour se rendre heureux usât de son pouvoir.

DOMITIE.

Ne vous y trompez pas; s'il me donne le change,
Je ne suis point à vous, je suis à qui me venge,
Et trouverai peut-être à Rome assez d'appui
Pour me venger de vous aussi bien que de lui.

DOMITIAN.

Et c'est du nom romain la gloire qui vous touche,
Madame? et vous l'avez au cœur comme en la bouche?
Ah! que le nom de Rome est un nom précieux,
Alors qu'en la servant on se sert encor mieux,
Qu'avec nos intérêts ce grand devoir conspire,
Et que pour récompense on se promet l'empire!
Parlons à cœur ouvert, madame, et dites-moi

Quel fruit je dois attendre enfin d'un tel emploi.

DOMITIE.

Voulez-vous pour servir être sûr du salaire,
Seigneur? et n'avez-vous qu'un amour mercenaire?

DOMITIAN.

Je n'en connois point d'autre, et ne conçois pas bien
Qu'un amant puisse plaire en ne prétendant rien.

DOMITIE.

Que ces prétentions sentent les ames basses!

DOMITIAN.

Les dieux à qui les sert font espérer des graces.

DOMITIE.

Les exemples des dieux s'appliquent mal sur nous.

DOMITIAN.

Je ne veux donc, madame, autre exemple que vous.
N'attendez-vous de Tite, et n'avez-vous pour Tite
Qu'une stérile ardeur qui s'attache au mérite?
De vos destins aux siens pressez-vous l'union
Sans vouloir aucun fruit de tant de passion?

DOMITIE.

Peut-être en ce dessein ne suis-je intéressée
Que par l'intérêt seul de ma gloire blessée.
Croyez-moi généreuse, et soyez généreux:
N'aimez plus, ou n'aimez que comme je le veux.
Je sais ce que je dois à l'amant qui m'oblige;
Mais j'aime qu'on l'attende, et non pas qu'on l'exige:
Et qui peut immoler son intérêt au mien,
Peut se promettre tout de qui ne promet rien.
Peut-être qu'en l'état où je suis avec Tite,
Je veux bien le quitter, mais non pas qu'il me quitte.

Vous en dis-je trop peu pour vous l'imaginer?
Et depuis quand l'amour n'ose-t-il deviner?
Tous mes emportements pour la grandeur suprême
Ne vous déguisent point, seigneur, que je vous aime;
Et l'on ne voit que trop quel droit j'ai de haïr
Un empereur sans foi qui meurt de me trahir.
Me condamnerez-vous à voir que Bérénice
M'enléve de hauteur le rang d'impératrice?
Lui pourrez-vous aider à me perdre d'honneur?

DOMITIAN.

Ne pouvez-vous le mettre à faire mon bonheur?

DOMITIE.

J'ai quelque orgueil encor, seigneur, je le confesse.
De tout ce qu'il attend rendez-moi la maîtresse,
Et laissez à mon choix l'effet de votre espoir :
Que ce soit une grace, et non pas un devoir;
Et que....

DOMITIAN.

Me faire grace après tant d'injustice!
De tant de vains détours je vois trop l'artifice,
Et ne saurois douter du choix que vous ferez
Quand vous aurez par moi ce que vous espérez.
Épousez, j'y consens, le rang de souveraine;
Faites l'impératrice, en donnant une reine;
Disposez de sa main; et, pour première loi,
Madame, ordonnez-lui d'abaisser l'œil sur moi.

DOMITIE.

Cet objet de ma haine a pour vous quelque charme!

DOMITIAN.

Son nom seul prononcé vous a mise en alarme!

Me puis-je mieux venger, si vous me trahissez,
Que d'aimer à vos yeux ce que vous haïssez?
DOMITIE.
Parlons à cœur ouvert. Aimez-vous Bérénice?
DOMITIAN.
Autant qu'il faut l'aimer pour vous faire un supplice.
DOMITIE.
Ce sera donc le vôtre encor plus que le mien.
Après cela, seigneur, je ne vous dis plus rien.
S'il n'a pas pour votre ame une assez rude gêne,
J'y puis joindre au besoin une implacable haine.
DOMITIAN.
Et moi, dût à jamais croître ce grand courroux,
J'épouserai, madame, ou Bérénice, ou vous.
DOMITIE.
Ou Bérénice, ou moi! La chose est donc égale?
Et vous ne m'aimez plus qu'autant que ma rivale?
DOMITIAN.
La douleur de vous perdre, hélas!....
DOMITIE.
C'en est assez:
Nous verrons cet amour dont vous nous menacez.
Cependant si la reine, aussi fière que belle,
Sait comme il faut répondre aux vœux d'un infidèle,
Ne me rapportez point l'objet de son dédain
Qu'elle n'ait repassé les rives du Jourdain.

SCÈNE IV.

DOMITIAN, ALBIN.

DOMITIAN.

Admire ainsi que moi de quelle jalousie
Au seul nom de la reine elle a paru saisie :
Comme s'il importoit à ses heureux appas
A qui je donne un cœur dont elle ne veut pas !

ALBIN.

Seigneur, telle est l'humeur de la plupart des femmes.
L'amour sous leur empire eût-il rangé mille ames,
Elles regardent tout comme leur propre bien,
Et ne peuvent souffrir qu'il leur échappe rien.
Un captif mal gardé leur semble une infamie ;
Qui l'ose recevoir devient leur ennemie ;
Et sans leur faire un vol on ne peut disposer
D'un cœur qu'un autre choix les force à refuser :
Elles veulent qu'ailleurs par leur ordre il soupire,
Et qu'un don de leur part marque un reste d'empire.
Domitie a pour vous ces communs sentiments
Que les fières beautés ont pour tous leurs amants,
Et craint, si votre main se donne à Bérénice,
Qu'elle ne porte en vain le nom d'impératrice,
Quand d'un côté l'hymen, et de l'autre l'amour,
Feront à cette reine un empire en sa cour.
Voilà sa jalousie, et ce qu'elle redoute,
Seigneur. Pour le sénat, n'en soyez point en doute,
Il aime l'empereur, et l'honore à tel point,

ACTE IV, SCÈNE IV.

Qu'il servira sa flamme, ou n'en parlera point.
Pour le stupide Claude il eut bien la bassesse
D'autoriser l'hymen de l'oncle avec la nièce;
Il ne fera pas moins pour un prince adoré,
Et je l'y tiens déja, seigneur, tout préparé.

DOMITIAN.

Tu parles du sénat, et je veux parler d'elle,
De l'ingrate qu'un trône a rendue infidèle.
N'est-il point de moyen, ne vois-tu point de jour,
A mettre enfin d'accord sa gloire et son amour?

ALBIN.

Tout dépendra de Tite et du secret office
Qu'il peut dans le sénat rendre à sa Bérénice.
L'air dont il agira pour un espoir si doux
Tournera l'assemblée ou pour ou contre vous;
Et si sa politique à vos amis s'oppose,
Vous l'avez dit vous-même, ils pourront peu de chose.
Sondez ses sentiments, et réglez-vous sur eux :
Votre bonheur est sûr, s'il consent d'être heureux.
Que si son choix balance, ou flatte mal le vôtre,
Demandez Bérénice afin d'obtenir l'autre.
Vous l'avez déja vu sensible à de tels coups;
Et c'est un grand ressort qu'un peu d'amour jaloux.
Au moindre empressement pour cette belle reine,
Il vous fera justice et reprendra sa chaîne.
Songez à pénétrer ce qu'il a dans l'esprit.
Le voici.

DOMITIAN.

Je suivrai ce que ton zéle en dit.

SCÈNE V.

TITE, DOMITIAN, FLAVIAN, ALBIN.

TITE.

Avez-vous regagné le cœur de votre ingrate,
Mon frère?

DOMITIAN.

Sa fierté de plus en plus éclate.
Voyez s'il fut jamais orgueil pareil au sien :
Il veut que je la serve et ne prétende rien,
Que j'appuie en l'aimant toute son injustice,
Que je fasse de Rome exiler Bérénice.
Mais, seigneur, à mon tour puis-je vous demander
Ce qu'à vos plus doux vœux il vous plaît d'accorder?

TITE.

J'aurai peine à bannir la reine de ma vue.
Par quels ordres, grands dieux! est-elle revenue?
Je souffrois, mais enfin je vivois sans la voir;
J'allois....

DOMITIAN.

N'avez-vous pas un absolu pouvoir,
Seigneur?

TITE.

Oui : mais j'en suis comptable à tout le monde;
Comme dépositaire, il faut que j'en réponde.
Un monarque a souvent des lois à s'imposer;
Et qui veut pouvoir tout ne doit pas tout oser.

ACTE IV, SCÈNE V.

DOMITIAN.

Que refuserez-vous aux desirs de votre ame,
Si le sénat approuve une si belle flamme?

TITE.

Qu'il parle du Vésuve, et ne se mêle pas
De jeter dans mon ame un nouvel embarras.
Est-ce à lui d'abuser de mon inquiétude
Jusqu'à mettre une borne à son incertitude?
Et s'il ose en mon choix prendre quelque intérêt,
Me croit-il en état d'en croire son arrêt?
S'il exile la reine, y pourrai-je souscrire?

DOMITIAN.

S'il parle en sa faveur, pourrez-vous l'en dédire?
Ah! que je vous plaindrois d'avoir si peu d'amour!

TITE.

J'en ai trop, et le mets peut-être trop au jour.

DOMITIAN.

Si vous en aviez tant, vous auriez peu de peine
A rendre Domitie à sa première chaîne.

TITE.

Ah! s'il ne s'agissoit que de vous la céder,
Vous auriez peu de peine à me persuader;
Et, pour vous rendre heureux, me rendre à Bérénice
Ne seroit pas vous faire un fort grand sacrifice.
Il y va de bien plus.

DOMITIAN.

De quoi, seigneur?

TITE.

De tout.

Il y va d'épouser sa haine jusqu'au bout,
D'en suivre la furie, et d'être le ministre
De ce qu'un noir dépit conçoit de plus sinistre ;
Et peut-être l'aigreur de ces inimitiés
Voudra que je vous perde ou que vous me perdiez.
Voilà ce qui peut suivre un si doux hyménée.
Vous voyez dans l'orgueil Domitie obstinée.
Quand pour moi cet orgueil ose vous dédaigner,
Elle ne m'aime pas : elle cherche à régner,
Avec vous, avec moi, n'importe la manière.
Tout plairoit, à ce prix, à son humeur altière ;
Tout seroit digne d'elle ; et le nom d'empereur
A mon assassin même attacheroit son cœur.

DOMITIAN.

Pouvez vous mieux choisir un frein à sa colère,
Seigneur, que de la mettre entre les mains d'un frère ?

TITE.

Non, je ne puis la mettre en de plus sûres mains ;
Mais, plus vous m'êtes cher, prince, et plus je vous crains :
De ceux qu'unit le sang plus douces sont les chaînes,
Plus leur désunion met d'aigreur dans leurs haines ;
L'offense en est plus rude, et le courroux plus grand,
La suite plus barbare, et l'effet plus sanglant.
La nature en fureur s'abandonne à tout faire,
Et cinquante ennemis sont moins haïs qu'un frère.
   Je ne réveille point des soupçons assoupis,
Et veux bien oublier le temps de Civilis :
Vous étiez encor jeune, et, sans vous bien connoître,
Vous pensiez n'être né que pour vivre sans maître.
Mais les occasions renaissent aisément :

ACTE IV, SCÈNE V.

Une femme est flatteuse, un empire est charmant;
Et comme avec plaisir on s'en laisse surprendre,
On néglige bientôt le soin de s'en défendre.
Croyez-moi, séparez vos intérêts des siens.

DOMITIAN.

Eh bien! j'en briserai les dangereux liens.
Pour votre sûreté j'accepte ce supplice;
Mais, pour m'en consoler, donnez-moi Bérénice.
Dût le sénat, dût Rome en frémir de courroux,
Vous n'osez l'épouser, j'oserai plus que vous;
Je l'aime, et l'aimerai si votre ame y renonce.
Quoi! n'osez-vous, seigneur, me faire de réponse?

TITE.

Se donne-t-elle à vous? et ne tient-il qu'à moi?

DOMITIAN.

Elle a droit d'imiter qui lui manque de foi.

TITE.

Elle n'en a que trop, et toutefois je doute
Que son amour trahi prenne la même route.

DOMITIAN.

Mais si pour se venger elle répond au mien!

TITE.

Épousez-la, mon frère, et ne m'en dites rien.

DOMITIAN.

Et si je regagnois l'esprit de Domitie?
Si pour moi sa fierté se montroit adoucie?
Si mes vœux, si mes soins en étoient mieux reçus,
Seigneur?

TITE, *en rentrant.*

Épousez-la sans m'en parler non plus.

DOMITIAN.

Allons; et malgré lui, rendons-lui Bérénice.
Albin, de nos projets son amour est complice;
Et, puisqu'il l'aime assez pour en être jaloux,
Malgré l'ambition Domitie est à nous.

FIN DU QUATRIÈME ACTE.

ACTE CINQUIÈME.

SCÈNE I.

TITE, FLAVIAN.

TITE.

As-tu vu Bérénice? aime-t-elle mon frère?
Et se plaît-elle à voir qu'il tâche de lui plaire?
Me la demande-t-il de son consentement?

FLAVIAN.

Ne la soupçonnez point d'un si bas sentiment;
Elle n'en peut souffrir non pas même la feinte.

TITE.

As-tu vu dans son cœur encor la même atteinte?

FLAVIAN.

Elle veut vous parler; c'est tout ce que j'en sai.

TITE.

Faut-il de son pouvoir faire un nouvel essai?

FLAVIAN.

M'en croirez-vous, seigneur? évitez sa présence,
Ou mettez-vous contre elle un peu mieux en défense.
Quel fruit espérez-vous de tout son entretien?

TITE.

L'en aimer davantage, et ne résoudre rien.

FLAVIAN.

L'irrésolution doit-elle être éternelle?
Vous ne me dites plus que Domitie est belle;
Seigneur, vous qui disiez que ses seules beautés
Vous peuvent consoler de ce que vous quittez;
Qu'elle seule en ses yeux porte de quoi contraindre
Vos feux à s'assoupir, s'ils ne peuvent s'éteindre.

TITE.

Je l'ai dit, il est vrai; mais j'avois d'autres yeux,
Et je ne voyois pas Bérénice en ces lieux.

FLAVIAN.

Quand aux feux les plus beaux un monarque défère,
Il s'en fait un plaisir, et non pas une affaire,
Et regarde l'amour comme un lâche attentat
Dès qu'il veut prévaloir sur la raison d'état.
Son grand cœur, au-dessus des plus dignes amorces,
A ses devoirs pressants laisse toutes leurs forces;
Et son plus doux espoir n'ose lui demander
Ce que sa dignité ne lui peut accorder.

TITE.

Je sais qu'un empereur doit parler ce langage;
Et, quand il l'a fallu, j'en ai dit davantage:
Mais de ces duretés que j'étale à regret
Chaque mot à mon cœur coûte un soupir secret;
Et quand à la raison j'accorde un tel empire,
Je le dis seulement parcequ'il le faut dire,
Et qu'étant au-dessus de tous les potentats
Il me seroit honteux de ne le dire pas.
De quoi s'enorgueillit un souverain de Rome
Si par respect pour elle il doit cesser d'être homme,

Éteindre un feu qui plaît, ou ne le ressentir
Que pour s'en faire honte et pour le démentir?
Cette toute-puissance est bien imaginaire,
Qui s'asservit soi-même à la peur de déplaire,
Qui laisse au goût public régler tous ses projets,
Et prend le plus haut rang pour craindre ses sujets.
Je ne me donne point d'empire sur leurs ames,
Je laisse en liberté leurs soupirs et leurs flammes;
Et quand d'un bel objet j'en vois quelqu'un charmé,
J'applaudis au bonheur d'aimer et d'être aimé.
Quand je l'obtiens du ciel, me portent-ils envie?
Qu'ont d'amer pour eux tous les douceurs de ma vie?
Et par quel intérêt....

FLAVIAN.

Ils perdroient tout en vous.
Vous faites le bonheur et le salut de tous,
Seigneur; et l'univers de qui vous êtes l'ame....

TITE.

Ne perds plus de raisons à combattre ma flamme;
Les yeux de Bérénice inspirent des avis
Qui persuadent mieux que tout ce que tu dis.

FLAVIAN.

Ne vous exposez donc qu'à ceux de Domitie.

TITE.

Je n'ai plus, Flavian, que quatre jours de vie:
Pourquoi prends-tu plaisir à les tyranniser?

FLAVIAN.

Mais vous savez qu'il faut la perdre ou l'épouser?

TITE.

En vain donc à ses vœux tout mon amour s'oppose.

Périr ou faire un crime est pour moi même chose.
Laissons-lui toutefois soulever des mutins ;
Hasardons sur la foi de nos heureux destins :
Ils m'ont promis la reine, et doivent à ses charmes
Tout ce qu'ils ont soumis à l'effort de mes armes :
Par elle j'ai vaincu, pour elle il faut périr.

FLAVIAN.

Seigneur....

TITE.

Oui, Flavian, c'est à faire à mourir.
La vie est peu de chose ; et tôt ou tard, qu'importe
Qu'un traître me l'arrache, ou que l'âge l'emporte ?
Nous mourons à toute heure ; et dans le plus doux sort
Chaque instant de la vie est un pas vers la mort*.

FLAVIAN.

Flattez mieux les desirs de votre ambitieuse,
Et ne la changez pas de fière en furieuse.
Elle vient vous parler.

TITE.

Dieux ! quel comble d'ennuis !

---

* Nicole, dans ses *Essais de morale*, a employé tout entier ce beau vers de Corneille. Il en est un autre de la dernière scène de l'acte précédent qui n'est pas moins digne de remarque :

Et qui veut pouvoir tout ne doit pas tout oser.

Voltaire, si attentif à faire apercevoir les fautes, ne devait pas négliger de faire sentir les beautés. P.

SCÈNE II.

DOMITIE, TITE, FLAVIAN, PLAUTINE.

DOMITIE.

Je viens savoir de vous, seigneur, ce que je suis.
J'ai votre foi pour gage, et mes aïeux pour marques
Du grand droit de prétendre au plus grand des monarques;
Mais Bérénice est belle, et des yeux si puissants
Renversent aisément des droits si languissants.
Ce grand jour qui devoit unir mon sort au vôtre,
Servira-t-il, seigneur, au triomphe d'une autre?

TITE.

J'ai quatre jours encor pour en délibérer,
Madame; jusque-là laissez-moi respirer.
C'est peu de quatre jours pour un tel sacrifice;
Et s'il faut à vos droits immoler Bérénice,
Je ne vous réponds pas que Rome et tous vos droits
Puissent en quatre jours m'en imposer les lois.

DOMITIE.

Il n'en faudroit pas tant, seigneur, pour vous résoudre
A lancer sur ma tête un dernier coup de foudre,
Si vous ne craigniez point qu'il rejaillît sur vous.

TITE.

Suspendez quelque temps encor ce grand courroux.
Puis-je étouffer si tôt une si belle flamme?

DOMITIE.

Quoi! vous ne pouvez pas ce que peut une femme?
Que vous me rendez mal ce que vous me devez!

J'ai brisé de beaux fers, seigneur; vous le savez;
Et mon ame, sensible à l'amour comme une autre,
En étouffe un peut-être aussi fort que le vôtre.

TITE.

Peut-être auriez-vous peine à le bien étouffer,
Si votre ambition n'en savoit triompher.
Moi qui n'ai que les dieux au-dessus de ma tête,
Qui ne vois plus de rang digne de ma conquête,
Du trône où je me sieds puis-je aspirer à rien
Qu'à posséder un cœur qui n'aspire qu'au mien?
C'est là de mes pareils la noble inquiétude :
L'ambition remplie y jette leur étude;
Et sitôt qu'à prétendre elle n'a plus de jour,
Elle abandonne un cœur tout entier à l'amour.

DOMITIE.

Elle abandonne ainsi le vôtre à cette reine,
Qui cherche une grandeur encor plus souveraine.

TITE.

Non, madame : je veux que vous sortiez d'erreur.
Bérénice aime Tite et non pas l'empereur;
Elle en veut à mon cœur et non pas à l'empire.

DOMITIE.

D'autres avoient déja pris soin de me le dire,
Seigneur; et votre reine a le goût délicat
De n'en vouloir qu'au cœur et non pas à l'éclat.
Cet amour épuré que Tite seul lui donne
Renonceroit au rang pour être à la personne !
Mais on a beau, seigneur, raffiner sur ce point,
La personne et le rang ne se séparent point
Sous les tendres brillants de cette noble amorce

ACTE V, SCÈNE II.

L'ambition cachée attaque, presse, force;
Par là de ses projets elle vient mieux à bout;
Elle ne prétend rien, et s'empare de tout.
L'art est grand; mais enfin je ne sais s'il mérite
La bouche d'une reine et l'oreille de Tite.
Pour moi, j'aime autrement; et tout me charme en vous;
Tout m'en est précieux, seigneur, tout m'en est doux;
Je ne sais point si j'aime ou l'empereur ou Tite,
Si je m'attache au rang ou n'en veux qu'au mérite :
Mais je sais qu'en l'état où je suis aujourd'hui
J'applaudis à mon cœur de n'aspirer qu'à lui.

TITE.

Mais me le donnez-vous tout ce cœur qui n'aspire,
En se tournant vers moi, qu'aux honneurs de l'empire?
Suit-il l'ambition en dépit de l'amour,
Madame? la suit-il sans espoir de retour?

DOMITIE.

Si c'est à mon égard ce qui vous inquiète,
Le cœur se rend bientôt quand l'ame est satisfaite :
Nous le défendons mal de qui remplit nos vœux.
Un moment dans le trône éteint tous autres feux;
Et donner tout ce cœur, souvent ce n'est que faire
D'un trésor invisible un don imaginaire.
A l'amour vraiment noble il suffit du dehors;
Il veut bien du dedans ignorer les ressorts :
Il n'a d'yeux que pour voir ce qui s'offre à la vue,
Tout le reste est pour eux une terre inconnue;
Et, sans importuner le cœur d'un souverain,
Il a tout ce qu'il veut quand il en a la main.
Ne m'ôtez pas la vôtre, et disposez du reste.

Le cœur a quelque chose en soi de tout céleste;
Il n'appartient qu'aux dieux; et comme c'est leur choix,
Je ne veux point, seigneur, attenter sur leurs droits.

TITE.

Et moi, qui suis des dieux la plus visible image,
Je veux ce cœur comme eux, et j'en veux tout l'hommage.
Mais vous n'en avez plus, madame, à me donner;
Vous ne voulez ma main que pour vous couronner.
D'autres pourront un jour vous rendre ce service.
Cependant, pour régler le sort de Bérénice,
Vous pouvez faire agir vos amis au sénat;
Ils peuvent m'y nommer lâche, parjure, ingrat :
J'attendrai son arrêt, et le suivrai peut-être.

DOMITIE.

Suivez-le, mais tremblez s'il flatte trop son maître.
Ce grand corps tous les ans change d'ame et de cœurs;
C'est le même sénat, et d'autres sénateurs.
S'il alla pour Néron jusqu'à l'idolâtrie,
Il le traita depuis de traître à sa patrie,
Et réduisit ce prince indigne de son rang
A la nécessité de se percer le flanc.
Vous êtes son amour, craignez d'être sa haine
Après l'indignité d'épouser une reine.
Vous avez quatre jours pour en délibérer.
J'attends le coup fatal que je ne puis parer.
Adieu. Si vous l'osez, contentez votre envie;
Mais en m'ôtant l'honneur n'épargnez pas ma vie.

SCÈNE III.

TITE, FLAVIAN.

TITE.

L'impétueux esprit! Conçois-tu, Flavian,
Où pourroient ses fureurs porter Domitian;
Et de quelle importance est pour moi l'hyménée
Où par tous mes desirs je la sens condamnée?

FLAVIAN.

Je vous l'ai déja dit, seigneur, pensez-y bien,
Et sur-tout de la reine évitez l'entretien.
Redoutez.... Mais elle entre, et sa moindre tendresse
De toutes nos raisons va montrer la foiblesse.

SCÈNE IV.

BÉRÉNICE, TITE, PHILON, FLAVIAN.

TITE.

Eh bien! madame, eh bien! faut-il tout hasarder?
Et venez-vous ici pour me le commander?

BÉRÉNICE.

De ce qui m'est permis je sais mieux la mesure,
Seigneur; et j'ai pour vous une flamme trop pure
Pour vouloir, en faveur d'un zéle ambitieux,
Mettre au moindre péril des jours si précieux.
Quelque pouvoir sur moi que notre amour obtienne,
J'ai soin de votre gloire; ayez-en de la mienne.
Je ne demande plus que pour de si beaux feux

Votre absolu pouvoir hasarde un Je le veux.
Cet amour le voudroit; mais, comme je suis reine,
Je sais des souverains la raison souveraine.
Si l'ardeur de vous voir a voulu l'ignorer,
Si mon indigne exil s'est permis d'espérer,
Si j'ai rentré dans Rome avec quelque imprudence,
Tite à ce trop d'ardeur doit un peu d'indulgence.
Souffrez qu'un peu d'éclat, pour prix de tant d'amour,
Signale ma venue, et marque mon retour.
Voudrez-vous que je parte avec l'ignominie
De ne vous avoir vu que pour me voir bannie?
Laissez-moi la douceur de languir en ces lieux,
D'y soupirer pour vous, d'y mourir à vos yeux:
C'en sera bientôt fait, ma douleur est trop vive
Pour y tenir long-temps votre attente captive;
Et si je tarde trop à mourir de douleur,
J'irai loin de vos yeux terminer mon malheur.
Mais laissez-m'en choisir la funeste journée;
Et du moins jusque-là, seigneur, point d'hyménée.
Pour votre ambitieuse avez-vous tant d'amour
Que vous ne le puissiez différer d'un seul jour?
Pouvez-vous refuser à ma douleur profonde....

TITE.

Hélas! que voulez-vous que la mienne réponde?
Et que puis-je résoudre alors que vous parlez,
Moi qui ne puis vouloir que ce que vous voulez?
Vous parlez de languir, de mourir à ma vue;
Mais, ô dieux! songez-vous que chaque mot me tue,
Et porte dans mon cœur de si sensibles coups,
Qu'il ne m'en faut plus qu'un pour mourir avant vous?

ACTE V, SCÈNE IV.

De ceux qui m'ont percé souffrez que je soupire.
Pourquoi partir, madame, et pourquoi me le dire?
Ah! si vous vous forcez d'abandonner ces lieux,
Ne m'assassinez point de vos cruels adieux.
Je vous suivrois, madame; et, flatté de l'idée
D'oser mourir à Rome, et revivre en Judée,
Pour aller de mes feux vous demander le fruit,
Je quitterois l'empire et tout ce qui leur nuit.

BÉRÉNICE.

Daigne me préserver le ciel....

TITE.

De quoi, madame?

BÉRÉNICE.

De voir tant de foiblesse en une si grande ame!
Si j'avois droit par là de vous moins estimer,
Je cesserois peut-être aussi de vous aimer.

TITE.

Ordonnez donc enfin ce qu'il faut que je fasse.

BÉRÉNICE.

S'il faut partir demain, je ne veux qu'une grace;
Que ce soit vous, seigneur, qui le veuilliez pour moi,
Et non votre sénat qui m'en fasse la loi:
Faites-lui souvenir, quoi qu'il craigne ou projette,
Que je suis son amie, et non pas sa sujette;
Que d'un tel attentat notre rang est jaloux,
Et que tout mon amour ne m'asservit qu'à vous.

TITE.

Mais peut-être, madame....

BÉRÉNICE.

Il n'est point de peut-être.

Seigneur; s'il en décide, il se fait voir mon maître;
Et, dût-il vous porter à tout ce que je veux,
Je ne l'ai point choisi pour juge de mes vœux.

TITE.

Allez dire au sénat, Flavian, qu'il se lève;
Quoi qu'il ait commencé, je défends qu'il achève.
Soit qu'il parle à présent du Vésuve ou de moi,
Qu'il cesse, et que chacun se retire chez soi.
Ainsi le veut la reine; et comme amant fidèle,
Je veux qu'il obéisse aux lois que je prends d'elle,
Qu'il laisse à notre amour régler notre intérêt.

SCÈNE V.

DOMITIAN, TITE, BÉRÉNICE, ALBIN, FLAVIAN, PHILON.

DOMITIAN.

Il n'est plus temps, seigneur; j'en apporte l'arrêt.

TITE.

Qu'ose-t-il m'ordonner?

DOMITIAN.

Seigneur, il vous conjure
De remplir tout l'espoir d'une flamme si pure.
Des services rendus à vous, à tout l'état,
C'est le prix qu'a jugé lui devoir le sénat :
Et, pour ne vous prier que pour une Romaine,
D'une commune voix Rome adopte la reine;
Et le peuple à grands cris montre sa passion
De voir un plein effet de cette adoption.

ACTE V, SCÈNE V.

TITE.

Madame....

BÉRÉNICE.

Permettez, seigneur, que je prévienne
Ce que peut votre flamme accorder à la mienne.
Graces au juste ciel, ma gloire en sûreté
N'a plus à redouter aucune indignité.
J'éprouve du sénat l'amour et la justice,
Et n'ai qu'à le vouloir pour être impératrice.
Je n'abuserai point d'un surprenant respect
Qui semble un peu bien prompt pour n'être point suspect.
Souvent on se dédit de tant de complaisance.
Non que vous ne puissiez en fixer l'inconstance :
Si nous avons trop vu ses flux et ses reflux
Pour Galba, pour Othon, et pour Vitellius,
Rome, dont aujourd'hui vous êtes les délices,
N'aura jamais pour vous ces insolents caprices.
Mais aussi cet amour qu'a pour vous l'univers
Ne vous peut garantir des ennemis couverts :
Un million de bras a beau garder un maître,
Un million de bras ne pare point d'un traître ;
Il n'en faut qu'un pour perdre un prince aimé de tous,
Il n'y faut qu'un brutal qui me haïsse en vous.
Aux zéles indiscrets tout paroît légitime,
Et la fausse vertu se fait honneur du crime.
Rome a sauvé ma gloire en me donnant sa voix ;
Sauvons-lui, vous et moi, la gloire de ses lois ;
Rendons-lui, vous et moi, cette reconnoissance
D'en avoir pour vous plaire affoibli la puissance,
De l'avoir immolée à vos plus doux souhaits.

On nous aime; faisons qu'on nous aime à jamais.
D'autres sur votre exemple épouseroient des reines
Qui n'auroient pas, seigneur, des ames si romaines,
Et lui feroient peut-être, avec trop de raison,
Haïr votre mémoire et détester mon nom.
Un refus généreux de tant de déférence
Contre tous ces périls nous met en assurance.

TITE.

Le ciel de ces périls saura trop nous garder.

BÉRÉNICE.

Je les vois de trop près pour vous y hasarder.

TITE.

Quand Rome vous appelle à la grandeur suprême....

BÉRÉNICE.

Jamais un tendre amour n'expose ce qu'il aime.

TITE.

Mais, madame, tout cède; et nos vœux exaucés....

BÉRÉNICE.

Votre cœur est à moi, j'y règne; c'est assez.

TITE.

Malgré les vœux publics refuser d'être heureuse,
C'est plus craindre qu'aimer.

BÉRÉNICE.

      La crainte est amoureuse.
Ne me renvoyez pas, mais laissez-moi partir.
Ma gloire ne peut croître, et peut se démentir.
Elle passe aujourd'hui celle du plus grand homme,
Puisque enfin je triomphe et dans Rome et de Rome:
J'y vois à mes genoux le peuple et le sénat;
Plus j'y craignois de honte, et plus j'y prends d'éclat;

ACTE V, SCÈNE V.

J'y tremblois sous sa haine, et la laisse impuissante;
J'y rentrois exilée, et j'en sors triomphante.

TITE.

L'amour peut-il se faire une si dure loi?

BÉRÉNICE.

La raison me la fait malgré vous, malgré moi :
Si je vous en croyois, si je voulois m'en croire,
Nous pourrions vivre heureux, mais avec moins de gloire.
Épousez Domitie; il ne m'importe plus
Qui vous enrichissiez d'un si noble refus.
C'est à force d'amour que je m'arrache au vôtre;
Et je serois à vous, si j'aimois comme une autre.
Adieu, seigneur; je pars.

TITE.

Ah! madame, arrêtez.

DOMITIAN.

Est-ce là donc pour moi l'effet de vos bontés,
Madame? Est-ce le prix de vous avoir servie?
J'assure votre gloire, et vous m'ôtez la vie!

TITE.

Ne vous alarmez point : quoi que la reine ait dit,
Domitie est à vous, si j'ai quelque crédit.
Madame, en ce refus un tel amour éclate,
Que j'aurois pour vous l'âme au dernier point ingrate,
Et mériterois mal ce qu'on a fait pour moi,
Si je portois ailleurs la main que je vous doi.
Tout est à vous : l'amour, l'honneur, Rome l'ordonne.
Un si noble refus n'enrichira personne.
J'en jure par l'espoir qui nous fut le plus doux :
Tout est à vous, madame, et ne sera qu'à vous;

Et ce que mon amour doit à l'excès du vôtre
Ne deviendra jamais le partage d'une autre.
BÉRÉNICE.
Le mien vous auroit fait déja ces beaux serments,
S'il n'eût craint d'inspirer de pareils sentiments :
Vous vous devez des fils, et des césars à Rome,
Qui fassent à jamais revivre un si grand homme.
TITE.
Pour revivre en des fils nous n'en mourons pas moins,
Et vous mettez ma gloire au-dessus de ces soins.
Du levant au couchant, du Maure jusqu'au Scythe,
Les peuples vanteront et Bérénice et Tite;
Et l'histoire à l'envi forcera l'avenir
D'en garder à jamais l'illustre souvenir.
Prince, après mon trépas soyez sûr de l'empire;
Prenez-y part en frère, attendant que j'expire.
Allons voir Domitie, et la fléchir pour vous.
Le premier rang dans Rome est pour elle assez doux;
Et je vais lui jurer qu'à moins que je périsse
Elle seule y tiendra celui d'impératrice.
Est-ce là vous l'ôter?
DOMITIAN.
Ah! c'en est trop, seigneur.
TITE, *à Bérénice.*
Daignez contribuer à faire son bonheur,
Madame, et nous aider à mettre de cette ame
Toute l'ambition d'accord avec sa flamme.
BÉRÉNICE.
Allons, seigneur : ma gloire en croîtra de moitié,
Si je puis remporter chez moi son amitié.

ACTE V, SCÈNE V.

TITE.

Ainsi pour mon hymen la fête préparée
Vous rendra cette foi qu'on vous avoit jurée,
Prince; et ce jour, pour nous si noir, si rigoureux,
N'aura d'éclat ici que pour vous rendre heureux*.

* Après avoir lu cette pièce, et relu la *Bérénice* de Racine, on ne peut s'empêcher de plaindre Corneille d'avoir eu pour Henriette d'Angleterre une complaisance de courtisan, qui n'était pas dans son caractère. En le mettant aux prises avec son jeune rival, et en lui prescrivant un sujet aussi étranger à son génie, c'était évidemment un piége que lui tendait cette princesse; et Racine lui-même dut peu s'applaudir d'une intrigue de cour qui lui fit remporter un triomphe si facile sur la vieillesse de Corneille. Avouons cependant que, dans cette dernière scène, le personnage de Bérénice est d'une noblesse qui approche du sublime. P.

FIN DE TITE ET BÉRÉNICE.

Le commentaire de Voltaire sur la *Bérénice* de Racine ayant été écrit comme une sorte de supplément au commentaire pour la pièce de Corneille, et ne se trouvant que dans deux ou trois des nombreuses éditions de Racine, on l'imprime ici, à la suite de la pièce de Corneille, avec la partie de la préface de Voltaire qui n'a trait qu'à la *Bérénice* de Racine. *(Les Éditeurs.)*

SUITE DE LA PRÉFACE
DE VOLTAIRE,

DONT LA PREMIÈRE PARTIE PRÉCÉDE LA PIÈCE DE CORNEILLE.

Racine fut bien vengé par le succès de *Bérénice* de la chute de *Britannicus*. Cette estimable pièce était tombée, parcequ'elle avait paru un peu froide; le cinquième acte sur-tout avait ce défaut; et Néron qui revenait alors avec Junie, et qui se justifiait de la mort de Britannicus, fesait un très mauvais effet. Néron, qui se cache derrière une tapisserie pour écouter, ne paraissait pas un empereur romain. On trouvait que deux amants, dont l'un est aux genoux de l'autre, et qui sont surpris ensemble, formaient un coup de théâtre plus comique que tragique. Les intérêts d'Agrippine, qui veut seulement avoir le premier crédit, ne semblaient pas un objet assez important. Narcisse n'était qu'odieux; Britannicus et Junie étaient regardés comme des personnages faibles. Ce n'est qu'avec le temps que les connaisseurs firent revenir le public. On vit que cette pièce était la peinture fidèle de la cour de Néron. On admira enfin toute l'énergie de Tacite exprimée dans des vers dignes de Virgile. On comprit que Britannicus et Junie ne devaient pas avoir un autre caractère. On démêla dans Agrippine des beautés vraies, solides, qui ne sont ni gigantesques, ni hors de la nature, et qui ne surprennent point le parterre par des déclamations ampoulées. Le développement du caractère de Néron fut enfin regardé comme un chef-d'œuvre. On convint que le rôle de Burrhus est admirable d'un bout à l'autre, et qu'il n'y a rien de ce genre dans toute l'antiquité. *Britannicus* fut la pièce des connaisseurs, qui conviennent des défauts, et qui apprécient les beautés.

Racine passa de l'imitation de Tacite à celle de Tibulle. Il se tira d'un très mauvais pas par un effort de l'art, et par la magie enchanteresse de ce style qui n'a été donné qu'à lui.

Jamais on n'a mieux senti quel est le mérite de la difficulté surmontée. Cette difficulté était extrême; le fonds ne semblait fournir que deux ou trois scènes, et il fallait faire cinq actes.

On n'a donné qu'un léger commentaire sur la tragédie de Corneille; il faut avouer qu'elle n'en mérite pas. En voici sur celle de Racine. Les lecteurs doivent sentir qu'on ne cherche qu'à leur être utile : ce n'est ni pour Corneille, ni pour Racine qu'on écrit, c'est pour leur art, et pour les amateurs de cet art si difficile.

On ne doit pas se passionner pour un nom. Qu'importe qui soit l'auteur de la *Bérénice* qu'on lit avec plaisir, et celui de la *Bérénice* qu'on ne lit plus? C'est l'ouvrage, et non la personne qui intéresse la postérité. Tout esprit de parti doit céder au desir de s'instruire.

REMARQUES DE VOLTAIRE

SUR

BÉRÉNICE,

TRAGÉDIE DE RACINE.

ACTE PREMIER.

SCÈNE I.

> De son appartement cette porte est prochaine,
> Et cette autre conduit dans celui de la reine.

Ce détail n'est point inutile; il fait voir clairement combien l'unité de lieu est observée; il met le spectateur au fait tout d'un coup. On pourrait dire que *la pompe de ces lieux*, et *ce cabinet superbe*, paraissent des expressions peu convenables à un prince que cette pompe ne doit point du tout éblouir, et qui est occupé de toute autre chose que des ornements d'un cabinet. J'ai toujours remarqué que la douceur des vers empêchait qu'on ne remarquât ce défaut.

> Quoi! déjà de Titus épouse en espérance,
> Ce rang entre elle et vous met-il tant de distance!

Expression heureuse et neuve, dont Racine enrichit la langue, et que par conséquent on critiqua d'abord. Remarquez encore qu'*épouse* suppose *étant épouse:* c'est une ellipse heureuse en poésie. Ces finesses font le charme de la diction.

> Va, dis-je, et sans vouloir te charger d'autres soins,
> Vois si je puis bientôt lui parler sans témoins.

Ce premier vers, qui ne semble fait que pour la rime, annonce avec art qu'Antiochus aime Bérénice.

SCÈNE II.

Beaucoup de lecteurs réprouvent ce long monologue. Il n'est pas naturel qu'on fasse ainsi tout seul l'histoire de ses amours, qu'on dise, *Je me suis tu cinq ans; on m'a imposé silence; j'ai couvert mon amour d'un voile d'amitié*. On pardonne un monologue qui est un combat du cœur, mais non une récapitulation historique.

> Belle reine, et pourquoi vous offenseriez-vous?

Belle reine a passé pour une expression fade.

> Je pars, fidèle encor quand je n'espère plus.

Ces amants fidèles, sans succès et sans espoir, n'intéressent jamais. Cependant la douce harmonie de ces vers naturels fait qu'on supporte Antiochus; c'est sur-tout dans ces faibles rôles que la belle versification est nécessaire.

SCÈNE III.

> Je n'ai percé qu'à peine
> Les flots toujours nouveaux d'un peuple adorateur.

La prose n'eût pu exprimer cette idée avec la même précision, ni se parer de la beauté de ces figures. C'est là le grand mérite de la poésie. Cette scène est parfaitement écrite et conduite de même; car il doit y avoir une con-

ACTE I, SCÈNE III.

duite dans chaque scène comme dans le total de a pièce: elle est même intéressante, parceque Antiochus ne dit point son secret, et le fait entendre.

SCÈNE IV.

> Jugez de ma douleur, moi dont l'ardeur extrême,
> Je vous l'ai dit cent fois, n'aime en lui que lui-même,
> Moi qui, loin des grandeurs dont il est revêtu,
> Aurois choisi son cœur et cherché sa vertu!

Personne avant Racine n'avait ainsi exprimé ces sentiments, qu'on retrouve à la vérité dans tous les livres d'amour, et dont le seul mérite consiste dans le choix des mots. Sans cette élégance si fine et si naturelle, tout serait languissant.

> Mes pleurs et mes soupirs vous suivoient en tous lieux.

Ces vers et les suivants n'ont pas le mérite qu'on a remarqué dans les notes précédentes. Un roi dont *les pleurs et les soupirs suivent en tous lieux* une reine amoureuse d'un autre, est là un fade personnage, qui exprime en vers faibles et lâches un amour un peu ridicule. Si la pièce était écrite de ce ton, elle ne serait qu'une très faible idée en dialogues. Plus le héros qu'on fait parler est dans une position désagréable et indigne d'un héros, plus il faut s'étudier à relever par la beauté du style la faiblesse du fonds. Le rôle d'Antiochus ne peut avoir rien de tragique; mettez-y donc plus de noblesse, plus de chaleur et plus d'intérêt, s'il est possible.

En général, les déclarations d'amour, les maximes d'amour, sont faites pour la comédie. Les déclarations de Xipharès, d'Hippolyte, d'Antiochus, sont de la galanterie, et rien de plus: ces morceaux se sentent du goût dominant qui régnait alors.

REMARQUES.

La valeur de Titus surpassoit ma fureur.

Voilà à peu près ce qu'un lecteur éclairé demande. Antiochus se relève, et c'est un grand art de mettre les louanges de Titus dans sa bouche. Toute cette tirade où il parle de Titus est parfaite en son genre. Si Antiochus ne parlait là que de son amour, il ennuierait, il affadirait; mais tous les accessoires, toutes les circonstances qu'il emploie, sont nobles et intéressantes; c'est la gloire de Titus, c'est un siége fameux dans l'histoire, c'est, sans le vouloir, l'éloge de l'amour de Bérénice pour Titus. Vous vous sentez alors attaché malgré vous, et malgré la petitesse du rôle d'Antiochus. Vous verrez dans l'examen d'*Ariane* que l'auteur n'a pu imiter ni l'art de Racine, ni le style de Racine. Les premiers actes d'*Ariane* sont une faible copie de *Bérénice*. Vous sentirez combien il est difficile d'approcher de cette élégance continue et de ce style toujours naturel.

J'oublie en sa faveur un discours qui m'outrage.

Voilà le modèle d'une réponse noble et décente; ce n'est point ce langage des anciennes héroïnes de roman, qu'une déclaration respectueuse transporte d'une colère impertinente. Bérénice ménage tout ce qu'elle doit à l'amitié d'Antiochus, elle intéresse par la vérité de sa tendresse pour l'empereur. Il semble qu'on entende Henriette d'Angleterre elle-même parlant au marquis de Vardes: la politesse de la cour de Louis XIV, l'agrément de la langue française, la douceur de la versification la plus naturelle, le sentiment le plus tendre, tout se trouve dans ce peu de vers. Point de ces maximes générales que le sentiment réprouve; rien de trop, rien de trop peu. On ne pouvait rendre plus agréable quelque chose de plus mince.

SCÈNE V.

> Que je le plains! Tant de fidélité,
> Madame, méritoit plus de prospérité.

La faiblesse du sujet se montre ici dans toute sa misère; ce n'est plus ce goût si fin, si délicat; Phénice parle un peu en soubrette.

> Je l'aurois retenu,

est encore plus mauvais; cela est d'un froid comique: il importe bien ce qu'aurait fait Phénice! Mais ce défaut est bientôt réparé par le discours passionné de Bérénice:

> *Cette foule de rois, ce consul, ce sénat,*
> *Qui tous de mon amant empruntoient leur éclat, etc.*

> Le monde, en le voyant, eût reconnu son maître.

Un homme sans goût a traité cet éloge de flatterie; il n'a pas songé que c'est une amante qui parle. Ce vers fit d'autant plus de plaisir, qu'on l'appliquait à Louis XIV, alors couvert de gloire, et dont la figure, très supérieure à celle d'Auguste, semblait faite pour commander aux autres hommes: car Auguste était petit et ramassé, et Louis XIV avait reçu tous les avantages que peut donner la nature. Enfin, dans ce vers, c'était moins Bérénice que Madame qui s'expliquait. Rien ne fait plus de plaisir que ces allusions secrètes; mais il faut que les vers qui les font naître soient beaux par eux-mêmes.

> Aussitôt, sans l'attendre, et sans être attendue,
> Je reviens le chercher, et, dans cette entrevue,
> Dire tout ce qu'aux cœurs l'un de l'autre contents
> Inspirent des transports retenus si long-temps.

Ces vers ne sont que des vers d'églogue. La sortie de

Bérénice, qui ne s'en va que pour revenir dire tout ce que disent *les cœurs contents*, est sans intérêt, sans art, sans dignité. Rien ne ressemble moins à une tragédie. Il est vrai que l'idée qu'elle a de son bonheur fait déja un contraste avec l'infortune qu'on sait bien qu'elle va essuyer; mais la fin de cet acte n'en est pas moins faible.

ACTE SECOND.

SCÈNE I.

J'ai couru chez la reine.

Je crois que le second acte commence plus mal que le premier ne finit. *J'ai couru chez la reine*, comme s'il fallait courir bien loin pour aller d'un appartement dans un autre: *J'y suis couru*, qui est un solécisme; cet *il suffit, Et que fait la reine Bérénice?* et le *trop aimable princesse*: tout cela est *trop petit*, et d'une naïveté qu'il est trop aisé de tourner en ridicule. Les simples propos d'amour sont des objets de raillerie quand ils ne sont point relevés ou par la force de la passion, ou par l'élégance du discours. Aussi ces vers prêtèrent-ils le flanc à la parodie de la farce nommée *Comédie italienne*.

SCÈNE II.

J'entends de tous côtés
Publier vos vertus, seigneur, et ses beautés.

On ne publie point des beautés, cela n'est pas exact.

Et je l'ai vue aussi cette cour peu sincère.

Rarement Racine tombe-t-il long-temps; et quand il se relève, c'est toujours avec une élégance aussi noble que simple, toujours avec le mot propre, ou avec des figures justes et naturelles, sans lesquelles le mot propre ne serait que de l'exactitude. La réponse de Paulin est un chef-d'œuvre de raison et d'habileté; elle est fortifiée par des faits, par des exemples: tout y est vrai, rien n'est exagéré; point de cette enflure qui aime à représenter les plus grands rois avilis en présence d'un bourgeois de Rome. Le discours de Paulin n'en a que plus de force; il annonce la disgrace de Bérénice.

Racine et Corneille ont évité tous deux de faire trop sentir combien les Romains méprisaient une Juive. Ils pouvaient s'étendre sur l'aversion que cette misérable nation inspirait à tous les peuples, mais l'un et l'autre ont bien vu que cette vérité trop développée jetterait sur Bérénice un avilissement qui détruirait tout intérêt.

> On sait qu'elle est charmante; et de si belles mains
> Semblent vous demander l'empire des humains.

De si belles mains ne paraît pas digne de la tragédie. Mais il n'y a que ce vers de faible dans cette tirade.

> Cet amour est ardent, il le faut confesser.

Il y a dans presque toutes les pièces de Racine de ces naïvetés puériles; et ce sont presque toujours des confidents qui les disent. Les critiques en prirent occasion de donner du ridicule au seul nom de Paulin, qui fut long-temps un terme de mépris. Racine eût mieux fait d'ailleurs de choisir un autre confident, et de ne point le nommer d'un nom français, tandis qu'il laisse à Titus son nom latin. Ce qui est bien plus digne de remarque, c'est que les railleurs sont toujours injustes. S'ils relevèrent les mauvais vers qui échappent à Paulin, ils oublièrent qu'il en débite beaucoup d'excellents. Ces railleurs s'épuisèrent sur la *Bérénice* de Racine, dont ils sentaient l'extrême mérite dans le fond de leur cœur. Ils ne disaient rien de celle de Corneille, qui était déjà oubliée; mais ils opposaient l'ancien mérite de Corneille au mérite présent de Racine.

> Depuis cinq ans entiers chaque jour je la vois,
> Et crois toujours la voir pour la première fois.

Ces vers sont connus de presque tout le monde; on en a fait mille applications : ils sont naturels et pleins de sentiment; mais ce qui les rend encore meilleurs, c'est qu'ils terminent un morceau charmant. Ce n'est pas une beauté sans doute de l'*Électre* et de l'*OEdipe* de Sophocle; mais qu'on se mette à la place de l'auteur, qu'on essaie de faire parler Titus comme Racine y était obligé, et qu'on voie s'il est possible de le faire mieux parler. Le grand mérite consiste à représenter les hommes et les choses comme elles sont dans la nature, et dans la belle nature. Raphaël réussit aussi bien à peindre les Graces que les Furies.

> Encore un coup, allons, il n'y faut plus penser,

Est une façon de parler trop familière, et presque basse, dont Racine fait trop souvent usage.

> Je n'examine point si j'y pourrai survivre.

Cette résolution de l'empereur ne fait attendre qu'une seule scène. Il peut renvoyer Bérénice avec Antiochus, et la pièce sera bientôt finie. On conçoit très difficilement comment le sujet pourra fournir encore quatre actes; il n'y a point de nœud, point d'obstacle, point d'intrigue. L'empereur est le maître, il a pris son parti, il veut et il doit vouloir que Bérénice parte. Ce n'est que dans les sentiments inépuisables du cœur, dans le passage d'un mouvement à l'autre, dans le développement des plus secrets ressorts de l'ame, que l'auteur a pu trouver de quoi rem-

ACTE II, SCÈNE II.

plir la carrière. C'est un mérite prodigieux, et dont je crois que lui seul étoit capable.

SCÈNE IV.

Je demeure sans voix et sans ressentiment.

Ce dernier mot est le seul employé par Racine qui ait été hors d'usage depuis lui. *Ressentiment* n'est plus employé que pour exprimer le souvenir des outrages, et non celui des bienfaits.

N'en doutez point, madame.

Ces mots de *madame* et de *seigneur* ne sont que des compliments français. On n'employa jamais chez les Grecs ni chez les Romains la valeur de ces termes. C'est une remarque qu'on peut faire sur toutes nos tragédies. Nous ne nous servons point des mots *monsieur, madame,* dans les comédies tirées du grec : l'usage a permis que nous appellions les Romains et les Grecs *seigneur,* et les Romaines *madame;* usage vicieux en soi, mais qui cesse de l'être puisque le temps l'a autorisé.

SCÈNE V.

Il craint peut-être, il craint d'épouser une reine.
Hélas, s'il étoit vrai.... Mais non.

Sans ce *mais non*, sans les assurances que Titus lui a données tant de fois, de n'être jamais arrêté par ce scrupule, elle devrait s'attacher à cette idée ; elle devrait dire : *Pourquoi Titus embarrassé vient-il de prononcer en soupirant les mots de* Rome *et d'*empire ? Elle se rassure sur les promesses qu'on lui a faites ; elle cherche de vaines raisons. Il est pardonnable, ce me semble, qu'elle craigne que

Titus ne soit instruit de l'amour d'Antiochus. Les amants et les conjurés peuvent, je crois, sur le théâtre, se livrer à des craintes un peu chimériques, et se méprendre. Ils sont toujours troublés, et le trouble ne raisonne pas. Bérénice, en raisonnant juste, aurait plutôt craint Rome que la jalousie de Titus. Elle aurait dit: *Si Titus m'aime, il forcera les Romains à souffrir qu'il m'épouse*; et non pas, *Si Titus est jaloux, Titus est amoureux.*

ACTE TROISIÈME.

SCÈNE I.

On n'a d'autre remarque à faire sur cette scène, sinon qu'elle est écrite avec la même élégance que le reste, et avec le même art. Antiochus, chargé par son rival même de déclarer à Bérénice que ce rival aimé renonce à elle, devient alors un personnage un peu plus nécessaire qu'il n'était.

SCÈNE II.

C'est ici qu'on voit plus qu'ailleurs la nécessité absolue de faire de beaux vers, c'est-à-dire d'être éloquent de cette éloquence propre au caractère du personnage et à sa situation, de n'avoir que des idées justes et naturelles, de ne se pas permettre un mot vicieux, une construction obscure, une syllabe rude, de charmer l'oreille et l'esprit par une élégance continue. Les rôles qui ne sont ni principaux, ni relevés, ni tragiques, ont sur-tout besoin de cette élégance, et du charme d'une diction pure. *Bérénice, Atalide, Ériphile, Aricie*, étaient perdues sans ce prodige de l'art; prodige d'autant plus grand, qu'il n'étonne point, qu'il plaît par la simplicité, et que chacun croit que, s'il

ACTE III, SCÈNE II.

avait eu à faire parler ces personnages, il n'aurait pu les faire parler autrement.

Speret idem, sudet multum, frustraque laboret.

SCÈNE III.

> Suspendez votre ressentiment;
> D'autres, loin de se taire en ce même moment,
> Triompheroient peut-être.

Concevez l'excès de la tyrannie de la rime, puisque l'auteur qui lui commande le plus est gêné par elle, au point de remplir un hémistiche de ces mots inutiles et lâches, *en ce même moment*.

> Vous voyez devant vous une reine éperdue,
> Qui, la mort dans le sein, vous demande deux mots.

Deux mots ailleurs seraient une expression triviale; elle est ici très touchante; tout intéresse, la situation, la passion, le discours de Bérénice, l'embarras même d'Antiochus.

> Pour jamais à mes yeux gardez-vous de paroître.

Voilà le caractère de la passion. Bérénice vient de flatter tout-à-l'heure Antiochus pour savoir son secret; elle lui a dit: *Si jamais je vous fus chère, parlez;* elle l'a menacé de sa haine s'il garde le silence; et dès qu'il a parlé, elle lui ordonne de ne jamais paraître devant elle. Ces flatteries, ces emportements, font un effet très intéressant dans la bouche d'une femme; ils ne toucheraient pas ainsi dans un homme. Tous ces symptômes de l'amour sont le partage des amantes. Presque toutes les héroïnes de Racine étalent ces sentiments de tendresse, de jalousie, de colère, de fureur; tantôt soumises, tantôt désespérées. C'est avec raison qu'on a nommé Racine le poëte des femmes. Ce n'est pas là du vrai tragique; mais c'est la beauté que le sujet comportait.

SCÈNE IV.

Va voir si la douleur ne l'a point trop saisie.

Tous les actes de cette pièce finissent par des vers faibles et un peu langoureux. Le public aime assez que chaque acte se termine par quelque morceau brillant qui enlève les applaudissements. Mais *Bérénice* réussit sans ce secours. Les tendresses de l'amour ne comportent guère ces grands traits qu'on exige à la fin des actes dans des situations vraiment tragiques.

ACTE QUATRIÈME.

SCÈNE I.

Phénice ne vient point. Moments trop rigoureux,
Que vous paroissez lents à mes rapides vœux!

Je me souviens d'avoir vu autrefois une tragédie de *Saint-Jean-Baptiste*, supposée antérieure à *Bérénice*, dans laquelle on avait inséré toute cette tirade, pour faire croire que Racine l'avait volée. Cette supposition maladroite était assez confondue par le style barbare du reste de la pièce. Mais ce trait suffit pour faire voir à quels excès se porte la jalousie, sur-tout quand il s'agit des succès du théâtre, qui, étant les plus éclatants dans la littérature, sont aussi ceux qui aveuglent le plus les yeux de l'envie. Corneille et Racine en ressentirent les effets tant qu'ils travaillèrent.

SCÈNE II.

Souffrez que de vos pleurs je répare l'outrage.

On peut appliquer à ces vers ce précepte de Boileau :

Qui dit sans s'avilir les plus petites choses.

En effet, rien n'est plus petit que de faire paraître sur le théâtre tragique une suivante qui propose à sa maîtresse de rajuster son voile et ses cheveux. Otez à ces idées les graces de la diction, on rira.

SCÈNE III.

Voyons la reine.

Ou le théâtre reste vide, ou Titus voit Bérénice ; s'il la voit, il doit donc dire qu'il l'évite, ou lui parler.

SCÈNE IV.

Ce monologue est long, et il contient pour le fond les mêmes choses à peu près que Titus a dites à Paulin. Mais remarquez qu'il y a des nuances différentes. Les nuances sont beaucoup dans la peinture des passions ; et c'est là le grand art, si caché et si difficile, dont Racine s'est servi pour aller jusqu'au cinquième acte sans rebuter le spectateur. Il n'y a pas dans ce monologue un seul mot hors de sa place.

Ah, lâche ! fais l'amour, et renonce à l'empire.

Ce vers et tout ce qui suit me paroissent admirables.

SCÈNE V.

Vous êtes empereur, seigneur, et vous pleurez?

Ce vers si connu fesait allusion à cette réponse de mademoiselle Mancini à Louis XIV : *Vous m'aimez, vous êtes roi, vous pleurez, et je pars!* Cette réponse est bien plus remplie de sentiment, est bien plus énergique que le vers de Bérénice. Ce vers même n'est au fond qu'un reproche un peu ironique. Vous dites qu'un empereur doit vaincre l'amour, vous êtes empereur, et vous pleurez !

Oui, madame, il est vrai, je pleure, je soupire.

Cela est trop faible; il ne faut pas dire, *je pleure;* il faut que par vos discours on juge que votre cœur est déchiré. Je m'étonne comment Racine a cette fois manqué à une règle qu'il connaissait si bien.

Je sais qu'en vous quittant le malheureux Titus
Passe l'austérité de toutes les vertus.

Cela me paraît encore plus faible, parceque rien ne l'est tant que l'exagération outrée. Il est ridicule qu'un empereur dise qu'il y a plus de vertu, plus d'austérité, à quitter sa maîtresse qu'à immoler à sa patrie ses deux enfants coupables. Il fallait peut-être dire, en parlant des Brutus et des Manlius, *Titus en vous quittant les égale peut-être:* ou plutôt, il ne fallait point comparer une victoire remportée sur l'amour à ces exemples étonnants, et presque surnaturels, de la rigidité des anciens Romains. Les vers sont bien faits, je l'avoue; mais, encore une fois, cette scène élégante n'est pas ce qu'elle devrait être.

Adieu.

Peut-être cette scène pouvait-elle être plus vive, et por-

ACTE IV, SCÈNE V.

ter dans les cœurs plus de trouble et d'attendrissement; peut-être est-elle plus élégante et mesurée que déchirante.

> Et que tout l'univers reconnoisse sans peine
> Les pleurs d'un empereur, et les pleurs d'une reine.
> Car enfin, ma princesse, il faut nous séparer.
> — Eh bien! seigneur, eh bien! qu'en peut-il arriver?
> Vous ne comptez pour rien les pleurs de Bérénice.
> — Je les compte pour rien! ah ciel, quelle injustice!

Tout cela me paraît petit, je le dis hardiment; et je suis, en cela seul, de l'opinion de Saint-Évremont, qui dit en plusieurs endroits que les sentiments dans nos tragédies ne sont pas assez profonds, que le désespoir n'y est qu'une simple douleur, la fureur un peu de colère.

SCÈNE VI.

> Moi-même je me hais. Néron, tant détesté,
> N'a point à cet excès poussé sa cruauté.

Autre exagération puérile. Quelle comparaison y a-t-il à faire d'un homme qui n'épouse point sa maîtresse à un monstre qui fait assassiner sa mère?

> Allons, Rome en dira ce qu'elle en voudra dire.
> — Quoi, seigneur! — Je ne sais, Paulin, ce que je dis.

Dire et *dis* font un mauvais effet. *Je ne sais ce que je dis*, est du style comique; et c'était quand il se croyait plus austère que Brutus, et plus cruel que Néron, qu'il pouvait s'écrier, *Je ne sais ce que je dis!*

> Et le peuple, élevant vos vertus jusqu'aux nues,
> Va par-tout de lauriers couronner vos statues.

Ni cette expression, ni cette cacophonie, ne semblent dignes de Racine.

Pourquoi suis-je empereur? pourquoi suis-je amoureux?

Tous ces actes finissent froidement, et par des vers qui appartiennent plus à la haute comédie qu'à la tragédie. Il ne doit pas demander pourquoi il est empereur. *Amoureux* est d'une idylle; *amoureux* est trop général. Pourquoi dois-je quitter ce que je dois adorer? Pourquoi suis-je forcé à rendre malheureuse celle qui mérite le moins de l'être? C'est là, du moins je le crois, le sentiment qu'il devait exprimer.

SCÈNE VII.

Elle n'entend ni pleurs, ni conseil, ni raison.

Ce mot *pleurs* joint avec *conseil* et *raison* sauve l'irrégularité du terme *entendre*. On n'entend point des pleurs; mais ici *n'entend* signifie *ne donne point attention*.

Moi-même en ce moment sais-je si je respire?

Cette scène et la suivante, qui semblent être peu de chose, me paraissent parfaites. Antiochus joue le rôle d'un homme qui est supérieur à sa passion. Titus est attendri et ébranlé comme il doit l'être; et, dans le moment, le sénat vient le féliciter d'une victoire qu'il craint de remporter sur lui-même. Ce sont des ressorts presque imperceptibles qui agissent puissamment sur l'ame. Il y a mille fois plus d'art dans cette belle simplicité que dans cette foule d'incidents dont on a chargé tant de tragédies. Corneille a aussi le mérite de n'avoir jamais recours à cette malheureuse et stérile fécondité qui entasse événements sur événements; mais il n'a pas l'art de Racine, de trouver dans l'incident le plus simple le développement du cœur humain.

ACTE CINQUIÈME.

SCÈNE V.

Lisez, ingrat! lisez, et me laissez sortir.

Titus lisait tout haut cette lettre à la première représentation. Un mauvais plaisant dit que c'était le testament de Bérénice. Racine en fit supprimer la lecture. On a cru que la vraie raison était que la lettre ne contenait que les mêmes choses que Bérénice dit dans le cours de la pièce.

SCÈNE VII.

Pour la dernière fois, adieu, seigneur. — Hélas!

Je n'ai rien à dire de ce cinquième acte, sinon que c'est en son genre un chef-d'œuvre, et qu'en le relisant avec des yeux sévères, je suis encore étonné qu'on ait pu tirer des choses si touchantes d'une situation qui est toujours la même; qu'on ait trouvé encore de quoi attendrir quand on paraît avoir tout dit; que même tout paraisse neuf dans ce dernier acte, qui n'est que le résumé des quatre précédents : le mérite est égal à la difficulté, et cette difficulté était extrême. On peut être un peu choqué qu'une pièce finisse par un *hélas!* il fallait être sûr de s'être rendu maître du cœur des spectateurs pour oser finir ainsi.

Voilà, sans contredit, la plus faible des tragédies de Racine qui sont restées au théâtre. Ce n'est pas même une tragédie. Mais que de beautés de détail, et quel charme inexprimable règne presque toujours dans la diction! Pardonnons à Corneille de n'avoir jamais connu ni cette pureté ni cette élégance; mais comment se peut-il que personne depuis Racine n'ait approché de ce style enchanteur? Est-ce un don de la nature? est-ce le fruit d'un travail assidu? C'est l'effet de l'un et de l'autre. Il n'est pas étonnant que personne ne soit arrivé à ce point de perfection; mais il l'est que le public ait depuis applaudi avec transport à des pièces qui à peine étaient écrites en français, dans lesquelles il n'y avait ni connaissance du cœur humain, ni bon sens, ni poésie; c'est que des situations séduisent, c'est que le goût est très rare. Il en a été de même dans d'autres arts. En vain on a devant les yeux des Raphaël, des Titien, des Paul Véronèse; des peintres médiocres usurpent après eux de la réputation, et il n'y a que les connaisseurs qui fixent à la longue le mérite des ouvrages.

FIN DES REMARQUES.

PULCHÉRIE,
TRAGÉDIE.

1672.

PRÉFACE DE VOLTAIRE.

Pulchérie était une fille de l'empereur Arcadius et de l'impératrice Eudoxie. Elle avait toute l'ambition de sa mère. Corneille dit, dans son avis au lecteur, que ses talents étaient merveilleux, et que dès l'âge de quinze ans *elle empiéta l'empire sur son frère.* Il est vrai que ce frère, Théodose second, était un homme très faible, qui fut long-temps gouverné par cette sœur impérieuse, plus capable d'intrigues que d'affaires, plus occupée de soutenir son crédit que de défendre l'empire, et n'ayant pour ministres que des esclaves sans courage.

Aussi ce fut de son temps que les peuples du Nord ravagèrent l'empire romain. Cette princesse, après la mort de Théodose le jeune, épousa un vieux militaire aussi peu fait pour gouverner que Théodose; elle en fit son premier domestique sous le nom d'empereur. C'était un homme qui n'avait su se conduire ni dans la guerre ni dans la paix. Il avait été long-temps prisonnier de Genseric, et quand il fut sur le trône il ne se mêla que des querelles des Eutychiens et des Nestoriens. On sent un mouvement d'indignation quand on lit, dans la continuation de l'histoire romaine de Laurent Échard, le puéril et honteux éloge de Pulchérie et de Martian : « Pulchérie, dit l'auteur, dont les vertus avaient mérité la confiance de tout l'empire, offrit la couronne à Martian, pourvu qu'il voulût l'épouser, et qu'il la laissât fidèle à son vœu de virginité. »

Quelle pitié ! il fallait dire : pourvu qu'il la laissât demeurer fidèle à son vœu d'ambition et d'avarice : elle avait cinquante ans, et Martian soixante et dix.

Il est permis à un poëte d'ennoblir ses personnages et de changer l'histoire, sur-tout l'histoire de ces temps de confusion et de faiblesse.

Corneille intitula d'abord cette pièce *tragédie*; il la présenta aux comédiens, qui refusèrent de la jouer*: ils étaient plus frappés de leurs intérêts que de la réputation de Corneille. Il fut

---

*Les comédiens en firent autant pour Voltaire; jamais ils ne voulurent jouer ni *les Guèbres*, ni *les Lois de Minos*, ni *Don Pèdre*, ni *les Pélopides*, ni sur-tout sa comédie intitulée *le Dépositaire*, le seul de ses ouvrages où l'on ne retrouve aucune trace de son génie. Il essuya de

obligé de la donner à une mauvaise troupe qui jouait au Marais, et qui ne put se soutenir; et, malheureusement pour Pulchérie, on joua Mithridate à peu près dans le même temps; car Pulchérie fut représentée les derniers jours de 1672, et Mithridate les premiers de 1673.

Fontenelle prétend que son oncle Corneille se peignit lui-même avec bien de la force dans le personnage de Martian. Voici comme Martian parle de lui-même dans la première scène du second acte :

J'aimois quand j'étois jeune, et ne déplaisois guère :
Quelquefois de soi-même on cherchoit à me plaire;
Je pouvois aspirer au cœur le mieux placé;
Mais, hélas! j'étois jeune, et ce temps est passé;
Le souvenir en tue, et l'on ne l'envisage
Qu'avec, s'il le faut dire, une espèce de rage :
On le repousse, on fait cent projets superflus;
Le trait qu'on porte au cœur s'enfonce d'autant plus,
Et ce feu, que de honte on s'obstine à contraindre,
Redouble par l'effort qu'on se fait pour l'éteindre.

Si ces vers d'un vieux berger, plutôt que d'un

pareils refus plus jeune que Corneille; il en essuya même au théâtre Italien, quand il eut la fantaisie de faire jouer des opéra comiques. Ces vérités sont dures, mais combien n'est-il pas plus dur envers le grand homme qu'il commente! P.

vieux capitaine, ont paru *forts* à Fontenelle, ils n'en sont pas moins faibles. Enfin Pulchérie épouse Martian. Un Aspar en est tout étonné ; « Quoi ! dit-il, tout vieil et tout cassé qu'il est ? » Pulchérie répond : « Tout vieil et tout cassé, je « l'épouse ; il me plaît ; j'ai mes raisons. ».

Cette Pulchérie, qui dit à Léon : *J'ai de la fierté*, s'exprime trop souvent en soubrette de comédie :

Je vois entrer Irène ; Aspar la trouve belle ;
Faites agir pour vous l'amour qu'il a pour elle ;
Et, comme en ce dessein rien n'est à négliger,
Voyez ce qu'une sœur vous pourra ménager.
. . . .
Vous aimez, vous plaisez ; c'est tout auprès des femmes ;
C'est par là qu'on surprend, qu'on enlève leurs ames.
. . . .
Aspar vous aura vue, et son ame est chagrine...
Il m'a vue, et j'ai vu quel chagrin le domine ;
Mais il n'a pas laissé de me faire juger
Du choix que fait mon cœur quel sera le danger.
Il part de bons avis quelquefois de la haine ;
On peut tirer du fruit de tout ce qui fait peine ;
Et des plus grands desseins qui veut venir à bout,
Prête l'oreille à tous, et fait profit de tout.

C'est ainsi que la pièce est écrite. La matière y est digne de la forme : c'est un mariage ridicule, traversé ridiculement, et conclu de même.

L'intrigue de la pièce, le style, et le mauvais succès, déterminèrent Corneille à ne donner à cet ouvrage que le titre de *comédie héroïque*: mais comme il n'y a ni comique ni héroïsme dans la pièce, il serait difficile de lui donner un nom qui lui convînt.

Il semble pourtant que si Corneille avait voulu choisir des sujets plus dignes du théâtre tragique, il les aurait peut-être traités convenablement; il aurait pu rappeler son génie, qui fuyait de lui. On en peut juger par le début de Pulchérie:

> Je vous aime, Léon, et n'en fais point mystère:
> Des feux tels que les miens n'ont rien qu'il faille taire:
> Je vous aime, et non pas de cette folle ardeur
> Que les yeux éblouis font maîtresse du cœur;
> Non d'un amour conçu par les sens en tumulte,
> A qui l'ame applaudit sans qu'elle se consulte,
> Et qui, ne concevant que d'aveugles desirs,
> Languit dans les faveurs, et meurt dans les plaisirs.

Ces premiers vers en effet sont imposants: ils sont bien faits; il n'y a pas une faute contre la langue; et ils prouvent que Corneille aurait pu écrire encore avec force et avec pureté, s'il avait voulu travailler davantage ses ouvrages. Cependant les connaisseurs d'un goût exercé sentiront bien que ce début annonce une pièce froide. Si Pulchérie aime ainsi, son amour ne doit guère toucher. On s'aperçoit encore que c'est le poète qui parle, et non la princesse : c'est un défaut dans lequel Corneille tombe toujours. Quelle princesse débutera jamais par dire que l'amour languit dans les faveurs et meurt dans les plaisirs ? quelle idée ces vers ne donnent-ils pas d'une volupté que Pulchérie ne doit pas connaître ? De plus, cette Pulchérie ne fait ici que répéter ce que Viriate a dit dans la tragédie de Sertorius :

Ce ne sont pas les sens que mon amour consulte,
Il hait des passions l'impétueux tumulte.

Il y a des beautés de pure déclamation; il y a des beautés de sentiment, qui sont les véritables. Cette pièce tombe dans le même inconvénient qu'Othon : trois personnes se disputent la main de la nièce d'Othon; et ici on voit trois prétendants à Pulchérie : nulle grande intrigue, nul événement considérable, pas un seul personnage auquel on s'intéresse. Il y a quelques beaux vers dans Othon; et ce mérite manque à

Pulchérie : on y parle d'amour de manière à dégoûter de cette passion, s'il était possible. Pourquoi Corneille s'obstinait-il à traiter l'amour? Sa comédie héroïque de Tite et Bérénice devait lui apprendre que ce n'était pas à lui de faire parler des amants, ou plutôt qu'il ne devait plus travailler pour le théâtre : *solve senescentem.* Il veut de l'amour dans toutes ses pièces; et depuis *Polyeucte* ce ne sont que des contrats de mariage, où l'on stipule pendant cinq actes les intérêts des parties, ou des raisonnements alambiqués sur le devoir des *vrais amants.* A l'égard du style, tandis qu'il se perfectionnait tous les jours en France, Corneille le gâtait de jour en jour : c'est dès la première scène, *l'habitude à régner, et l'horreur d'en déchoir; c'est un penchant flatteur qui fait des assurances; ce sont de hauts faits qui portent à grands pas à l'empire.*

C'est un vieux Martian qui conte ses amours à sa fille Justine; et qui lui dit, *Allons; parle aussi des tiens : c'est mon tour d'écouter.* La bonne Justine lui dit comment elle est tombée amoureuse, et *comment son imprudente ardeur, prête à s'évaporer, respecte sa pudeur.*

On parle toujours d'amour à la Pulchérie âgée de cinquante ans : elle aime un prince nomme Léon, et elle prie une fille de sa cour de faire l'amour à ce Léon, afin qu'elle, impératrice, puisse s'en détacher.

Qu'il est fort cet amour! sauve-m'en, si tu peux :
Vois Léon, parle-lui, dérobe-moi ses vœux.
M'en faire un prompt larcin, c'est me rendre service.

De tels vers sont d'une mauvaise comédie; et de tels sentiments ne sont pas d'une tragédie.

Mais que dirons-nous de ce vieux Martian amoureux de la vieille Pulchérie*? Cette impératrice entame avec lui une plaisante conversation au cinquième acte :

On m'a dit que pour moi vous aviez de l'amour,
Seigneur: seroit-il vrai?

MARTIAN.

Qui vous l'a dit, madame?

PULCHÉRIE.

Vos services, mes yeux...

A quoi le bonhomme répond *qu'il s'est tû après s'être rendu; qu'en effet il languit, il soupire; mais*

* Pourquoi toujours *cette vieille Pulchérie*, si, comme Voltaire en convient, page 208, il est permis aux poëtes de changer l'histoire? Corneille n'a-t-il pas été le maître de rajeunir cette princesse? A-t-on reproché à Voltaire d'avoir représenté beaucoup plus jeunes qu'elles ne pou-

DE VOLTAIRE.

qu'enfin la langueur qu'on voit sur son visage est encore plus l'effet de l'amour que de l'âge.

J'aime encore mieux je ne sais quelle farce dans laquelle un vieillard est saisi d'une toux violente devant sa maîtresse; et lui dit, *Mademoiselle, c'est d'amour que je tousse.*

J'avoue sans balancer que les Pradon, les Bonnecorse, les Coras, les Danchet, n'ont rien fait de si plat et de si ridicule que toutes ces dernières pièces de Corneille* : mais je n'ai dû le dire qu'après l'avoir prouvé.

Corneille se plaint, dans une de ses épîtres, des succès de son rival; il finit par dire :

Et la seule tendresse est toujours à la mode.

Oui, la seule tendresse de Racine, la ten-

vaient l'être Jocaste dans *OEdipe*, et Sémiramis dans la tragédie de ce nom ? Cette liberté n'a-t-elle pas appartenu de tout temps à la poésie? Voltaire se plaît à vieillir les personnages de Corneille pour les rendre ridicules: on en a déja vu un exemple dans *Rodogune*. P.

* Voltaire, dans la première édition de ce commentaire, s'était respecté davantage; il ne s'était point permis cette odieuse comparaison de Bonnecorse et de Pradon avec Corneille; mais, irrité des critiques qui s'élevèrent en foule contre cette première édition, il n'y répondit qu'en ne gardant plus aucune mesure. P.

dresse vraie, touchante, exprimée dans un style
égal à celui du quatrième livre de Virgile, et
non pas la tendresse fausse et froide, mal exprimée.

Ce que peu de gens ont remarqué, c'est que
Racine, en traitant toujours l'amour, a parfaitement observé ce précepte de Despréaux :

> Qu'Achille aime autrement que Tyrcis et Philène,
> Et que l'amour, souvent de remords combattu,
> Paroisse une foiblesse, et non une vertu.

Le rôle de Mithridate est au fond par lui-même
un peu ridicule : un vieillard jaloux de ses deux
enfants est un vrai personnage de comédie, et la
manière dont il arrache à Monime son secret est
petite et ignoble; on l'a déja dit ailleurs, et rien
n'est plus vrai : mais que ce fond est enrichi et ennobli! que Mithridate sent bien ses fautes, et qu'il
se reproche dignement sa faiblesse!

> Quoi! des plus chères mains craignant les trahisons,
> J'ai pris soin de m'armer contre tous les poisons;
> J'ai su, par une longue et pénible industrie,
> Des plus mortels venins prévenir la furie.
> Ah! qu'il eût mieux valu, plus sage et plus heureux,
> Et repoussant les traits d'un amour dangereux,
> Ne pas laisser remplir d'ardeurs empoisonnées
> Un cœur déja glacé par le froid des années!

Quand un homme se reproche ses fautes avec tant de force et de noblesse, avec un langage si sublime et si naturel, on les lui pardonne.

C'est ainsi que Roxane se dit à elle-même :

> Tu pleures, malheureuse ! ah ! tu devais pleurer
> Lorsque, d'un vain desir à ta perte poussée,
> Tu conçus de le voir la première pensée.

On ne voit point, dans ces excellents ouvrages, de *héros qui porte un beau feu dans son sein*, de *princesse aimant sa renommée, qui, quand elle dit qu'elle aime, est sûre d'être aimée*. On n'y fait point *un conpliment, plus en homme d'esprit qu'en véritable amant; l'absence aux vrais amants n'y est pas pire que la peste*. Un héros n'y dit point, comme dans *Alcibiade*, que, *quand il a troublé la paix d'un jeune cœur, il a cent fois éprouvé qu'un mortel peut goûter un bonheur achevé*. Phèdre, dans son admirable rôle, le chef-d'œuvre de l'esprit humain, et le modèle éternel, mais inimitable, de quiconque voudra jamais écrire en vers; Phèdre se fait plus de reproches que le mari le plus austère ne pourrait lui en faire. C'est ainsi, encore une fois, qu'il faut parler d'amour, ou n'en point parler du tout.

PRÉFACE

C'est sur-tout en lisant ce rôle de Phèdre qu'on s'écrie avec Despréaux :

> Eh! qui voyant un jour la douleur vertueuse
> De Phèdre, malgré soi, perfide, incestueuse,
> D'un si noble travail justement étonné,
> Ne bénira d'abord le siècle fortuné
> Qui, rendu plus fameux par tes illustres veilles,
> Vit naître sous ta main ces pompeuses merveilles!

Ces merveilles étaient plus touchantes que pompeuses. Que ceux-là se sont trompés qui ont dit et répété que Racine avait gâté notre théâtre par la tendresse, tandis que c'est lui seul qui a épuré ce théâtre, infecté toujours avant lui, et presque toujours après lui, d'amours postiches, froids et ridicules, qui déshonorent les sujets les plus graves de l'antiquité! Il vaudrait autant se plaindre du quatrième livre de Virgile, que de la manière dont Racine a traité l'amour : si on peut condamner en lui quelque chose, c'est de n'avoir pas toujours mis dans cette passion toutes les fureurs tragiques dont elle est susceptible, de ne lui avoir pas donné toute sa violence, de s'être quelquefois contenté de l'élégance, de n'avoir que touché le cœur quand il pouvait le déchirer, d'avoir été faible dans presque tous ses derniers actes; mais, tel qu'il est, je le crois le plus parfait de tous nos poëtes : son art est si difficile que depuis lui nous n'avons pas vu une seule bonne tragédie. Il y en a eu seulement quelques unes, en très petit nombre, dans lesquelles les connaisseurs trouvent des beautés; et, avant lui, nous n'en avons eu aucune qui fût bien faite du commencement jusqu'à la fin. L'auteur de ce commentaire est d'autant plus en droit d'annoncer cette vérité, que lui-même, s'étant exercé dans le genre tragique, n'en a connu que les difficultés, et n'est jamais parvenu à faire un seul ouvrage qu'il ne regardât comme très médiocre.

Non seulement Racine a presque toujours traité l'amour comme une passion funeste et tragique dont ceux qui en sont atteints rougissent; mais Quinault même sentit dans ses opéras que c'est ainsi qu'il faut représenter l'amour.

Armide commence par vouloir perdre Renaud, l'ennemi de sa secte :

> Le vainqueur de Renaud, si quelqu'un le peut être,
> Sera digne de moi.

Elle ne l'aime que malgré elle; sa fierté en gémit : elle veut cacher sa faiblesse à toute la terre; elle appelle la Haine à son secours :

> Venez, Haine implacable,

PRÉFACE

> Sortez du gouffre épouvantable
> Où vous faites régner une éternelle horreur :
> Sauvez-moi de l'Amour, rien n'est si redoutable ;
> Rendez-moi mon courroux, rendez-moi ma fureur,
> Contre un ennemi trop aimable.

Il y a même de la morale dans cet opéra. La Haine, qu'Armide a invoquée, lui dit :

> Je ne puis te punir d'une plus rude peine
> Que de t'abandonner pour jamais à l'Amour.

Sitôt que Renaud s'est regardé dans le miroir symbolique qu'on lui présente, il a honte de lui-même ; il s'écrie :

> Ciel, quelle honte de paroître
> Dans l'indigne état où je suis !

Il abandonne sa maîtresse pour son devoir sans balancer. Ces lieux communs de *morale lubrique* que Boileau reproche à Quinault ne sont que dans la bouche des génies séducteurs qui ont contribué à faire tomber Renaud dans le piége.

Si on examine les admirables opéras de Quinault, *Armide, Roland, Atis, Thésée, Amadis*, l'amour y est tragique et funeste : c'est une vérité que peu de critiques ont reconnue, parceque rien n'est si rare que d'examiner. Y a-t-il rien, par exemple, de plus noble et de plus beau que ces vers d'*Amadis*?

J'ai choisi la gloire pour guide,
J'ai prétendu marcher sur les traces d'Alcide :
Heureux si j'avois évité
Le charme trop fatal dont il fut enchanté !
Son cœur n'eut que trop de tendresse.
Je suis tombé dans son malheur ;
J'ai mal imité sa valeur,
J'imite trop bien sa foiblesse.

Enfin Médée elle-même ne rend-elle pas hommage aux mœurs, qu'elle brave, dans ces vers si connus !

Le destin de Médée est d'être criminelle;
Mais son cœur étoit né pour aimer la vertu.

Voyez sur Quinault et sur les règles de la tragédie la *Poétique* de M. Marmontel*, ouvrage rempli de goût, de raison et de science.

* Marmontel, ennemi de Boileau, à qui il n'accorde ni feu, ni verve, ni fécondité, a traité Quinault très favorablement dans sa *Poétique*. Il est vrai qu'en revanche il se proposait de le traiter bien inhumainement à l'Opéra : on sait qu'il avait offert aux directeurs de ce spectacle de retoucher tous les ouvrages de ce poëte lyrique, moyennant un prix dont, heureusement pour Quinault, on ne convint pas. P.

On aurait pu placer ces réflexions au-devant de toute autre pièce que *Pulchérie*; mais elles se sont présentées ici, et elles ont distrait un moment l'auteur des remarques du triste soin de faire réimprimer des pièces que Corneille aurait dû oublier, qui n'ôtent rien aux grandes beautés de ses ouvrages, mais qu'enfin il est difficile de pouvoir lire.

PRÉFACE DE CORNEILLE.

Pulchérie, fille de l'empereur Arcadius, et sœur du jeune Théodose, a été une princesse très illustre, et dont les talents étoient merveilleux : tous les historiens en conviennent. Dès l'âge de quinze ans, elle empiéta le gouvernement sur son frère, dont elle avoit reconnu la foiblesse, et s'y conserva tant qu'il vécut, à la réserve d'environ une année de disgrace, qu'elle passa loin de la cour, et qui coûta cher à ceux qui l'avoient réduite à s'en éloigner. Après la mort de ce prince, ne pouvant retenir l'autorité souveraine en sa personne, ni se résoudre à la quitter, elle proposa son mariage à Martian, à la charge qu'il lui permettroit de garder sa virginité, qu'elle avoit vouée et consacrée à Dieu. Comme il étoit déja assez avancé dans la vieillesse, il accepta la condition aisément, et elle le nomma pour empereur au sénat, qui ne voulut, ou n'osa l'en dédire. Elle passoit alors cinquante ans, et mourut deux ans après. Martian en régna sept, et eut pour successeur Léon, que ses excellentes qualités firent surnommer *le Grand*. Le patrice Aspar le servit à monter au trône, et lui demanda pour récompense l'association à cet empire qu'il lui avoit fait obtenir. Le refus de Léon le fit conspirer contre ce maître qu'il s'étoit choisi; la conspiration fut découverte, et Léon s'en défit. Voilà ce que m'a prêté l'histoire. Je ne veux point prévenir votre jugement sur ce que j'y ai changé ou ajouté, et me contenterai de dire que, bien que cette pièce ait été reléguée dans un lieu où on ne vouloit plus se souvenir qu'il y eût un théâtre, bien qu'elle ait passé par des bouches pour qui on n'étoit prévenu d'aucune estime, bien que ses principaux caractères soient contre le goût du temps, elle n'a pas laissé de peupler le désert, de mettre en crédit des acteurs dont on ne connoissoit pas le mérite, et de faire voir qu'on n'a pas toujours besoin de s'assujettir aux entêtements du siècle pour se faire écouter sur la scène. J'aurai de quoi me satisfaire, si cet ouvrage est aussi heureux à la lecture qu'il l'a été à la représentation; et, si j'ose ne vous dissimuler rien, je me flatte assez pour l'espérer[1].

---

[1] Il se flatte beaucoup trop : cet ouvrage ne fut point

heureux à la représentation, et ne le sera jamais à la lecture, puisqu'il n'est ni intéressant, ni conduit théâtralement, ni bien écrit; il s'en faut beaucoup.

On a prétendu que ce grand homme, tombé si bas, n'était pas capable d'apprécier ses ouvrages, qu'il ne savait pas distinguer les admirables scènes de *Cinna*, de *Polyeucte*, de celles d'*Agésilas* et d'*Attila*. J'ai peine à le croire : je pense plutôt qu'appesanti par l'âge et par la dernière manière qu'il s'était faite insensiblement, il cherchait à se tromper lui-même.

PERSONNAGES.

PULCHÉRIE, impératrice d'Orient.
MARTIAN, vieux sénateur, ministre d'état sous Théodose le jeune.
LÉON, amant de Pulchérie.
ASPAR, amant d'Irène.
IRÈNE, sœur de Léon.
JUSTINE, fille de Martian.

La scène est à Constantinople, dans le palais impérial.

PULCHÉRIE.

ACTE PREMIER.

SCÈNE I.

PULCHÉRIE, LÉON.

PULCHÉRIE.

Je vous aime, Léon, et n'en fais point mystère;
Des feux tels que les miens n'ont rien qu'il faille taire :
Je vous aime, et non point de cette folle ardeur
Que les yeux éblouis font maîtresse du cœur,
Non d'un amour conçu par les sens en tumulte,
A qui l'ame applaudit sans qu'elle se consulte,
Et qui, ne concevant que d'aveugles desirs,
Languit dans les faveurs, et meurt dans les plaisirs :
Ma passion pour vous, généreuse et solide,
A la vertu pour ame, et la raison pour guide,
La gloire pour objet, et veut sous votre loi
Mettre en ce jour illustre et l'univers et moi.

Mon aïeul Théodose, Arcadius mon père,
Cet empire quinze ans gouverné par un frère,
L'habitude à régner, et l'horreur d'en déchoir,
Vouloient dans un mari trouver même pouvoir.

Je vous en ai cru digne; et, dans ces espérances,
Dont un penchant flatteur m'a fait des assurances,
De tout ce que sur vous j'ai fait tomber d'emplois
Aucun n'a démenti l'attente de mon choix :
Vos hauts faits à grands pas nous portoient à l'empire;
J'avois réduit mon frère à ne m'en point dédire;
Il vous y donnoit part, et j'étois toute à vous :
Mais ce malheureux prince est mort trop tôt pour nous.
L'empire est à donner, et le sénat s'assemble
Pour choisir une tête à ce grand corps qui tremble,
Et dont les Huns, les Goths, les Vandales, les Francs,
Bouleversent la masse et déchirent les flancs.
　Je vois de tous côtés des partis et des ligues;
Chacun s'entre-mesure et forme ses intrigues.
Procope, Gratian, Aréobinde, Aspar,
Vous peuvent enlever ce grand nom de César :
Ils ont tous du mérite; et ce dernier s'assure
Qu'on se souvient encor de son père Ardabure,
Qui, terrassant Mitrane en combat singulier,
Nous acquit sur la Perse un avantage entier,
Et, rassurant par là nos aigles alarmées,
Termina seul la guerre aux yeux des deux armées.
Mes souhaits, mon crédit, mes amis, sont pour vous;
Mais, à moins que ce rang, plus d'amour, point d'époux,
Il faut, quelque douceur que cet amour propose,
Le trône, ou la retraite au sang de Théodose;
Et, si par le succès mes desseins sont trahis,
Je m'exile en Judée auprès d'Athénaïs.
　　　　　　　　LÉON.
Je vous suivrois, madame; et du moins sans ombrage

De ce que mes rivaux ont sur moi d'avantage,
Si vous ne m'y faisiez quelque destin plus doux,
J'y mourrois de douleur d'être indigne de vous;
J'y mourrois à vos yeux en adorant vos charmes :
Peut-être essuieriez-vous quelqu'une de mes larmes;
Peut-être ce grand cœur, qui n'ose s'attendrir,
S'y défendroit si mal de mon dernier soupir,
Qu'un éclat imprévu de douleur et de flamme
Malgré vous à son tour voudroit suivre mon ame.
La mort, qui finiroit à vos yeux mes ennuis,
Auroit plus de douceur que l'état où je suis.
Vous m'aimez; mais, hélas! quel amour est le vôtre,
Qui s'apprête peut-être à pencher vers un autre?
Que servent ces desirs, qui n'auront point d'effet
Si votre illustre orgueil ne se voit satisfait?
Et que peut cet amour dont vous êtes maîtresse,
Cet amour dont le trône a toute la tendresse,
Esclave ambitieux du suprême degré,
D'un titre qui l'allume et l'éteint à son gré?
Ah! ce n'est point par là que je vous considère;
Dans le plus triste exil vous me seriez plus chère :
Là, mes yeux, sans relâche attachés à vous voir,
Feroient de mon amour mon unique devoir;
Et mes soins, réunis à ce noble esclavage,
Sauroient de chaque instant vous rendre un plein hommage.
Pour être heureux amant faut-il que l'univers
Ait place dans un cœur qui ne veut que vos fers;
Que les plus dignes soins d'une flamme si pure
Deviennent partagés à toute la nature?
Ah! que ce cœur, madame, a lieu d'être alarmé

Si sans être empereur je ne suis plus aimé!
PULCHÉRIE.
Vous le serez toujours; mais une ame bien née
Ne confond pas toujours l'amour et l'hyménée :
L'amour entre deux cœurs ne veut que les unir;
L'hyménée a de plus leur gloire à soutenir;
Et, je vous l'avouerai, pour les plus belles vies
L'orgueil de la naissance a bien des tyrannies :
Souvent les beaux desirs n'y servent qu'à gêner;
Ce qu'on se doit combat ce qu'on se veut donner :
L'amour gémit en vain sous ce devoir sévère.
Ah! si je n'avois eu qu'un sénateur pour père!
Mais mon sang dans mon sexe a mis les plus grands cœurs :
Eudoxe et Placidie ont eu des empereurs :
Je n'ose leur céder en grandeur de courage;
Et malgré mon amour je veux même partage :
Je pense en être sûre, et tremble toutefois
Quand je vois mon bonheur dépendre d'une voix.
LÉON.
Qu'avez-vous à trembler? Quelque empereur qu'on nomme,
Vous aurez votre amant, ou du moins un grand homme,
Dont le nom, adoré du peuple et de la cour,
Soutiendra votre gloire, et vaincra votre amour.
Procope, Aréobinde, Aspar, et leurs semblables,
Parés de ce grand nom, vous deviendront aimables;
Et l'éclat de ce rang, qui fait tant de jaloux,
En eux, ainsi qu'en moi, sera charmant pour vous.
PULCHÉRIE.
Que vous m'êtes cruel, que vous m'êtes injuste
D'attacher tout mon cœur au seul titre d'auguste!

ACTE I, SCÈNE I.

Quoi que de ma naissance exige la fierté,
Vous seul ferez ma joie et ma félicité;
De tout autre empereur la grandeur odieuse....

LÉON.

Mais vous l'épouserez, heureuse ou malheureuse?

PULCHÉRIE.

Ne me pressez point tant, et croyez avec moi
Qu'un choix si glorieux vous donnera ma foi,
Ou que, si le sénat à nos vœux est contraire,
Le ciel m'inspirera ce que je devrai faire.

LÉON.

Il vous inspirera quelque sage douleur,
Qui n'aura qu'un soupir à perdre en ma faveur.
Oui, de si grands rivaux....

PULCHÉRIE.

Ils ont tous des maîtresses.

LÉON.

Le trône met une ame au-dessus des tendresses.
Quand du grand Théodose on aura pris le rang,
Il y faudra placer les restes de son sang.
Il voudra, ce rival, qui que l'on puisse élire,
S'assurer par l'hymen de vos droits à l'empire.
S'il a pû faire ailleurs quelque offre de sa foi,
C'est qu'il a cru ce cœur trop prévenu pour moi :
Mais se voyant au trône, et moi dans la poussière,
Il se promettra tout de votre humeur altière;
Et, s'il met à vos pieds ce charme de vos yeux,
Il deviendra l'objet que vous verrez le mieux.

PULCHÉRIE.

Vous pourriez un peu loin pousser ma patience,

Seigneur; j'ai l'ame fière, et tant de prévoyance
Demande à la souffrir encor plus de bonté
Que vous ne m'avez vu jusqu'ici de fierté.
Je ne condamne point ce que l'amour inspire;
Mais enfin on peut craindre, et ne le point tant dire.

Je n'en tiendrai pas moins tout ce que j'ai promis.
Vous avez mes souhaits, vous aurez mes amis;
De ceux de Martian vous aurez le suffrage :
Il a, tout vieux qu'il est, plus de vertu que d'âge;
Et, s'il briguoit pour lui, ses glorieux travaux
Donneroient fort à craindre à vos plus grands rivaux.

LÉON.

Notre empire, il est vrai, n'a point de plus grand homme :
Séparez-vous du rang, madame, et je le nomme.
S'il me peut enlever celui de souverain,
Du moins je ne crains pas qu'il m'ôte votre main;
Ses vertus le pourroient; mais je vois sa vieillesse.

PULCHÉRIE.

Quoi qu'il en soit, pour vous ma bonté l'intéresse :
Il s'est plu sous mon frère à dépendre de moi,
Et je me viens encor d'assurer de sa foi.

Je vois entrer Irène; Aspar la trouve belle :
Faites agir pour vous l'amour qu'il a pour elle;
Et, comme en ce dessein rien n'est à négliger,
Voyez ce qu'une sœur vous pourra ménager.

SCÈNE II.

PULCHÉRIE, LÉON, IRÈNE.

PULCHÉRIE.
M'aiderez-vous, Irène, a couronner un frère?
IRÈNE.
Un si foible secours vous est peu nécessaire,
Madame; et le sénat....
PULCHÉRIE.
N'en agissez pas moins;
Joignez vos vœux aux miens, et vos soins à mes soins,
Et montrons ce que peut en cette conjoncture
Un amour secondé de ceux de la nature.
Je vous laisse y penser.

SCÈNE III.

LÉON, IRÈNE.

IRÈNE.
Vous ne me dites rien,
Seigneur; attendez-vous que j'ouvre l'entretien?
LÉON.
A dire vrai, ma sœur, je ne sais que vous dire.
Aspar m'aime, il vous aime : il y va de l'empire;
Et, s'il faut qu'entre nous on balance aujourd'hui,
La princesse est pour moi, le mérite est pour lui.
Vouloir qu'en ma faveur à ce grade il renonce,

C'est faire une prière indigne de réponse ;
Et de son amitié je ne puis l'exiger,
Sans vous voler un bien qu'il vous doit partager.
 C'est là ce qui me force à garder le silence :
Je me réponds pour vous à tout ce que je pense ;
Et puisque j'ai souffert qu'il ait tout votre cœur,
Je dois souffrir aussi vos soins pour sa grandeur.

IRÈNE.

J'ignore encor quel fruit je pourrois en attendre.
Pour le trône, il est sûr qu'il a droit d'y prétendre ;
Sur vous et sur tout autre il le peut emporter :
Mais qu'il m'y donne part, c'est dont j'ose douter.
Il m'aime en apparence, en effet il m'amuse ;
Jamais pour notre hymen il ne manque d'excuse ;
Et vous aime à tel point, que, si vous l'en croyez,
Il ne peut être heureux que vous ne le soyez :
Non que votre bonheur fortement l'intéresse ;
Mais sachant quel amour a pour vous la princesse,
Il veut voir quel succès aura son grand dessein,
Pour ne point m'épouser qu'en sœur de souverain :
Ainsi depuis deux ans vous voyez qu'il diffère :
Du reste à Pulchérie il prend grand soin de plaire,
Avec exactitude il suit toutes ses lois ;
Et dans ce que sous lui vous avez eu d'emplois
Votre tête aux périls à toute heure exposée
M'a pour vous et pour moi presque désabusée ;
La gloire d'un ami, la haine d'un rival,
La hasardoient peut-être avec un soin égal.
Le temps est arrivé qu'il faut qu'il se déclare ;
Et de son amitié l'effort sera bien rare

ACTE I, SCÈNE III.

Si, mis à cette épreuve, ambitieux qu'il est,
Il cherche à vous servir contre son intérêt.
Peut-être il promettra; mais, quoi qu'il vous promette,
N'en ayons pas, seigneur, l'ame moins inquiète;
Son ardeur trouvera pour vous si peu d'appui,
Qu'on le fera lui-même empereur malgré lui :
Et lors, en ma faveur quoi que l'amour oppose,
Il faudra faire grace au sang de Théodose;
Et le sénat voudra qu'il prenne d'autres yeux
Pour mettre la princesse au rang de ses aïeux.
   Son cœur suivra le sceptre en quelque main qu'il brille :
Si Martian l'obtient, il aimera sa fille;
Et l'amitié du frère et l'amour de la sœur
Céderont à l'espoir de s'en voir successeur.
En un mot, ma fortune est encor fort douteuse :
Si vous n'êtes heureux, je ne puis être heureuse;
Et je n'ai plus d'amant non plus que vous d'ami,
A moins que dans le trône il vous voie affermi.

LÉON.

Vous présumez bien mal d'un héros qui vous aime.

IRÈNE.

Je pense le connoître à l'égal de moi-même;
Mais croyez-moi, seigneur, et l'empire est à vous.

LÉON.

Ma sœur!

IRÈNE.

   Oui, vous l'aurez malgré lui, malgré tous.

LÉON.

N'y perdons aucun temps : hâtez-vous de m'instruire;
Hâtez-vous de m'ouvrir la route à m'y conduire;

Et si votre bonheur peut dépendre du mien....
IRÈNE.
Apprenez le secret de ne hasarder rien.

N'agissez point pour vous; il s'en offre trop d'autres
De qui les actions brillent plus que les vôtres,
Que leurs emplois plus hauts ont mis en plus d'éclat,
Et qui, s'il faut tout dire, ont plus servi l'état :
Vous les passez peut-être en grandeur de courage;
Mais il vous a manqué l'occasion et l'âge;
Vous n'avez commandé que sous des généraux,
Et n'êtes pas encor du poids de vos rivaux.

Proposez la princesse; elle a des avantages
Que vous verrez sur l'heure unir tous les suffrages :
Tant qu'a vécu son frère, elle a régné pour lui;
Ses ordres de l'empire ont été tout l'appui;
On vit depuis quinze ans sous son obéissance :
Faites qu'on la maintienne en sa toute-puissance,
Qu'à ce prix le sénat lui demande un époux;
Son choix tombera-t-il sur un autre que vous?
Voudroit-elle de vous une action plus belle
Qu'un respect amoureux qui veut tenir tout d'elle?
L'amour en deviendra plus fort qu'auparavant,
Et vous vous servirez vous-même en la servant.

LÉON.
Ah! que c'est me donner un conseil salutaire!
A-t-on jamais vu sœur qui servît mieux un frère?
Martian avec joie embrassera l'avis :
A peine parle-t-il que les siens sont suivis;
Et, puisqu'à la princesse il a promis un zèle
A tout oser pour moi sur l'ordre qu'il a d'elle,

ACTE I, SCÈNE III.

Comme sa créature, il fera hautement
Bien plus en sa faveur qu'en faveur d'un amant.

IRÈNE.

Pour peu qu'il vous appuie, allez, l'affaire est sûre.

LÉON.

Aspar vient : faites-lui, ma sœur, quelque ouverture ;
Voyez....

IRÈNE.

C'est un esprit qu'il faut mieux ménager ;
Nous découvrir à lui, c'est tout mettre en danger :
Il est ambitieux, adroit, et d'un mérite....

SCÈNE IV.

ASPAR, LÉON, IRÈNE.

LÉON, à *Aspar*.

Vous me pardonnez bien, seigneur, si je vous quitte ;
C'est suppléer assez à ce que je vous doi
Que vous laisser ma sœur, qui vous plaît plus que moi.

ASPAR.

Vous m'obligez, seigneur ; mais en cette occurrence
J'ai besoin avec vous d'un peu de conférence.
Du sort de l'univers nous allons décider :
L'affaire vous regarde, et peut me regarder ;
Et si tous mes amis ne s'unissent aux vôtres,
Nos partis divisés pourront céder à d'autres.
Agissons de concert ; et, sans être jaloux,
En ce grand coup d'état, vous de moi, moi de vous,
Jurons-nous que des deux qui que l'on puisse élire

Fera de son ami son collègue à l'empire;
Et, pour nous l'assurer, voyons sur qui des deux
Il est plus à propos de jeter tant de vœux;
Quel nom seroit plus propre à s'attirer le reste :
Pour moi, je suis tout prêt, et dès ici j'atteste....

LÉON.

Votre nom pour ce choix est plus fort que le mien,
Et je n'ose douter que vous n'en usiez bien.
Je craindrois de tout autre un dangereux partage;
Mais de vous je n'ai pas, seigneur, le moindre ombrage,
Et l'amitié voudroit vous en donner ma foi :
Mais c'est à la princesse à disposer de moi;
Je ne puis que par elle, et n'ose rien sans elle.

ASPAR.

Certes, s'il faut choisir l'amant le plus fidèle,
Vous l'allez emporter sur tous sans contredit :
Mais ce n'est pas, seigneur, le point dont il s'agit;
Le plus flatteur effort de la galanterie
Ne peut....

LÉON.

Que voulez-vous? j'adore Pulchérie;
Et, n'ayant rien d'ailleurs par où la mériter,
J'espère en ce doux titre, et j'aime à le porter.

ASPAR.

Mais il y va du trône, et non d'une maîtresse.

LÉON.

Je vais faire, seigneur, votre offre à la princesse;
Elle sait mieux que moi les besoins de l'état.
Adieu : je vous dirai sa réponse au sénat.

SCÈNE V.
ASPAR, IRÈNE.

IRÈNE.

Il a beaucoup d'amour.

ASPAR.

Oui, madame; et j'avoue
Qu'avec quelque raison la princesse s'en loue :
Mais j'aurois souhaité qu'en cette occasion
L'amour concertât mieux avec l'ambition,
Et que son amitié, s'en laissant moins séduire,
Ne nous exposât point à nous entre-détruire.
Vous voyez qu'avec lui j'ai voulu m'accorder.
M'aimeriez-vous encor si j'osois lui céder,
Moi, qui dois d'autant plus mes soins à ma fortune,
Que l'amour entre nous la doit rendre commune?

IRÈNE.

Seigneur, lorsque le mien vous a donné mon cœur,
Je n'ai point prétendu la main d'un empereur;
Vous pouviez être heureux, sans m'apporter ce titre :
Mais du sort de Léon Pulchérie est l'arbitre,
Et l'orgueil de son sang avec quelque raison
Ne peut souffrir d'époux à moins de ce grand nom.
Avant que ce cher frère épouse la princesse,
Il faut que le pouvoir s'unisse à la tendresse,
Et que le plus haut rang mette en leur plus beau jour
La grandeur du mérite et l'excès de l'amour.
M'aimeriez-vous assez pour n'être point contraire
A l'unique moyen de rendre heureux ce frère,

Vous qui, dans votre amour, avez pu sans ennui
Vous défendre de l'être un moment avant lui,
Et qui mériteriez qu'on vous fît mieux connoître
Que, s'il ne le devient, vous aurez peine à l'être?

ASPAR.

C'est aller un peu vite, et bientôt m'insulter
En sœur de souverain qui cherche à me quitter.
Je vous aime, et jamais une ardeur plus sincère....

IRÈNE.

Seigneur, est-ce m'aimer que de perdre mon frère?

ASPAR.

Voulez-vous que pour lui je me perde d'honneur?
Est-ce m'aimer que mettre à ce prix mon bonheur?
Moi, qu'on a vu forcer trois camps et vingt murailles,
Moi qui depuis dix ans ai gagné sept batailles,
N'ai-je acquis tant de nom que pour prendre la loi
De qui n'a commandé que sous Procope, ou moi;
Que pour m'en faire un maître, et m'attacher moi-même
Un joug honteux au front au lieu d'un diadème?

IRÈNE.

Je suis plus raisonnable, et ne demande pas
Qu'en faveur d'un ami vous descendiez si bas.
Pilade pour Oreste auroit fait davantage :
Mais de pareils efforts ne sont plus en usage,
Un grand cœur les dédaigne, et le siècle a changé;
A s'aimer de plus près on se croit obligé,
Et des vertus du temps l'ame persuadée
Hait de ces vieux héros la surprenante idée.

ASPAR.

Il y va de ma gloire, et les siècles passés....

ACTE I, SCÈNE V.

IRÈNE.

Elle n'est pas, seigneur, peut-être où vous pensez;
Et, quoi qu'un juste espoir ose vous faire croire,
S'exposer au refus, c'est hasarder sa gloire.
La princesse peut tout, ou du moins plus que vous.
Vous vous attirerez sa haine et son courroux.
Son amour l'intéresse, et son ame hautaine.....

ASPAR.

Qu'on me fasse empereur, et je crains peu sa haine.

IRÈNE.

Mais, s'il faut qu'à vos yeux un autre préféré
Monte, en dépit de vous, à ce rang adoré,
Quel déplaisir! quel trouble! et quelle ignominie
Laissera pour jamais votre gloire ternie!
Non, seigneur, croyez-moi, n'allez point au sénat,
De vos hauts faits pour vous laissez parler l'éclat.
Qu'il sera glorieux que sans briguer personne
Ils fassent à vos pieds apporter la couronne,
Que votre seul mérite emporte ce grand choix,
Sans que votre présence ait mendié de voix!
Si Procope, ou Léon, ou Martian l'emporte,
Vous n'aurez jamais eu d'ambition si forte,
Et vous désavouerez tous ceux de vos amis
Dont la chaleur pour vous se sera trop permis.

ASPAR.

A ces hauts sentiments s'il me falloit répondre,
J'aurois peine, madame, à ne me point confondre :
J'y vois beaucoup d'esprit, j'y trouve encor plus d'art;
Et, ce que j'en puis dire à la hâte et sans fard,
Dans ces grands intérêts vous montrer si savante,

C'est être bonne sœur et dangereuse amante.
L'heure me presse : adieu. J'ai des amis à voir
Qui sauront accorder ma gloire et mon devoir;
Le ciel me prêtera par eux quelque lumière
A mettre l'un et l'autre en assurance entière,
Et répondre avec joie à tout ce que je doi
A vous, à ce cher frère, à la princesse, à moi.

IRÈNE, *seule*.

Perfide, tu n'es pas encore où tu te penses.
J'ai pénétré ton cœur, j'ai vu tes espérances;
De ton amour pour moi je vois l'illusion :
Mais tu n'en sortiras qu'à ta confusion.

FIN DU PREMIER ACTE.

ACTE SECOND.

SCÈNE I.

MARTIAN, JUSTINE.

JUSTINE.
Notre illustre princesse est donc impératrice,
Seigneur?

MARTIAN.
A ses vertus on a rendu justice :
Léon l'a proposée; et, quand je l'ai suivi,
J'en ai vu le sénat au dernier point ravi;
Il a réduit soudain toutes ses voix en une,
Et s'est débarrassé de la foule importune,
Du turbulent espoir de tant de concurrents
Que la soif de régner avoit mis sur les rangs.

JUSTINE.
Ainsi voilà Léon assuré de l'empire.

MARTIAN.
Le sénat, je l'avoue, avoit peine à l'élire,
Et contre les grands noms de ses compétiteurs,
Sa jeunesse eût trouvé d'assez froids protecteurs :
Non qu'il n'ait du mérite, et que son grand courage
Ne se pût tout promettre avec un peu plus d'âge;
On n'a point vu sitôt tant de rares exploits :

Mais et l'expérience, et les premiers emplois,
Le titre éblouissant de général d'armée,
Tout ce qui peut enfin grossir la renommée,
Tout cela veut du temps; et l'amour aujourd'hui
Va faire ce qu'un jour son nom feroit pour lui.
JUSTINE.
Hélas, seigneur!
MARTIAN.
Hélas! ma fille, quel mystère
T'oblige à soupirer de ce que dit un père?
JUSTINE.
L'image de l'empire en de si jeunes mains
M'a tiré ce soupir pour l'état que je plains.
MARTIAN.
Pour l'intérêt public rarement on soupire,
Si quelque ennui secret n'y mêle son martyre;
L'un se cache sous l'autre, et fait un faux éclat;
Et jamais, à ton âge, on ne plaignit l'état.
JUSTINE.
A mon âge, un soupir semble dire qu'on aime;
Cependant vous avez soupiré tout de même,
Seigneur; et, si j'osois vous le dire à mon tour....
MARTIAN.
Ce n'est point à mon âge à soupirer d'amour,
Je le sais; mais enfin chacun a sa foiblesse.
Aimerois-tu Léon?
JUSTINE.
Aimez-vous la princesse?
MARTIAN.
Oublie en ma faveur que tu l'as deviné,

Et démens un soupçon qu'un soupir t'a donné.
L'amour en mes pareils n'est jamais excusable;
Pour peu qu'on s'examine, on s'en tient méprisable,
On s'en hait; et ce mal, qu'on n'ose découvrir,
Fait encor plus de peine à cacher qu'à souffrir :
Mais t'en faire l'aveu, c'est n'en faire à personne;
La part que le respect, que l'amitié t'y donne,
Et tout ce que le sang en attire sur toi,
T'imposent de le taire une éternelle loi.
J'aime, et depuis dix ans ma flamme et mon silence
Font à mon triste cœur égale violence :
J'écoute la raison, j'en goûte les avis,
Et les mieux écoutés sont les plus mal suivis.
Cent fois en moins d'un jour je guéris et retombe;
Cent fois je me révolte, et cent fois je succombe :
Tant ce calme forcé, que j'étudie en vain,
Près d'un si rare objet s'évanouit soudain!

JUSTINE.

Mais pourquoi lui donner vous-même la couronne,
Quand à son cher Léon c'est donner sa personne?

MARTIAN.

Apprends que, dans un âge usé comme le mien,
Qui n'ose souhaiter ni même accepter rien,
L'amour hors d'intérêt s'attache à ce qu'il aime,
Et, n'osant rien pour soi, le sert contre soi-même.

JUSTINE.

N'ayant rien prétendu, de quoi soupirez-vous?

MARTIAN.

Pour ne prétendre rien on n'est pas moins jaloux;
Et ces desirs, qu'éteint le déclin de la vie,

N'empêchent pas de voir avec un œil d'envie,
Quand on est d'un mérite à pouvoir faire honneur,
Et qu'il faut qu'un autre âge emporte le bonheur.
Que le moindre retour vers nos belles années
Jette alors d'amertume en nos ames gênées!
Que n'ai-je vu le jour quelques lustres plus tard!
Disois-je; en ses bontés peut-être aurois-je part,
Si le ciel n'opposoit auprès de la princesse
A l'excès de l'amour le manque de jeunesse;
De tant et tant de cœurs qu'il force à l'adorer
Devois-je être le seul qui ne pût espérer?

J'aimois quand j'étois jeune, et ne déplaisois guère :
Quelquefois de soi-même on cherchoit à me plaire;
Je pouvois aspirer au cœur le mieux placé :
Mais, hélas! j'étois jeune, et ce temps est passé;
Le souvenir en tue, et l'on ne l'envisage
Qu'avec, s'il le faut dire, une espèce de rage;
On le repousse, on fait cent projets superflus :
Le trait qu'on porte au cœur s'enfonce d'autant plus;
Et ce feu, que de honte on s'obstine à contraindre,
Redouble par l'effort qu'on se fait pour l'éteindre.

JUSTINE.

Instruit que vous étiez des maux que fait l'amour,
Vous en pouviez, seigneur, empêcher le retour,
Contre toute sa ruse être mieux sur vos gardes.

MARTIAN.

Et l'ai-je regardé comme tu le regardes,
Moi, qui me figurois que ma caducité
Près de la beauté même étoit en sûreté?
Je m'attachois sans crainte à servir la princesse,

Fier de mes cheveux blancs, et fort de ma foiblesse;
Et quand je ne pensois qu'à remplir mon devoir,
Je devenois amant sans m'en apercevoir.
Mon ame de ce feu nonchalamment saisie
Ne l'a point reconnu que par ma jalousie;
Tout ce qui l'approchoit vouloit me l'enlever,
Tout ce qui lui parloit cherchoit à m'en priver;
Je tremblois qu'à leurs yeux elle ne fût trop belle;
Je les haïssois tous comme plus dignes d'elle,
Et ne pouvois souffrir qu'on s'enrichît d'un bien
Que j'enviois à tous sans y prétendre rien.
  Quel supplice d'aimer un objet adorable,
Et de tant de rivaux se voir le moins aimable!
D'aimer plus qu'eux ensemble, et n'oser de ses feux,
Quelques ardents qu'ils soient, se promettre autant qu'eux!
On auroit deviné mon amour par ma peine,
Si la peur que j'en eus n'avoit fui tant de gêne :
L'auguste Pulchérie avoit beau me ravir,
J'attendois à la voir qu'il la fallût servir :
Je fis plus, de Léon j'appuyai l'espérance;
La princesse l'aima, j'en eus la confiance,
Et la dissuadai de se donner à lui
Qu'il ne fût de l'empire ou le maître ou l'appui.
Ainsi, pour éviter un hymen si funeste,
Sans rendre heureux Léon, je détruisois le reste;
Et, mettant un long terme au succès de l'amour,
J'espérois de mourir avant ce triste jour.
  Nous y voilà, ma fille, et du moins j'ai la joie
D'avoir à son triomphe ouvert l'unique voie.
J'en mourrai du moment qu'il recevra sa foi,

Mais dans cette douceur qu'ils tiendront tout de moi,
J'ai caché si long-temps l'ennui qui me dévore,
Qu'en dépit que j'en aie enfin il s'évapore;
L'aigreur en diminue à te le raconter:
Fais-en autant du tien; c'est mon tour d'écouter.

JUSTINE.

Seigneur, un mot suffit pour ne vous en rien taire:
Le même astre a vu naître et la fille et le père;
Ce mot dit tout. Souffrez qu'une imprudente ardeur,
Prête à s'évaporer, respecte ma pudeur.
Je suis jeune, et l'amour trouvoit une ame tendre
Qui n'avoit ni le soin ni l'art de se défendre:
La princesse, qui m'aime et m'ouvroit ses secrets,
Lui prêtoit contre moi d'inévitables traits,
Et toutes les raisons dont s'appuyoit sa flamme
Étoient autant de dards qui me traversoient l'ame.
Je pris, sans y penser, son exemple pour loi:
Un amant digne d'elle est trop digne de moi,
Disois-je; et, s'il brûloit pour moi comme pour elle,
Avec plus de bonté je recevrois son zéle.
Plus elle m'en peignoit les rares qualités,
Plus d'une douce erreur mes sens étoient flattés.
D'un illustre avenir l'infaillible présage
Qu'on voit si hautement écrit sur son visage,
Son nom que je voyois croître de jour en jour,
Pour moi comme pour elle étoient dignes d'amour:
Je les voyois d'accord d'un heureux hyménée,
Mais nous n'en étions pas encore à la journée:
Quelque obstacle imprévu rompra de si doux nœuds,
Ajoutois-je; et le temps éteint les plus beaux feux.

C'est ce qui m'inspiroit l'aimable rêverie
Dont jusqu'à ce grand jour ma flamme s'est nourrie;
Mon cœur, qui ne vouloit désespérer de rien,
S'en faisoit à toute heure un charmant entretien.

Qu'on rêve avec plaisir, quand notre ame blessée
Autour de ce qu'elle aime est toute ramassée!
Vous le savez, seigneur, et comme à tous propos
Un doux je ne sais quoi trouble notre repos;
Un sommeil inquiet sur de confus nuages
Élève incessamment de flatteuses images,
Et sur leur vain rapport fait naître des souhaits
Que le réveil admire et ne dédit jamais.

Ainsi, près de tomber dans un malheur extrême,
J'en écartois l'idée en m'abusant moi-même :
Mais il faut renoncer à des abus si doux;
Et je me vois, seigneur, au même état que vous.

MARTIAN.

Tu peux aimer ailleurs, et c'est un avantage
Que n'ose se promettre un amant de mon âge.
Choisis qui tu voudras, je saurai l'obtenir.
Mais écoutons Aspar que j'aperçois venir.

SCÈNE II.

ASPAR, MARTIAN, JUSTINE.

ASPAR.

Seigneur, votre suffrage a réuni les nôtres;
Votre voix a plus fait que n'auroient fait cent autres :
Mais j'apprends qu'on murmure, et doute si le choix
Que fera la princesse aura toutes les voix.

MARTIAN.

Et qui fait présumer de son incertitude
Qu'il aura quelque chose ou d'amer ou de rude?

ASPAR.

Son amour pour Léon : elle en fait son époux,
Aucun n'en veut douter.

MARTIAN.

Je le crois comme eux tous.
Qu'y trouve-t-on à dire, et quelle défiance....

ASPAR.

Il est jeune, et l'on craint son peu d'expérience.
Considérez, seigneur, combien c'est hasarder :
Qui n'a fait qu'obéir saura mal commander;
On n'a point vu sous lui d'armée ou de province....

MARTIAN.

Jamais un bon sujet ne devint mauvais prince;
Et, si le ciel en lui répond mal à nos vœux,
L'auguste Pulchérie en sait assez pour deux.
Rien ne nous surprendra de voir la même chose

Où nos yeux se sont faits quinze ans sous Théodose :
C'étoit un prince foible, un esprit mal tourné;
Cependant avec elle il a bien gouverné.

ASPAR.

Cependant nous voyons six généraux d'armée
Dont au commandement l'ame est accoutumée.
Voudront-ils recevoir un ordre souverain
De qui l'a jusqu'ici toujours pris de leur main?
Seigneur, il est bien dur de se voir sous un maître
Dont on le fut toujours et dont on devroit l'être.

MARTIAN.

Et qui m'assurera que ces six généraux
Se réuniront mieux sous un de leurs égaux?
Plus un pareil mérite aux grandeurs nous appelle,
Et plus la jalousie aux grands est naturelle.

ASPAR.

Je les tiens réunis, seigneur, si vous voulez.
Il est, il est encor des noms plus signalés :
J'en sais qui leur plairoient; et, s'il vous faut plus dire,
Avouez-en mon zéle, et je vous fais élire.

MARTIAN.

Moi, seigneur, dans un âge où la tombe m'attend!
Un maître pour deux jours n'est pas ce qu'on prétend.
Je sais le poids d'un sceptre, et connois trop mes forces
Pour être encor sensible à ces vaines amorces.
Les ans, qui m'ont usé l'esprit comme le corps,
Abattroient tous les deux sous les moindres efforts;
Et ma mort, que par là vous verriez avancée,
Rendroit à tant d'égaux leur première pensée,
Et feroit une triste et prompte occasion

De rejeter l'état dans la division.
ASPAR.
Pour éviter les maux qu'on en pourroit attendre
Vous pourriez partager vos soins avec un gendre,
L'installer dans le trône, et le nommer César.
MARTIAN.
Il faudroit que ce gendre eût les vertus d'Aspar;
Mais vous aimez ailleurs, et ce seroit un crime
Que de rendre infidèle un cœur si magnanime.
ASPAR.
J'aime et ne me sens pas capable de changer;
Mais d'autres vous diroient que, pour vous soulager,
Quand leur amour iroit jusqu'à l'idolâtrie,
Ils le sacrifieroient au bien de la patrie.
JUSTINE.
Certes, qui m'aimeroit pour le bien de l'état
Ne me trouveroit pas, seigneur, un cœur ingrat,
Et je lui rendrois grace au nom de tout l'empire:
Mais vous êtes constant; et, s'il vous faut plus dire,
Quoi que le bien public jamais puisse exiger,
Ce ne sera pas moi qui vous ferai changer.
MARTIAN.
Revenons à Léon. J'ai peine à bien comprendre
Quels malheurs d'un tel choix nous aurions lieu d'attendre.
Quiconque vous verra le mari de sa sœur,
S'il ne le craint assez, craindra son défenseur;
Et, si vous me comptez encor pour quelque chose,
Mes conseils agiront comme sous Théodose.
ASPAR.
Nous en pourrons tous deux avoir le démenti.

MARTIAN.

C'est à faire à périr pour le meilleur parti :
Il ne m'en peut coûter qu'une mourante vie
Que l'âge et ses chagrins m'auront bientôt ravie.
　Pour vous, qui d'un autre œil regardez ce danger,
Vous avez plus à vivre et plus à ménager ;
Et je n'empêche pas qu'auprès de la princesse
Votre zéle n'éclate autant qu'il s'intéresse.
Vous pouvez l'avertir de ce que vous croyez,
Lui dire de ce choix ce que vous prévoyez,
Lui proposer sans fard celui qu'elle doit faire :
La vérité lui plaît, et vous pourrez lui plaire.
Je changerai comme elle alors de sentiments,
Et tiens mon ame prête à ses commandements.

ASPAR.

Parmi les vérités il en est de certaines
Qu'on ne dit point en face aux têtes souveraines,
Et qui veulent de nous un tour, un ascendant,
Qu'aucun ne peut trouver qu'un ministre prudent ;
Vous ferez mieux valoir ces marques d'un vrai zéle :
M'en ouvrant avec vous je m'acquitte envers elle ;
Et n'ayant rien de plus qui m'amène en ce lieu,
Je vous en laisse maître, et me retire. Adieu.

SCÈNE III.

MARTIAN, JUSTINE.

MARTIAN.

Le dangereux esprit ! et qu'avec peu de peine

Il manqueroit d'amour et de foi pour Irène!
Des rivaux de Léon il est le plus jaloux,
Et roule des projets qu'il ne dit pas à tous.

JUSTINE.

Il n'a pour but, seigneur, que le bien de l'empire.
Détrônez la princesse, et faites-vous élire :
C'est un amant pour moi que je n'attendois pas,
Qui vous soulagera du poids de tant d'états.

MARTIAN.

C'est un homme, et je veux qu'un jour il t'en souvienne,
C'est un homme à tout perdre, à moins qu'on le prévienne.
Mais Léon vient déjà nous vanter son bonheur :
Arme-toi de constance et prépare un grand cœur ;
Et, quelque émotion qui trouble ton courage,
Contre tout son désordre affermis ton visage.

SCÈNE IV.

LÉON, MARTIAN, JUSTINE.

LÉON.

L'auriez-vous cru jamais, seigneur? je suis perdu.

MARTIAN.

Seigneur, que dites-vous? ai-je bien entendu?

LÉON.

Je le suis sans ressource, et rien plus ne me flatte.
J'ai revu Pulchérie, et n'ai vu qu'une ingrate :
Quand je crois l'acquérir, c'est lors que je la perds,
Et me détruis moi-même alors que je la sers.

ACTE II, SCÈNE IV.

MARTIAN.

Expliquez-vous, seigneur, parlez en confiance;
Fait-elle un autre choix?

LÉON.

Non, mais elle balance :
Elle ne me veut pas encor désespérer,
Mais elle prend du temps pour en délibérer.
Son choix n'est plus pour moi, puisqu'elle le diffère :
L'amour n'est point le maître alors qu'on délibère;
Et je ne saurois plus me promettre sa foi,
Moi, qui n'ai que l'amour qui lui parle pour moi.
Ah! madame....

JUSTINE.

Seigneur....

LÉON.

Auriez-vous pu le croire?

JUSTINE.

L'amour qui délibère est sûr de sa victoire;
Et quand d'un vrai mérite il s'est fait un appui,
Il n'est point de raisons qui ne parlent pour lui.
Souvent il aime à voir un peu d'impatience,
Il feint de reculer, lorsque plus il avance;
Ce moment d'amertume en rend les fruits plus doux.
Aimez, et laissez faire une ame toute à vous.

LÉON.

Toute à moi! mon malheur n'est que trop véritable;
J'en ai prévu le coup, je le sens qui m'accable.
Plus elle m'assuroit de son affection,
Plus je me faisois peur de son ambition;
Je ne savois des deux quelle étoit la plus forte :

Mais, il n'est que trop vrai, l'ambition l'emporte;
Et, si son cœur encor lui parle en ma faveur,
Son trône me dédaigne en dépit de son cœur.
　　Seigneur, parlez pour moi; parlez pour moi, madame;
Vous pouvez tout sur elle, et lisez dans son ame:
Peignez-lui bien mes feux, retracez-lui les siens;
Rappelez dans son cœur leurs plus doux entretiens;
Et, si vous concevez de quelle ardeur je l'aime,
Faites-lui souvenir qu'elle m'aimoit de même.
Elle-même a brigué pour me voir souverain;
J'étois sans ce grand titre indigne de sa main:
Mais si je ne l'ai pas ce titre qui l'enchante,
Seigneur, à qui tient-il qu'à son humeur changeante?
Son orgueil contre moi doit-il s'en prévaloir,
Quand pour me voir au trône elle n'a qu'à vouloir?
Le sénat n'a pour elle appuyé mon suffrage
Qu'afin que d'un beau feu ma grandeur fût l'ouvrage:
Il sait depuis quel temps il lui plaît de m'aimer;
Et, quand il l'a nommée, il a cru me nommer.
　　Allez, seigneur, allez empêcher son parjure;
Faites qu'un empereur soit votre créature.
Que je vous céderois ce grand titre aisément,
Si vous pouviez sans lui me rendre heureux amant!
Car enfin mon amour n'en veut qu'à sa personne,
Et n'a d'ambition que ce qu'on m'en ordonne.

　　　　　　　　MARTIAN.
Nous allons, et tous deux, seigneur, lui faire voir
Qu'elle doit mieux user de l'absolu pouvoir.
Modérez cependant l'excès de votre peine.
Remettez vos esprits dans l'entretien d'Irène.

LÉON.

D'Irène? et ses conseils m'ont trahi, m'ont perdu.
MARTIAN.
Son zéle pour un frère a fait ce qu'il a dû.
Pouvoit-elle prévoir cette supercherie
Qu'a faite à votre amour l'orgueil de Pulchérie?
J'ose en parler ainsi, mais ce n'est qu'entre nous.
Nous lui rendrons l'esprit plus traitable et plus doux,
Et vous rapporterons son cœur et ce grand titre.
Allez.
LÉON.
Entre elle et moi que n'êtes-vous l'arbitre!
Adieu : c'est de vous seul que je puis recevoir
De quoi garder encor quelque reste d'espoir.

SCÈNE V.

MARTIAN, JUSTINE.

MARTIAN.
Justine, tu le vois ce bienheureux obstacle
Dont ton amour sembloit pressentir le miracle.
Je ne te défends point en cette occasion
De prendre un peu d'espoir sur leur division;
Mais garde-toi d'avoir une ame assez hardie
Pour faire à leur amour la moindre perfidie :
Le mien de ce revers s'applique tant de part,
Que j'espère en mourir quelques moments plus tard.
Mais de quel front enfin leur donner à connoître
Les périls d'un amour que nous avons vu naître,

Dont nous avons été tous deux les confidents,
Et peut-être formé les traits les plus ardents?
De tous leurs déplaisirs c'est nous rendre coupables :
Servons-les en amis, en amants véritables;
Le véritable amour n'est point intéressé.
Allons, j'achèverai comme j'ai commencé :
Suis l'exemple, et fais voir qu'une ame généreuse
Trouve dans sa vertu de quoi se rendre heureuse,
D'un sincère devoir fait son unique bien,
Et jamais ne s'expose à se reprocher rien.

FIN DU SECOND ACTE.

ACTE TROISIÈME.

SCÈNE I.

PULCHÉRIE, MARTIAN, JUSTINE.

PULCHÉRIE.

Je vous ai dit mon ordre : allez, seigneur, de grace,
Sauvez mon triste cœur du coup qui le menace;
Mettez tout le sénat dans ce cher intérêt.

MARTIAN.

Madame, il sait assez combien Léon vous plaît,
Et le nomme assez haut alors qu'il vous défère
Un choix que votre amour vous a déja fait faire.

PULCHÉRIE.

Que ne m'en fait-il donc une obligeante loi :
Ce n'est pas le choisir que s'en remettre à moi,
C'est attendre l'issue à couvert de l'orage;
Si l'on m'en applaudit, ce sera son ouvrage;
Et, si j'en suis blâmée, il n'y veut point de part.
En doute du succès, il en fuit le hasard;
Et, lorsque je l'en veux garant vers tout le monde,
Il veut qu'à l'univers moi seule j'en réponde.
Ainsi m'abandonnant au choix de mes souhaits,
S'il est des mécontents, moi seule je les fais;
Et je devrai moi seule apaiser le murmure
De ceux à qui ce choix semblera faire injure,

Prévenir leur révolte, et calmer les mutins
Qui porteront envie à nos heureux destins.

MARTIAN.

Aspar vous aura vue, et cette ame chagrine....

PULCHÉRIE.

Il m'a vue, et j'ai vu quel chagrin le domine;
Mais il n'a pas laissé de me faire juger
Du choix que fait mon cœur quel sera le danger.
Il part de bons avis quelquefois de la haine;
On peut tirer du fruit de tout ce qui fait peine;
Et des plus grands desseins qui veut venir à bout
Prête l'oreille à tous et fait profit de tout.

MARTIAN.

Mais vous avez promis, et la foi qui vous lie....

PULCHÉRIE.

Je suis impératrice, et j'étois Pulchérie.
De ce trône, ennemi de mes plus doux souhaits,
Je regarde l'amour comme un de mes sujets;
Je veux que le respect qu'il doit à ma couronne
Repousse l'attentat qu'il fait sur ma personne;
Je veux qu'il m'obéisse, au lieu de me trahir;
Je veux qu'il donne à tous l'exemple d'obéir;
Et, jalouse déja de mon pouvoir suprême,
Pour l'affermir sur tous, je le prends sur moi-même.

MARTIAN.

Ainsi donc ce Léon qui vous étoit si cher....

PULCHÉRIE.

Je l'aime d'autant plus qu'il m'en faut détacher.

MARTIAN.

Seroit-il à vos yeux moins digne de l'empire

ACTE III, SCÈNE I.

Qu'alors que vous pressiez le sénat de l'élire?
PULCHÉRIE.
Il falloit qu'on le vît des yeux dont je le voi,
Que de tout son mérite on convînt avec moi,
Et que par une estime éclatante et publique
On mît l'amour d'accord avec la politique.
J'aurois déja rempli l'espoir d'un si beau feu,
Si le choix du sénat m'en eût donné l'aveu;
J'aurois pris le parti dont il me faut défendre;
Et si jusqu'à Léon je n'ose plus descendre,
Il m'étoit glorieux, le voyant souverain,
De remonter au trône en lui donnant la main.
MARTIAN.
Votre cœur tiendra bon pour lui contre tous autres.
PULCHÉRIE.
S'il a ces sentiments, ce ne sont pas les vôtres;
Non, seigneur, c'est Léon, c'est son juste courroux,
Ce sont ses déplaisirs qui s'expliquent par vous :
Vous prêtez votre bouche, et n'êtes pas capable
De donner à ma gloire un conseil qui l'accable.
MARTIAN.
Mais ses rivaux ont-ils plus de mérite?
PULCHÉRIE.
Non :
Mais ils ont plus d'emploi, plus de rang, plus de nom;
Et, si de ce grand choix ma flamme est la maîtresse,
Je commence à régner par un trait de foiblesse.
MARTIAN.
Et tenez-vous fort sûr qu'une légèreté
Donnera plus d'éclat à votre dignité?

Pardonnez-moi ce mot s'il a trop de franchise.
Le peuple aura peut-être une ame moins soumise :
Il aime à censurer ceux qui lui font la loi,
Et vous reprochera jusqu'au manque de foi.

PULCHÉRIE.

Je vous ai déja dit ce qui m'en justifie :
Je suis impératrice, et j'étois Pulchérie.
J'ose vous dire plus ; Léon a des jaloux,
Qui n'en font pas, seigneur, même estime que nous.
Pour surprenant que soit l'essai de son courage,
Les vertus d'empereur ne sont point de son age :
Il est jeune, et chez eux c'est un si grand défaut,
Que ce mot prononcé détruit tout ce qu'il vaut.
Si donc j'en fais le choix, je paroîtrai le faire
Pour régner sous son nom ainsi que sous mon frère :
Vous-même, qu'ils ont vu sous lui dans un emploi
Où vos conseils régnoient autant et plus que moi,
Ne donnerez-vous point quelque lieu de vous dire
Que vous n'aurez voulu qu'un fantôme à l'empire,
Et que dans un tel choix vous vous serez flatté
De garder en vos mains toute l'autorité ?

MARTIAN.

Ce n'est pas mon dessein, madame ; et s'il faut dire
Sur le choix de Léon ce que le ciel m'inspire,
Dès cet heureux moment qu'il sera votre époux,
J'abandonne Bysance et prends congé de vous,
Pour aller, dans le calme et dans la solitude,
De la mort qui m'attend faire l'heureuse étude.
Voilà comme j'aspire à gouverner l'état.
Vous m'avez commandé d'assembler le sénat ;

ACTE III, SCÈNE I.

J'y vais, madame.

PULCHÉRIE.

Quoi! Martian m'abandonne
Quand il faut sur ma tête affermir la couronne!
Lui, de qui le grand cœur, la prudence, la foi....

MARTIAN.

Tout le prix que j'en veux, c'est de mourir à moi.

SCÈNE II.

PULCHÉRIE, JUSTINE.

PULCHÉRIE.

Que me dit-il, Justine, et de quelle retraite
Ose-t-il menacer l'hymen qu'il me souhaite?
De Léon près de moi ne se fait-il l'appui
Que pour mieux dédaigner de me servir sous lui?
Le hait-il? le craint-il? et par quelle autre cause....

JUSTINE.

Qui que vous épousiez, il voudra même chose.

PULCHÉRIE.

S'il étoit dans un âge à prétendre ma foi,
Comme il seroit de tous le plus digne de moi,
Ce qu'il donne à penser auroit quelque apparence:
Mais les ans l'ont dû mettre en entière assurance.

JUSTINE.

Que savons-nous, madame? est-il dessous les cieux
Un cœur impénétrable au pouvoir de vos yeux?
Ce qu'ils ont d'habitude à faire des conquêtes
Trouve à prendre vos fers les ames toujours prêtes;

L'âge n'en met aucune à couvert de leurs traits :
Non que sur Martian j'en sache les effets ;
Il m'a dit comme à vous que ce grand hyménée
L'enverra loin d'ici finir sa destinée ;
Et, si j'ose former quelques soupçons confus,
Je parle en général, et ne sais rien de plus.
 Mais pour votre Léon êtes-vous résolue
A le perdre aujourd'hui de puissance absolue ?
Car ne l'épouser pas, c'est le perdre en effet.

PULCHÉRIE.

Pour te montrer la gêne où son nom seul me met,
Souffre que je t'explique en faveur de sa flamme
La tendresse du cœur après la grandeur d'ame.
 Léon seul est ma joie, il est mon seul desir ;
Je n'en puis choisir d'autre, et n'ose le choisir :
Depuis trois ans unie à cette chère idée,
J'en ai l'ame à toute heure, en tous lieux, obsédée ;
Rien n'en détachera mon cœur que le trépas,
Encore après ma mort n'en répondrois-je pas,
Et si dans le tombeau le ciel permet qu'on aime,
Dans le fond du tombeau je l'aimerai de même.
Trône qui m'éblouis, titres qui me flattez,
Pourrez-vous me valoir ce que vous me coûtez ?
Et de tout votre orgueil la pompe la plus haute
A-t-elle un bien égal à celui qu'elle m'ôte ?

JUSTINE.

Et vous pouvez penser à prendre un autre époux ?

PULCHÉRIE.

Ce n'est pas, tu le sais, à quoi je me résous.
Si ma gloire à Léon me défend de me rendre,

De tout autre que lui l'amour sait me défendre.
Qu'il est fort cet amour! sauve-m'en, si tu peux;
Vois Léon, parle-lui, dérobe-moi ses vœux:
M'en faire un prompt larcin, c'est me rendre un service
Qui saura m'arracher des bords du précipice:
Je le crains, je me crains, s'il n'engage sa foi,
Et je suis trop à lui tant qu'il est tout à moi.
Sens-tu d'un tel effort ton amitié capable?
Ce héros n'a-t-il rien qui te paroisse aimable?
Au pouvoir de tes yeux j'unirai mon pouvoir:
Parle; que résous-tu de faire?

JUSTINE.

Mon devoir.
Je sors d'un sang, madame, à me rendre assez vaine
Pour attendre un époux d'une main souveraine;
Et n'ayant point d'amour que pour ma liberté,
S'il la faut immoler à votre sûreté,
J'oserai.... Mais voici ce cher Léon, madame;
Voulez-vous....

PULCHÉRIE.

Laisse-moi consulter mieux mon ame;
Je ne sais pas encor trop bien ce que je veux:
Attends un nouvel ordre, et suspends tous tes vœux.

SCÈNE III.

PULCHÉRIE, LÉON, JUSTINE.

PULCHÉRIE.

Seigneur, qui vous ramène? est-ce l'impatience

D'ajouter à mes maux ceux de votre présence,
De livrer tout mon cœur à de nouveaux combats ;
Et souffré-je trop peu quand je ne vous vois pas ?
LÉON.
Je viens savoir mon sort.
PULCHÉRIE.
N'en soyez point en doute ;
Je vous aime et nous plains : c'est là me peindre toute,
C'est tout ce que je sens ; et si votre amitié
Sentoit pour mes malheurs quelque trait de pitié,
Elle m'épargneroit cette fatale vue,
Qui me perd, m'assassine, et vous-même vous tue.
LÉON.
Vous m'aimez, dites-vous ?
PULCHÉRIE.
Plus que jamais.
LÉON.
Hélas !
Je souffrirois bien moins si vous ne m'aimiez pas.
Pourquoi m'aimer encor seulement pour me plaindre ?
PULCHÉRIE.
Comment cacher un feu que je ne puis éteindre ?
LÉON.
Vous l'étouffez du moins sous l'orgueil scrupuleux
Qui fait seul tous les maux dont nous mourons tous deux.
Ne vous en plaignez point, le vôtre est volontaire ;
Vous n'avez que celui qu'il vous plaît de vous faire ;
Et ce n'est pas pour être aux termes d'en mourir
Que d'en pouvoir guérir dès qu'on s'en veut guérir.

PULCHÉRIE.

Moi seule je me fais les maux dont je soupire!
A-ce été sous mon nom que j'ai brigué l'empire?
Ai-je employé mes soins, mes amis, que pour vous?
Ai-je cherché par là qu'à vous voir mon époux?
Quoi! votre déférence à mes efforts s'oppose!
Elle rompt mes projets, et seule j'en suis cause!
M'avoir fait obtenir plus qu'il ne m'étoit dû,
C'est ce qui m'a perdue, et qui vous a perdu.
Si vous m'aimiez, seigneur, vous me deviez mieux croire,
Ne pas intéresser mon devoir et ma gloire;
Ce sont deux ennemis que vous nous avez faits,
Et que tout notre amour n'apaisera jamais.

Vous m'accablez en vain de soupirs, de tendresse;
En vain mon triste cœur en vos maux s'intéresse,
Et vous rend, en faveur de nos communs desirs,
Tendresse pour tendresse, et soupirs pour soupirs:
Lorsqu'à des feux si beaux je rends cette justice,
C'est l'amante qui parle; oyez l'impératrice.

Ce titre est votre ouvrage, et vous me l'avez dit:
D'un service si grand votre espoir s'applaudit,
Et s'est fait en aveugle un obstacle invincible
Quand il a cru se faire un succès infaillible.
Appuyé de mes soins, assuré de mon cœur,
Il falloit m'apporter la main d'un empereur,
M'élever jusqu'à vous en heureuse sujette;
Ma joie étoit entière, et ma gloire parfaite:
Mais puis-je avec ce nom même chose pour vous?
Il faut nommer un maître, et choisir un époux;

C'est la loi qu'on m'impose, ou plutôt c'est la peine
Qu'on attache aux douceurs de me voir souveraine.
Je sais que le sénat, d'une commune voix,
Me laisse avec respect la liberté du choix;
Mais il attend de moi celui du plus grand homme
Qui respire aujourd'hui dans l'une et l'autre Rome·
Vous l'êtes, j'en suis sûre; et toutefois, hélas!
Un jour on le croira, mais....

LÉON.

On ne le croit pas,
Madame; il faut encor du temps et des services;
Il y faut du destin quelques heureux caprices,
Et que la renommée, instruite en ma faveur,
Séduisant l'univers, impose à ce grand cœur.
Cependant, admirez comme un amant se flatte;
J'avois cru votre gloire un peu moins délicate;
J'avois cru mieux répondre à ce que je vous doi
En tenant tout de vous, qu'en vous l'offrant en moi;
Et qu'auprès d'un objet que l'amour sollicite
Ce même amour pour moi tiendroit lieu de mérite.

PULCHÉRIE.

Oui; mais le tiendra-t-il auprès de l'univers
Qui sur un si grand choix tient tous ses yeux ouverts?
Peut-être le sénat n'ose encor vous élire,
Et, si je m'y hasarde, osera m'en dédire;
Peut-être qu'il s'apprête à faire ailleurs sa cour
Du honteux désaveu qu'il garde à notre amour:
Car, ne nous flattons point, ma gloire inexorable
Me doit au plus illustre, et non au plus aimable;
Et plus ce rang m'élève, et plus sa dignité

M'en fait avec hauteur une nécessité.

LÉON.

Rabattez ces hauteurs où tout le cœur s'oppose,
Madame, et pour tous deux hasardez quelque chose :
Tant d'orgueil et d'amour ne s'accordent pas bien ;
Et c'est ne point aimer que ne hasarder rien.

PULCHÉRIE.

S'il n'y faut que mon sang, je veux bien vous en croire ;
Mais c'est trop hasarder qu'y hasarder ma gloire ;
Et plus je ferme l'œil aux périls que j'y cours,
Plus je vois que c'est trop qu'y hasarder vos jours.
Ah ! si la voix publique enfloit votre espérance
Jusqu'à me demander pour vous la préférence,
Si des noms que la gloire à l'envi me produit
Le plus cher à mon cœur faisoit le plus de bruit,
Qu'aisément à ce bruit on me verroit souscrire,
Et remettre en vos mains ma personne et l'empire !
Mais l'empire vous fait trop d'illustres jaloux :
Dans le fond de ce cœur je vous préfère à tous ;
Vous passez les plus grands, mais ils sont plus en vue :
Vos vertus n'ont point eu toute leur étendue ;
Et le monde, ébloui par des noms trop fameux,
N'ose espérer de vous ce qu'il présume d'eux.

Vous aimez, vous plaisez ; c'est tout auprès des femmes ;
C'est par là qu'on surprend, qu'on enlève leurs ames :
Mais, pour remplir un trône et s'y faire estimer,
Ce n'est pas tout, seigneur, que de plaire et d'aimer.
La plus ferme couronne est bientôt ébranlée
Quand un effort d'amour semble l'avoir volée ;
Et pour garder un rang si cher à nos desirs

Il faut un plus grand art que celui des soupirs.
Ne vous abaissez pas à la honte des larmes;
Contre un devoir si fort ce sont de foibles armes;
Et si de tels secours vous couronnoient ailleurs,
J'aurois pitié d'un sceptre acheté par des pleurs.

LÉON.

Ah! madame, aviez-vous de si fières pensées,
Quand vos bontés pour moi se sont intéressées?
Me disiez-vous alors que le gouvernement
Demandoit un autre art que celui d'un amant?
Si le sénat eût joint ses suffrages au vôtre,
J'en aurois paru digne autant ou plus qu'un autre:
Ce grand art de régner eût suivi tant de voix;
Et vous-même....

PULCHÉRIE.

Oui, seigneur, j'aurois suivi ce choix,
Sûre que le sénat, jaloux de son suffrage,
Contre tout l'univers maintiendroit son ouvrage.
Tel contre vous et moi s'osera révolter,
Qui contre un si grand corps craindroit de s'emporter;
Et, méprisant en moi ce que l'amour m'inspire,
Respecteroit en lui le démon de l'empire.

LÉON.

Mais l'offre qu'il vous fait d'en croire tous vos vœux....

PULCHÉRIE.

N'est qu'un refus moins rude, et plus respectueux.

LÉON.

Quelles illusions de gloire chimérique,
Quels farouches égards de dure politique,
Dans ce cœur tout à moi, mais qu'en vain j'ai charmé,

ACTE III, SCÈNE III.

Me font le plus aimable et le moins estimé?

PULCHÉRIE.

Arrêtez : mon amour ne vient que de l'estime.
Je vous vois un grand cœur, une vertu sublime,
Une ame, une valeur dignes de mes aïeux;
Et si tout le sénat avoit les mêmes yeux....

LÉON.

Laissons là le sénat, et m'apprenez, de grace,
Madame, à quel heureux je dois quitter la place,
Qui je dois imiter pour obtenir un jour
D'un orgueil souverain le prix d'un juste amour.

PULCHÉRIE.

J'aurai peine à choisir, choisissez-le vous-même
Cet heureux, et nommez qui vous voulez que j'aime;
Mais vous souffrez assez, sans devenir jaloux.
J'aime; et si ce grand choix ne peut tomber sur vous,
Aucun autre du moins, quelque ordre qu'on m'en donne,
Ne se verra jamais maître de ma personne :
Je le jure en vos mains, et j'y laisse mon cœur.
N'attendez rien de plus, à moins d'être empereur;
Mais j'entends empereur comme vous devez l'être,
Par le choix d'un sénat qui vous prenne pour maître,
Qui d'un état si grand vous fasse le soutien,
Et d'un commun suffrage autorise le mien.
Je le fais rassembler exprès pour vous élire,
Ou me laisser moi seule à gouverner l'empire,
Et ne plus m'asservir à ce dangereux choix,
S'il ne me veut pour vous donner toutes ses voix.
Adieu, seigneur, je crains de n'être plus maîtresse
De ce que vos regards m'inspirent de foiblesse,

Et que ma peine, égale à votre déplaisir,
Ne coûte à mon amour quelque indigne soupir.

SCÈNE IV.

LÉON, JUSTINE.

LÉON.

C'est trop de retenue, il est temps que j'éclate.
Je ne l'ai point nommée ambitieuse, ingrate;
Mais le sujet enfin va céder à l'amant,
Et l'excès du respect au juste emportement.
Dites-le-moi, madame; a-t-on vu perfidie
Plus noire au fond de l'ame, au-dehors plus hardie?
A-t-on vu plus d'étude attacher la raison
A l'indigne secours de tant de trahison?
Loin d'en baisser les yeux, l'orgueilleuse en fait gloire;
Elle nous l'ose peindre en illustre victoire..
L'honneur et le devoir eux seuls la font agir!
Et, m'étant plus fidèle, elle auroit à rougir!

JUSTINE.

La gêne qu'elle en souffre égale bien la vôtre:
Pour vous, elle renonce à choisir aucun autre;
Elle-même en vos mains en a fait le serment.

LÉON.

Illusion nouvelle, et pur amusement!
Il n'est, madame, il n'est que trop de conjonctures
Où les nouveaux serments sont de nouveaux parjures.
Qui sait l'art de régner les rompt avec éclat,
Et ne manque jamais de cent raisons d'état.

JUSTINE.

Mais si vous la piquiez d'un peu de jalousie,
Seigneur, si vous brouilliez par là sa fantaisie,
Son amour mal éteint pourroit vous rappeler,
Et sa gloire auroit peine à vous laisser aller.

LÉON.

Me soupçonneriez-vous d'avoir l'ame assez basse
Pour employer la feinte à tromper ma disgrace?
Je suis jeune, et j'en fais trop mal ici ma cour
Pour joindre à ce défaut un faux éclat d'amour.

JUSTINE.

L'agréable défaut, seigneur, que la jeunesse!
Et que de vos jaloux l'importune sagesse,
Toute fière qu'elle est, le voudroit racheter
De tout ce qu'elle croit et croira mériter!
Mais si feindre en amour à vos yeux est un crime,
Portez sans feinte ailleurs votre plus tendre estime;
Punissez tant d'orgueil par de justes dédains,
Et mettez votre cœur en de plus sûres mains.

LÉON.

Vous voyez qu'à son rang elle me sacrifie,
Madame, et vous voulez que je la justifie;
Qu'après tous les mépris qu'elle montre pour moi,
Je lui prête un exemple à me voler sa foi!

JUSTINE.

Aimez, à cela près, et, sans vous mettre en peine
Si c'est justifier ou punir l'inhumaine,
Songez que, si vos vœux en étoient mal reçus,
On pourroit avec joie accepter ses refus.
L'honneur qu'on se feroit à vous détacher d'elle

Rendroit cette conquête et plus noble et plus belle.
Plus il faut de mérite à vous rendre inconstant,
Plus en auroit de gloire un cœur qui vous attend :
Car peut-être en est-il que la princesse même
Condamne à vous aimer dès que vous direz, J'aime.
Adieu. C'en est assez pour la première fois.

LÉON.

O ciel, délivre-moi du trouble où tu me vois!

FIN DU TROISIÈME ACTE.

ACTE QUATRIÈME.

SCÈNE I.

JUSTINE, IRÈNE.

JUSTINE.

Non, votre cher Aspar n'aime point la princesse;
Ce n'est que pour le rang que tout son cœur s'empresse;
Et, si l'on eût choisi mon père pour César,
J'aurois déjà les vœux de cet illustre Aspar.
Il s'en est expliqué tantôt en ma présence;
Et tout ce que pour elle il a de complaisance,
Tout ce qu'il lui veut faire ou craindre ou dédaigner,
Ne doit être imputé qu'à l'ardeur de régner.
 Pulchérie a des yeux qui percent le mystère,
Et le croit plus rival qu'ami de ce cher frère;
Mais comme elle balance, elle écoute aisément
Tout ce qui peut d'abord flatter son sentiment.
Voilà ce que j'en sais.

IRÈNE.

Je ne suis point surprise
De tout ce que d'Aspar m'apprend votre franchise.
Vous ne m'en dites rien que ce que j'en ai dit
Lorsqu'à Léon tantôt j'ai dépeint son esprit;
Et j'en ai pénétré l'ambition secréte

Jusques à pressentir l'offre qu'il vous a faite.
Puisqu'enfin je m'attache à qui ne m'aime pas,
Il faut avec honneur franchir ce mauvais pas;
Il faut, à son exemple, avoir ma politique,
Trouver à ma disgrace une face héroïque;
Donner à ce divorce une illustre couleur,
Et, sous de beaux dehors, dévorer ma douleur.
Dites-moi cependant que deviendra mon frère?
D'un si parfait amour que faut-il qu'il espère?

JUSTINE.

On l'aime, et fortement, et bien plus qu'on ne veut;
Mais, pour s'en détacher, on fait tout ce qu'on peut.
Faut-il vous dire tout? On m'a commandé même
D'essayer contre lui l'art et le stratagème.
On me devra beaucoup, si je puis l'ébranler;
On me donne son cœur, si je le puis voler;
Et déja, pour essai de mon obéissance,
J'ai porté quelque attaque, et fait un peu d'avance.
Vous pouvez bien juger comme il a rebuté,
Fidèle amant qu'il est, cette importunité;
Mais, pour peu qu'il vous plût appuyer l'artifice,
Cet appui tiendroit lieu d'un signalé service.

IRÈNE.

Ce n'est point un service à prétendre de moi,
Que de porter mon frère à garder mal sa foi;
Et, quand à vous aimer j'aurois su le réduire,
Quel fruit son changement pourroit-il lui produire?
Vous qui ne l'aimez point, pourriez-vous l'accepter?

JUSTINE.

Léon ne sauroit être un homme à rejeter;

Et l'on voit si souvent, après la foi donnée,
Naître un parfait amour d'un pareil hyménée,
Que, si de son côté j'y voyois quelque jour,
J'espérerois bientôt de l'aimer à mon tour.

IRÈNE.

C'est trop et trop peu dire. Est-il encore à naître
Cet amour? est-il né?

JUSTINE.

Cela pourroit bien être.
Ne l'examinons point avant qu'il en soit temps;
L'occasion viendra peut-être, et je l'attends.

IRÈNE.

Et vous servez Léon auprès de la princesse?

JUSTINE.

Avec sincérité pour lui je m'intéresse;
Et, si j'en étois crue, il auroit le bonheur
D'en obtenir la main, comme il en a le cœur.
J'obéis cependant aux ordres qu'on me donne,
Et souffrirois ses vœux, s'il perdoit la couronne.
Mais la princesse vient.

SCÈNE II.

PULCHÉRIE, IRÈNE, JUSTINE.

PULCHÉRIE.

Que fait ce malheureux,
Irène?

IRÈNE.

Ce qu'on fait dans un sort rigoureux

Il soupire, il se plaint.

PULCHÉRIE.

De moi?

IRÈNE.

De sa fortune.

PULCHÉRIE.

Est-il bien convaincu qu'elle nous est commune;
Qu'ainsi que lui du sort j'accuse la rigueur?

IRÈNE.

Je ne pénètre point jusqu'au fond de son cœur;
Mais je sais qu'au dehors sa douleur vous respecte:
Elle se tait de vous.

PULCHÉRIE.

Ah! qu'elle m'est suspecte!
Un modeste reproche à ses maux siéroit bien;
C'est me trop accuser que de n'en dire rien.
M'auroit-il oubliée, et déja dans son ame
Effacé tous les traits d'une si belle flamme?

IRÈNE.

C'est par là qu'il devroit soulager ses ennuis,
Madame; et de ma part j'y fais ce que je puis.

PULCHÉRIE.

Ah! ma flamme n'est pas à tel point affoiblie,
Que je puisse endurer, Irène, qu'il m'oublie.
Fais-lui, fais-lui plutôt soulager son ennui
A croire que je souffre autant et plus que lui.
C'est une vérité que j'ai besoin qu'il croie
Pour mêler à mes maux quelque inutile joie,
Si l'on peut nommer joie une triste douceur
Qu'un digne amour conserve en dépit du malheur.

ACTE IV, SCÈNE II.

L'ame qui l'a saisie en est toujours charmée;
Et, même en n'aimant plus, il est doux d'être aimée.

JUSTINE.

Vous souvient-il encor de me l'avoir donné,
Madame; et ce doux soin dont votre esprit gêné....

PULCHÉRIE.

Souffre un reste d'amour qui me trouble et m'accable.
Je ne t'en ai point fait un don irrévocable :
Mais, je te le redis, dérobe-moi ses vœux;
Séduis, enléve-moi son cœur, si tu le peux.
J'ai trop mis à l'écart celui d'impératrice;
Reprenons avec lui ma gloire et mon supplice :
C'en est un, et bien rude, à moins que le sénat
Mette d'accord ma flamme et le bien de l'état.

IRÈNE.

N'est-ce point avilir votre pouvoir suprême
Que mendier ailleurs ce qu'il peut de lui-même?

PULCHÉRIE.

Irène, il te faudroit les mêmes yeux qu'à moi
Pour voir la moindre part de ce que je prévoi.
Épargne à mon amour la douleur de te dire
A quels troubles ce choix hasarderoit l'empire :
Je l'ai déja tant dit, que mon esprit lassé
N'en sauroit plus souffrir le portrait retracé.
Ton frère a l'ame grande, intrépide, sublime;
Mais d'un peu de jeunesse on lui fait un tel crime,
Que, si tant de vertus n'ont que moi pour appui,
En faire un empereur, c'est me perdre avec lui.

IRÈNE.

Quel ordre a pu du trône exclure la jeunesse?

Quel astre à nos beaux jours enchaîne la foiblesse?
Les vertus, et non l'âge, ont droit à ce haut rang;
Et, n'étoit le respect qu'imprime votre sang,
Je dirois que Léon vaudroit bien Théodose.

PULCHÉRIE.

Sans doute; et toutefois ce n'est pas même chose.
Foible qu'étoit ce prince à régir tant d'états,
Il avoit des appuis que ton frère n'a pas :
L'empire en sa personne étoit héréditaire;
Sa naissance le tint d'un aïeul et d'un père;
Il régna dès l'enfance, et régna sans jaloux,
Estimé d'assez peu, mais obéi de tous.
Léon peut succéder aux droits de la puissance,
Mais non pas au bonheur de cette obéissance;
Tant ce trone, où l'amour par ma main l'auroit mis,
Dans mes premiers sujets lui feroit d'ennemis!
Tout ce qu'ont vu d'illustre et la paix et la guerre,
Aspire à ce grand nom de maître de la terre;
Tous regardent l'empire ainsi qu'un bien commun
Que chacun veut pour soi tant qu'il n'est à pas un.
Pleins de leur renommée, enflés de leurs services,
Combien ce choix pour eux aura-t-il d'injustices,
Si ma flamme obstinée et ses odieux soins
L'arrêtent sur celui qu'ils estiment le moins!
Léon est d'un mérite à devenir leur maître;
Mais, comme c'est l'amour qui m'aide à le connoître,
Tout ce qui contre nous s'osera mutiner
Dira que je suis seule à me l'imaginer.

IRÈNE.

C'est donc en vain pour lui qu'on prie et qu'on espère?

ACTE IV, SCÈNE II.

PULCHÉRIE.

Je l'aime, et sa personne à mes yeux est bien chère ;
Mais, si le ciel pour lui n'inspire le sénat,
Je sacrifierai tout au bonheur de l'état.

IRÈNE.

Que pour vous imiter j'aurois l'ame ravie
D'immoler à l'état le bonheur de ma vie !
Madame, ou de Léon faites-nous un César,
Ou portez ce grand choix sur le fameux Aspar :
Je l'aime, et ferois gloire, en dépit de ma flamme,
De faire un maître à tous de celui de mon ame ;
Et, pleurant pour le frère en ce grand changement,
Je m'en consolerois à voir régner l'amant.
Des deux têtes qu'au monde on me voit les plus chères
Élevez l'une ou l'autre au trône de vos pères ;
Daignez.....

PULCHÉRIE.

Aspar seroit digne d'un tel honneur,
Si vous pouviez, Irène, un peu moins sur son cœur.
J'aurois trop à rougir, si, sous le nom de femme,
Je le faisois régner sans régner dans son ame :
Si j'en avois le titre, et vous tout le pouvoir,
Et qu'entre nous ma cour partageât son devoir.

IRÈNE.

Ne l'appréhendez pas ; de quelque ardeur qu'il m'aime,
Il est plus à l'état, madame, qu'à lui-même.

PULCHÉRIE.

Je le crois comme vous, et que sa passion
Regarde plus l'état que vous, moi, ni Léon.
C'est vous entendre, Irène, et vous parler sans feindre :

Je vois ce qu'il projette, et ce qu'il en faut craindre.
L'aimez-vous?

IRÈNE.

Je l'aimai quand je crus qu'il m'aimoit;
Je voyois sur son front un air qui me charmoit :
Mais, depuis que le temps m'a fait mieux voir sa flamme,
J'ai presque éteint la mienne et dégagé mon ame.

PULCHÉRIE.

Achevez. Tel qu'il est voulez-vous l'épouser?

IRÈNE.

Oui, madame, ou du moins le pouvoir refuser.
Après deux ans d'amour il y va de ma gloire :
L'affront seroit trop grand, et la tache trop noire,
Si, dans la conjoncture où l'on est aujourd'hui,
Il m'osoit regarder comme indigne de lui.
Ses desseins vont plus haut; et voyant qu'il vous aime,
Bien que peut-être moins que votre diadème,
Je n'ai vu rien en moi qui le pût retenir;
Et je ne vous l'offrois que pour le prévenir.
C'est ainsi que j'ai cru me mettre en assurance
Par l'éclat généreux d'une fausse apparence :
Je vous cédois un bien que je ne puis garder,
Et qu'à vous seule enfin ma gloire peut céder.

PULCHÉRIE.

Reposez-vous sur moi. Votre Aspar vient.

SCÈNE III.

PULCHÉRIE, ASPAR, IRÈNE, JUSTINE.

ASPAR.

Madame,
Déjà sur vos desseins j'ai lu dans plus d'une ame,
Et crois de mon devoir de vous mieux avertir
De ce que sur tous deux on m'a fait pressentir.
J'espère pour Léon, et j'y fais mon possible;
Mais j'en prévois, madame, un murmure infaillible,
Qui pourra se borner à quelque émotion,
Et peut aller plus loin que la sédition..

PULCHÉRIE.

Vous en savez l'auteur : parlez ; qu'on le punisse;
Que moi-même au sénat j'en demande justice.

ASPAR.

Peut-être est-ce quelqu'un que vous pourriez choisir,
S'il vous falloit ailleurs tourner votre desir,
Et dont le choix illustre à tel point sauroit plaire,
Que nous n'aurions à craindre aucun parti contraire.
Comme à vous le nommer, ce seroit fait de lui,
Ce seroit à l'empire ôter un ferme appui,
Et livrer un grand cœur à sa perte certaine,
Quand il n'est pas encor digne de votre haine.

PULCHÉRIE.

On me fait mal sa cour avec de tels avis,
Qui, sans nommer personne, en nomment plus de dix.
Je hais l'empressement de ces devoirs sincères,

Qui ne jette en l'esprit que de vagues chimères;
Et, ne me présentant qu'un obscur avenir,
Me donne tout à craindre, et rien à prévenir.

ASPAR.

Le besoin de l'état est souvent un mystère
Dont la moitié se dit, et l'autre est bonne à taire.

PULCHÉRIE.

Il n'est souvent aussi qu'un pur fantôme en l'air
Que de secrets ressorts font agir et parler,
Et s'arrête où le fixe une ame prévenue,
Qui, pour ses intérêts, le forme et le remue.
Des besoins de l'état si vous êtes jaloux,
Fiez-vous-en à moi, qui les vois mieux que vous.
Martian, comme vous, à vous parler sans feindre,
Dans le choix de Léon voit quelque chose à craindre :
Mais il m'apprend de qui je dois me défier;
Et je puis, si je veux, me le sacrifier.

ASPAR.

Qui nomme-t-il, madame?

PULCHÉRIE.

Aspar, c'est un mystère
Dont la moitié se dit, et l'autre est bonne à taire.
Si l'on hait tant Léon, du moins réduisez-vous
A faire qu'on m'admette à régner sans époux.

ASPAR.

Je ne l'obtiendrai point, la chose est sans exemple.

PULCHÉRIE.

La matière au vrai zéle en est d'autant plus ample;
Et vous en montrerez de plus rares effets
En obtenant pour moi ce qu'on n'obtint jamais.

ASPAR.

Oui; mais qui voulez-vous que le sénat vous donne,
Madame, si Léon...?

PULCHÉRIE.

Ou Léon, ou personne.
A l'un de ces deux points amenez les esprits.
Vous adorez Irène, Irène est votre prix;
Je la laisse avec vous, afin que votre zèle
S'allume à ce beau feu que vous avez pour elle.
Justine, suivez-moi.

SCÈNE IV.

ASPAR, IRÈNE.

IRÈNE.

Ce prix qu'on vous promet
Sur votre ame, seigneur, doit faire peu d'effet.
La mienne, tout acquise à votre ardeur sincère,
Ne peut à ce grand cœur tenir lieu de salaire;
Et l'amour à tel point vous rend maître du mien,
Que me donner à vous, c'est ne vous donner rien.

ASPAR.

Vous dites vrai, madame; et du moins j'ose dire
Que me donner un cœur au-dessous de l'empire,
Un cœur qui me veut faire une honteuse loi,
C'est ne me donner rien qui soit digne de moi.

IRÈNE.

Indigne que je suis d'une foi si douteuse,
Vous fais-je quelque loi qui puisse être honteuse?

Et si Léon devoit l'empire à votre appui,
Lui qui vous y feroit le premier après lui,
Auriez-vous à rougir de l'en avoir fait maître,
Seigneur, vous qui voyez que vous ne pouvez l'être?
Mettez-vous, j'y consens, au-dessus de l'amour,
Si, pour monter au trône, il s'offre quelque jour.
Qu'à ce glorieux titre un amant soit volage,
Je puis l'en estimer, l'en aimer d'avantage,
Et voir avec plaisir la belle ambition
Triompher d'une ardente et longue passion.
L'objet le plus charmant doit céder à l'empire.
Régnez; j'en dédirai mon cœur s'il en soupire.
Vous ne m'en croyez pas, seigneur; et toutefois
Vous régneriez bientôt si l'on suivoit ma voix.
Apprenez à quel point pour vous je m'intéresse.
Je viens de vous offrir moi-même à la princesse;
Et je sacrifiois mes plus chères ardeurs
A l'honneur de vous mettre au faîte des grandeurs.
Vous savez sa réponse, « Ou Léon ou personne. »

ASPAR.

C'est agir en amante et généreuse et bonne :
Mais, sûre d'un refus qui doit rompre le coup,
La générosité ne coûte pas beaucoup.

IRÈNE.

Vous voyez les chagrins où cette offre m'expose,
Et ne me voulez pas devoir la moindre chose!
Ah! si j'osois, seigneur, vous appeler ingrat!

ASPAR.

L'offre sans doute est rare, et feroit grand éclat,
Si, pour mieux m'éblouir, vous aviez eu l'adresse

ACTE IV, SCÈNE IV.

D'ébranler tant soit peu l'esprit de la princesse.
Elle est impératrice, et d'un seul « Je le veux, »
Elle peut de Léon faire un monarque heureux :
Qu'a-t-il besoin de moi, lui qui peut tout sur elle?

IRÈNE.

N'insultez point, seigneur, une flamme si belle;
L'amour, las de gémir sous des raisons d'état,
Pourroit n'en croire pas tout-à-fait le sénat.

ASPAR.

L'amour n'a qu'à parler : le sénat, quoi qu'on pense,
N'aura que du respect et de la déférence;
Et de l'air dont la chose a déja pris son cours,
Léon pourra se voir empereur pour trois jours.

IRÈNE.

Trois jours peuvent suffire à faire bien des choses :
La cour en moins de temps voit cent métamorphoses;
En moins de temps un prince, à qui tout est permis,
Peut rendre ce qu'il doit aux vrais et faux amis.

ASPAR.

L'amour qui parle ainsi ne paroît pas fort tendre.
Mais je vous aime assez pour ne vous pas entendre;
Et dirai toutefois, sans m'en embarrasser,
Qu'il est un peu bien tôt pour vous de menacer.

IRÈNE.

Je ne menace point, seigneur; mais je vous aime
Plus que moi, plus encor que ce cher frère même.
L'amour tendre est timide, et craint pour son objet,
Dès qu'il lui voit former un dangereux projet.

ASPAR.

Vous m'aimez, je le crois; du moins cela peut être.

Mais de quelle façon le faites-vous connoître?
L'amour inspire-t-il ce rare empressement
De voir régner un frère aux dépens d'un amant?

IRÈNE.

Il m'inspire à regret la peur de votre perte.
Régnez, je vous l'ai dit, la porte en est ouverte.
Vous avez du mérite, et je manque d'appas;
Dédaignez, quittez-moi; mais ne vous perdez pas.
Pour le salut d'un frère ai-je si peu d'alarmes,
Qu'il y faille ajouter d'autres sujets de larmes?
C'est assez que pour vous j'ose en vain soupirer;
Ne me réduisez point, seigneur, à vous pleurer.

ASPAR.

Gardez, gardez vos pleurs pour ceux qui sont à plaindre :
Puisque vous m'aimez tant, je n'ai point lieu de craindre.
Quelque peine qu'on doive à ma témérité,
Votre main qui m'attend fera ma sûreté;
Et contre le courroux le plus inexorable
Elle me servira d'asile inviolable.

IRÈNE.

Vous la voudrez peut-être, et la voudrez trop tard.
Ne vous exposez point, seigneur, à ce hasard;
Je doute si j'aurois toujours même tendresse,
Et pourrois de ma main n'être pas la maîtresse.
Je vous parle sans feindre; et ne sais point railler
Lorsqu'au salut commun il nous faut travailler.

ASPAR.

Et je veux bien aussi vous répondre sans feindre;
J'ai pour vous un amour à ne jamais s'éteindre,
Madame; et, dans l'orgueil que vous-même approuvez,

L'amitié de Léon a ses droits conservés :
Mais ni cette amitié, ni cet amour si tendre,
Quelques soins, quelque effort qu'il vous plaise en attendre,
Ne me verront jamais l'esprit persuadé
Que je doive obéir à qui j'ai commandé,
A qui, si j'en puis croire un cœur qui vous adore,
J'aurai droit, et long-temps, de commander encore.
Ma gloire, qui s'oppose à cet abaissement,
Trouve en tous mes égaux le même sentiment.
Ils ont fait la princesse arbitre de l'empire :
Qu'elle épouse Léon, tous sont prêts d'y souscrire;
Mais je ne réponds pas d'un long respect en tous,
A moins qu'il associe aussitôt l'un de nous.
La chose est peu nouvelle, et je ne vous propose
Que ce que l'on a fait pour le grand Théodose.
C'est par là que l'empire est tombé dans ce sang
Si fier de sa naissance et si jaloux du rang.
Songez sur cet exemple à vous rendre justice,
A me faire empereur pour être impératrice :
Vous avez du pouvoir, madame; usez-en bien;
Et pour votre intérêt attachez-vous au mien.

IRÈNE.

Léon dispose-t-il du cœur de la princesse?
C'est un cœur fier et grand; le partage la blesse;
Elle veut tout ou rien; et dans ce haut pouvoir
Elle éteindra l'amour plutôt que d'en déchoir.
Près d'elle avec le temps nous pourrons davantage :
Ne pressons point, seigneur, un si juste partage.

ASPAR.

Vous le voudrez peut-être, et le voudrez trop tard :

Ne laissez point long-temps nos destins au hasard.
J'attends de votre amour cette preuve nouvelle.
Adieu, madame.

IRÈNE.

Adieu. L'ambition est belle;
Mais vous n'êtes, seigneur, avec ce sentiment,
Ni véritable ami, ni véritable amant.

FIN DU QUATRIÈME ACTE.

ACTE CINQUIÈME.

SCÈNE I.

PULCHÉRIE, JUSTINE.

PULCHÉRIE.

Justine, plus j'y pense, et plus je m'inquiète :
Je crains de n'avoir plus une amour si parfaite,
Et que, si de Léon on me fait un époux,
Un bien si desiré ne me soit plus si doux.
Je ne sais si le rang m'auroit fait changer d'âme;
Mais je tremble à penser que je serois sa femme,
Et qu'on n'épouse point l'amant le plus chéri
Qu'on ne se fasse un maître aussitôt qu'un mari.
J'aimerois à régner avec l'indépendance
Que des vrais souverains s'assure la prudence;
Je voudrois que le ciel inspirât au sénat
De me laisser moi seule à gouverner l'état,
De m'épargner ce maître, et vois d'un œil d'envie
Toujours Sémiramis, et toujours Zénobie.
On triompha de l'une : et pour Sémiramis,
Elle usurpa le nom et l'habit de son fils;
Et sous l'obscurité d'une longue tutelle,
Cet habit et ce nom régnoient tous deux plus qu'elle.

Mais mon cœur de leur sort n'en est pas moins jaloux;
C'étoit régner enfin, et régner sans époux.
Le triomphe n'en fait qu'affermir la mémoire;
Et le déguisement n'en détruit point la gloire.

JUSTINE.

Que les choses bientôt prendroient un autre tour
Si le sénat prenoit le parti de l'amour!
Que bientôt.... Mais je vois Aspar avec mon père.

PULCHÉRIE.

Sachons d'eux quel destin le ciel vient de me faire.

SCÈNE II.

PULCHÉRIE, ASPAR, MARTIAN, JUSTINE.

MARTIAN.

Madame, le sénat nous députe tous deux
Pour vous jurer encor qu'il suivra tous vos vœux.
Après qu'entre vos mains il a remis l'empire,
C'est faire un attentat que de vous rien prescrire;
Et son respect vous prie une seconde fois
De lui donner vous seule un maître à votre choix.

PULCHÉRIE.

Il pouvoit le choisir.

MARTIAN.

Il s'en défend l'audace,
Madame; et sur ce point il vous demande grace.

PULCHÉRIE.

Pourquoi donc m'en fait-il une nécessité?

MARTIAN.

Pour donner plus de force à votre autorité.

PULCHÉRIE.

Son zéle est grand pour elle : il faut le satisfaire,
Et lui mieux obéir qu'il n'a daigné me plaire.

Sexe, ton sort en moi ne peut se démentir :
Pour être souveraine il faut m'assujettir,
En montant sur le trône entrer dans l'esclavage,
Et recevoir des lois de qui me rend hommage.

Allez, dans quelques jours je vous ferai savoir
Le choix que par son ordre aura fait mon devoir.

ASPAR.

Il tiendroit à faveur et bien haute et bien rare
De le savoir, madame, avant qu'il se sépare.

PULCHÉRIE.

Quoi! pas un seul moment pour en délibérer!
Mais je ferois un crime à le plus différer;
Il vaut mieux, pour essai de ma toute-puissance,
Montrer un digne effet de pleine obéissance.
Retirez-vous, Aspar; vous aurez votre tour.

SCÈNE III.

PULCHÉRIE, MARTIAN, JUSTINE.

PULCHÉRIE.

On m'a dit que pour moi vous aviez de l'amour,
Seigneur; seroit-il vrai?

MARTIAN.

Qui vous l'a dit, madame?

PULCHÉRIE.

Vos services, mes yeux, le trouble de votre ame,
L'exil que mon hymen vous devoit imposer;
Sont-ce là des témoins, seigneur, à récuser?

MARTIAN.

C'est donc à moi, madame, à confesser mon crime.
L'amour naît aisément du zèle et de l'estime;
Et l'assiduité près d'un charmant objet
N'attend point notre aveu pour faire son effet.
Il m'est honteux d'aimer; il vous l'est d'être aimée
D'un homme dont la vie est déjà consumée,
Qui ne vit qu'à regret depuis qu'il a pu voir
Jusqu'où ses yeux charmés ont trahi son devoir.
Mon cœur, qu'un si long âge en mettoit hors d'alarmes,
S'est vu livré par eux à ces dangereux charmes.
En vain, madame, en vain je m'en suis défendu;
En vain j'ai su me taire après m'être rendu :
On m'a forcé d'aimer, on me force à le dire.
Depuis plus de dix ans je languis, je soupire,
Sans que, de tout l'excès d'un si long déplaisir
Vous ayez pu surprendre une larme, un soupir :
Mais enfin la langueur qu'on voit sur mon visage
Est encor plus l'effet de l'amour que de l'âge.
Il faut faire un heureux; le jour n'en est pas loin :
Pardonnez à l'horreur d'en être le témoin,
Si mes maux, et ce feu digne de votre haine,
Cherchent dans un exil leur remède, et sa peine.
Adieu. Vivez heureuse : et si tant de jaloux....

PULCHÉRIE.

Ne partez pas, seigneur, je les tromperai tous;

ACTE V, SCÈNE III.

Et puisque de ce choix aucun ne me dispense,
Il est fait, et de tel à qui pas un ne pense.

MARTIAN.

Quel qu'il soit, il sera l'arrêt de mon trépas,
Madame.

PULCHÉRIE.

Encore un coup, ne vous éloignez pas.
Seigneur, jusques ici vous m'avez bien servie;
Vos lumières ont fait tout l'éclat de ma vie;
La vôtre s'est usée à me favoriser :
Il faut encor plus faire, il faut...

MARTIAN.

Quoi?

PULCHÉRIE.

M'épouser.

MARTIAN.

Moi, madame?

PULCHÉRIE.

Oui, seigneur; c'est le plus grand service
Que vos soins puissent rendre à votre impératrice.
Non qu'en m'offrant à vous je réponde à vos feux
Jusques à souhaiter des fils et des neveux :
Mon aïeul, dont par-tout les hauts faits retentissent,
Voudra bien qu'avec moi ses descendants finissent,
Que j'en sois la dernière, et ferme dignement
D'un si grand empereur l'auguste monument.
Qu'on ne prétende plus que ma gloire s'expose
A laisser des Césars du sang de Théodose.
Qu'ai-je à faire de race à me déshonorer,
Moi qui n'ai que trop vu ce sang dégénérer;

Et que, s'il est fécond en illustres princesses,
Dans les princes qu'il forme il n'a que des foiblesses?
　　Ce n'est pas que Léon, choisi pour souverain,
Pour me rendre à mon rang n'eût obtenu ma main;
Mon amour, à ce prix, se fût rendu justice :
Mais puisqu'on m'a sans lui nommée impératrice,
Je dois à ce haut rang d'assez nobles projets
Pour n'admettre en mon lit aucun de mes sujets.
Je ne veux plus d'époux, mais il m'en faut une ombre,
Qui des Césars pour moi puisse grossir le nombre;
Un mari qui, content d'être au-dessus des rois,
Me donne ses clartés, et dispense mes lois;
Qui, n'étant en effet que mon premier ministre,
Pare ce que sous moi l'on craindroit de sinistre,
Et, pour tenir en bride un peuple sans raison,
Paroisse mon époux, et n'en ait que le nom.
　　Vous m'entendez, seigneur, et c'est assez vous dire.
Prêtez-moi votre main, je vous donne l'empire :
Éblouissons le peuple, et vivons entre nous
Comme s'il n'étoit point d'épouse ni d'époux.
Si ce n'est posséder l'objet de votre flamme,
C'est vous rendre du moins le maître de son ame,
L'ôter à vos rivaux, vous mettre au-dessus d'eux,
Et de tous mes amants vous voir le plus heureux.

　　　　　　　　MARTIAN.

Madame...

　　　　　　　PULCHÉRIE.
　　　　　　A vos hauts faits je dois ce grand salaire;
Et j'acquitte envers vous et l'état et mon frère.

MARTIAN.

Auroit-on jamais cru, madame....

PULCHÉRIE.

Allez, seigneur,
Allez en plein sénat faire voir l'empereur.
Il demeure assemblé pour recevoir son maître :
Alléz-y de ma part vous faire reconnoître ;
Ou, si votre souhait ne répond pas au mien,
Faites grace à mon sexe, et ne m'en dites rien.

MARTIAN.

Souffrez qu'à vos genoux, madame....

PULCHÉRIE.

Allez, vous dis-je :
Je m'oblige encor plus que je ne vous oblige ;
Et mon cœur, qui vous vient d'ouvrir ses sentiments,
N'en veut ni de refus ni de remerciements.
Faites entrer Aspar.

SCÈNE IV.

PULCHÉRIE, ASPAR, JUSTINE.

PULCHÉRIE.

Que faites-vous d'Irène ?
Quand l'épouserez-vous ? Ce mot vous fait-il peine ?
Vous ne répondez point !

ASPAR.

Non, madame, et je doi
Ce respect aux bontés que vous avez pour moi.

Qui se tait obéit.

PULCHÉRIE.

J'aime assez qu'on s'explique.
Les silences de cour ont de la politique.
Sitôt que nous parlons, qui consent applaudit,
Et c'est en se taisant que l'on nous contredit.
Le temps m'éclaircira de ce que je soupçonne.
Cependant j'ai fait choix de l'époux qu'on m'ordonne.
Léon vous faisoit peine, et j'ai dompté l'amour
Pour vous donner un maître admiré dans la cour,
Adoré dans l'armée, et que de cet empire
Les plus fermes soutiens feroient gloire d'élire :
C'est Martian.

ASPAR.

Tout vieil et tout cassé qu'il est!

PULCHÉRIE.

Tout vieil et tout cassé je l'épouse; il me plaît.
J'ai mes raisons. Au reste il a besoin d'un gendre
Qui partage avec lui les soins qu'il lui faut prendre,
Qui soutienne des ans penchés dans le tombeau,
Et qui porte sous lui la moitié du fardeau.
Qui jugeriez-vous propre à remplir cette place?
Une seconde fois vous paroissez de glace!

ASPAR.

Madame, Aréobinde et Procope tous deux
Ont engagé leur cœur et formé d'autres vœux:
Sans cela je dirois...

PULCHÉRIE.

Et sans cela moi-même
J'éleverois Aspar à cet honneur suprême;

Mais quand il seroit homme à pouvoir aisément
Renoncer aux douceurs de son attachement,
Justine n'auroit pas une ame assez hardie
Pour accepter un cœur noirci de perfidie;
Et vous regarderoit comme un volage esprit
Toujours prêt à donner où la fortune rit.
N'en savez-vous aucun de qui l'ardeur fidéle...

ASPAR.

Madame, vos bontés choisiront mieux pour elle;
Comme pour Martian elles nous ont surpris,
Elles sauront encor surprendre nos esprits.
Je vous laisse en résoudre.

PULCHÉRIE.

Allez; et pour Irène
Si vous ne sentez rien en l'ame qui vous gêne,
Ne faites plus douter de vos longues amours,
Ou je dispose d'elle avant qu'il soit deux jours.

SCÈNE V.

PULCHÉRIE, JUSTINE.

PULCHÉRIE.

Ce n'est pas encor tout, Justine; je veux faire
Le malheureux Léon successeur de ton père.
Y contribueras-tu? prêteras-tu la main
Au glorieux succès d'un si noble dessein?

JUSTINE.

Et la main et le cœur sont en votre puissance,
Madame; doutez-vous de mon obéissance,

Après que par votre ordre il m'a déja coûté
Un conseil contre vous qui doit l'avoir flatté?
PULCHÉRIE.
Achevons, le voici. Je réponds de ton père;
Son cœur est trop à moi pour nous être contraire.

SCÈNE VI.

PULCHÉRIE, LÉON, JUSTINE.

LÉON.
Je me le disois bien que vos nouveaux serments,
Madame, ne seroient que des amusements.
PULCHÉRIE.
Vous commencez d'un air...
LÉON.
J'achèverai de même,
Ingrate! ce n'est plus ce Léon qui vous aime;
Non, ce n'est plus...
PULCHÉRIE.
Sachez...
LÉON.
Je ne veux rien savoir,
Et je n'apporte ici ni respect ni devoir.
L'impétueuse ardeur d'une rage inquiète
N'y vient que mériter la mort que je souhaite;
Et les emportements de ma juste fureur
Ne m'y parlent de vous que pour m'en faire horreur.
Oui, comme Pulchérie et comme impératrice,
Vous n'avez eu pour moi que détour, qu'injustice :

ACTE V, SCÈNE VI.

Si vos fausses bontés ont su me décevoir,
Vos serments m'ont réduit au dernier désespoir.

PULCHÉRIE.

Ah, Léon!

LÉON.

Par quel art que je ne puis comprendre,
Forcez-vous d'un soupir ma fureur à se rendre?
Un coup d'œil en triomphe; et, dès que je vous voi,
Il ne me souvient plus de vos manques de foi!
Ma bouche se refuse à vous nommer parjure,
Ma douleur se défend jusqu'au moindre murmure;
Et l'affreux désespoir qui m'amène en ces lieux
Cède au plaisir secret d'y mourir à vos yeux.
J'y vais mourir, madame; et d'amour, non de rage;
De mon dernier soupir recevez l'humble hommage;
Et, si de votre rang la fierté le permet,
Recevez-le, de grace, avec quelque regret.
Jamais fidèle ardeur n'approcha de ma flamme,
Jamais frivole espoir ne flatta mieux une ame;
Je ne méritois pas qu'il eût aucun effet,
Ni qu'un amour si pur se vît mieux satisfait.
Mais quand vous m'avez dit: « Quelque ordre qu'on me donne,
« Nul autre ne sera maître de ma personne, »
J'ai dû me le promettre; et toutefois, hélas!
Vous passez dès demain, madame, en d'autres bras;
Et, dès ce même jour, vous perdez la mémoire
De ce que vos bontés me commandoient de croire!

PULCHÉRIE.

Non, je ne la perds pas, et sais ce que je doi.
Prenez des sentiments qui soient dignes de moi;

Et ne m'accusez point de manquer de parole,
Quand pour vous la tenir moi-même je m'immole.
LÉON.
Quoi! vous n'épousez pas Martian dès demain?
PULCHÉRIE.
Savez-vous à quel prix je lui donne la main?
LÉON.
Que m'importe à quel prix un tel bonheur s'achète?
PULCHÉRIE.
Sortez, sortez du trouble où votre erreur vous jette:
Et sachez qu'avec moi ce grand titre d'époux
N'a point de privilége à vous rendre jaloux;
Que, sous l'illusion de ce faux hyménée,
Je fais vœu de mourir telle que je suis née;
Que Martian reçoit et ma main, et ma foi,
Pour me conserver toute, et tout l'empire à moi;
Et que tout le pouvoir que cette foi lui donne
Ne le fera jamais maître de ma personne.
    Est-ce tenir parole? et reconnoissez-vous
A quel point je vous sers quand j'en fais mon époux?
C'est pour vous qu'en ses mains je dépose l'empire;
C'est pour vous le garder qu'il me plaît de l'élire.
Rendez-vous, comme lui, digne de ce dépôt
Que son âge penchant vous remettra bientôt;
Suivez-le pas à pas; et, marchant dans sa route,
Mettez ce premier rang après lui hors de doute.
Étudiez sous lui ce grand art de régner,
Que tout autre auroit peine à vous mieux enseigner;
Et pour vous assurer ce que j'en veux attendre,
Attachez-vous au trône, et faites-vous son gendre;

ACTE V, SCÈNE VI.

Je vous donne Justine.
LÉON.
A moi, madame?
PULCHÉRIE.
A vous,
Que je m'étois promis moi-même pour époux.
LÉON.
Ce n'est donc pas assez de vous avoir perdue,
De voir en d'autres mains la main qui m'étoit due,
Il faut aimer ailleurs !
PULCHÉRIE.
Il faut être empereur,
Et, le sceptre à la main, justifier mon cœur;
Montrer à l'univers, dans le héros que j'aime,
Tout ce qui rend un front digne du diadème;
Vous mettre, à mon exemple, au-dessus de l'amour,
Et par mon ordre enfin régner à votre tour.
Justine a du mérite, elle est jeune, elle est belle :
Tous vos rivaux pour moi, le vont être pour elle;
Et l'empire pour dot est un trait si charmant,
Que je ne vous en puis répondre qu'un moment.
LÉON.
Oui, madame, après vous elle est incomparable;
Elle est de votre cour la plus considérable;
Elle a des qualités à se faire adorer :
Mais hélas ! jusqu'à vous j'avois droit d'aspirer.
Voulez-vous qu'à vos yeux je trompe un tel mérite,
Que sans amour pour elle à m'aimer je l'invite,
Qu'en vous laissant mon cœur je demande le sien,
Et lui promette tout pour ne lui donner rien?

PULCHÉRIE.

Et ne savez-vous pas qu'il est des hyménées
Que font sans nous au ciel les belles destinées?
Quand il veut que l'effet en éclate ici-bas,
Lui-même il nous entraîne où nous ne pensions pas;
Et, dès qu'il les résout, il sait trouver la voie
De nous faire accepter ses ordres avec joie.

LÉON.

Mais ne vous aimer plus! vous voler tous mes vœux!

PULCHÉRIE.

Aimez-moi, j'y consens; je dis plus, je le veux,
Mais comme impératrice, et non plus comme amante;
Que la passion cesse, et que le zèle augmente.
Justine, qui m'écoute, agréra bien, seigneur,
Que je conserve ainsi ma part en votre cœur.
Je connois tout le sien. Rendez-vous plus traitable
Pour apprendre à l'aimer autant qu'elle est aimable;
Et laissez-vous conduire à qui sait mieux que vous
Les chemins de vous faire un sort illustre et doux.
Croyez-en votre amante et votre impératrice:
L'une aime vos vertus, l'autre leur rend justice;
Et sur Justine et vous je dois pouvoir assez
Pour vous dire à tous deux: Je parle; obéissez.

LÉON, *à Justine.*

J'obéis donc, madame, à cet ordre suprême,
Pour vous offrir un cœur qui n'est pas à lui-même:
Mais enfin je ne sais quand je pourrai donner
Ce que je ne puis même offrir sans le gêner;
Et cette offre d'un cœur entre les mains d'une autre
Ne peut faire un amour qui mérite le vôtre.

ACTE V, SCÈNE VI.

JUSTINE.

Il est assez à moi, dans de si bonnes mains,
Pour n'en point redouter de vrais et longs dédains;
Et je vous répondrois d'une amitié sincère,
Si j'en avois l'aveu de l'empereur mon père.
Le temps fait tout, seigneur.

SCÈNE VII.

PULCHÉRIE, MARTIAN, LÉON, JUSTINE.

MARTIAN.

D'une commune voix,
Madame, le sénat accepte votre choix.
A vos bontés pour moi son alégresse unie
Soupire après le jour de la cérémonie;
Et le serment prêté pour n'en retarder rien,
A votre auguste nom vient de mêler le mien.

PULCHÉRIE.

Cependant j'ai sans vous disposé de Justine,
Seigneur, et c'est Léon à qui je la destine.

MARTIAN.

Pourrois-je lui choisir un plus illustre époux
Que celui que l'amour avoit choisi pour vous?
Il peut prendre après vous tout pouvoir dans l'empire,
S'y faire des emplois où l'univers l'admire,
Afin que, par votre ordre et les conseils d'Aspar,
Nous l'installions au trône, et le nommions César.

PULCHÉRIE.

Allons tout préparer pour ce double hyménée,

En ordonner la pompe, en choisir la journée.
D'Irène avec Aspar j'en voudrois faire autant;
Mais j'ai donné deux jours à cet esprit flottant,
Et laisse jusque-là ma faveur incertaine,
Pour régler son destin sur le destin d'Irène.

FIN DE PULCHÉRIE.

SURÉNA,

GÉNÉRAL DES PARTHES,

TRAGÉDIE.

1674.

PRÉFACE DE VOLTAIRE.

Suréna n'est point un nom propre, c'est un titre d'honneur, un nom de dignité. Le suréna des Parthes était l'ethmadoulet des Persans d'aujourd'hui, le grand-visir des Turcs. Cette méprise ressemble à celle de plusieurs de nos écrivains, qui ont parlé d'un Azem, grand-visir de la Porte ottomane, ne sachant pas que *visir azem* signifie *grand visir*. Mais la méprise est bien plus pardonnable à Corneille qu'à ces historiens, parceque l'histoire des Parthes nous est bien moins connue que celle des nouveaux Persans et des Turcs.

La tragédie de *Suréna* fut jouée les derniers jours de 1674, et les premiers de 1675 : elle roule tout entière sur l'amour. Il semblait que Corneille voulût joûter contre Racine. Ce grand homme avait donné son *Iphigénie* la même année 1674. J'avoue que je regarde *Iphigénie* comme le chef-d'œuvre de la scène, et je souscris à ces beaux vers de Despréaux :

> Jamais Iphigénie en Aulide immolée
> N'a coûté tant de pleurs à la Grèce assemblée
> Que dans l'heureux spectacle à nos yeux étalé
> En a fait, sous son nom, verser la Champmêlé.

Veut-on de la grandeur, on la trouve dans Achille, mais telle qu'il la faut au théâtre; nécessaire, passionnée, sans enflure, sans déclamation. Veut-on de la vraie politique, tout le rôle d'Ulysse en est plein; et c'est une politique parfaite, uniquement fondée sur l'amour du bien public; elle est adroite, elle est noble, elle ne disserte point; elle augmente la terreur. Clytemnestre est le modèle du grand pathétique; Iphigénie, celui de la simplicité noble et intéressante; Agamemnon est tel qu'il doit être: et quel style! c'est là le vrai sublime.

Après *Suréna*, Pierre Corneille renonça au théâtre, auquel il eût dû renoncer plus tôt. Il survécut près de dix ans à cette pièce, et fut témoin des succès mérités de son illustre rival; mais il avait la consolation de voir représenter ses anciennes pièces avec des applaudissements toujours nouveaux; et c'est aux beaux morceaux de ces anciens ouvrages que nous renvoyons le lecteur. Il remarquera que tout ce qui est bien pensé dans ces chefs-d'œuvre est presque toujours bien exprimé, à quelques tours et quelques termes près qui ont vieilli; et qu'il n'est obscur, guindé, alambiqué, incorrect, faible et froid, que quand il n'est pas soutenu par la force du sujet. Presque tout ce qui est mal exprimé chez lui ne méritait pas d'être exprimé. Il écrivait très inégalement; mais je ne sais s'il avait un génie inégal, comme on le dit; car je le vois toujours dans ses meilleures pièces, et dans ses plus mauvaises, attaché à la solidité du raisonnement, à la force et à la profondeur des idées, presque toujours plus occupé de disserter que de toucher; plein de ressources, jusque dans les sujets les plus ingrats, mais de ressources souvent peu tragiques; choisissant mal tous ses sujets, depuis OEdipe; inventant des intrigues, mais petites, sans chaleur, et sans vie; s'étant fait un mauvais style pour avoir travaillé trop rapidement; et cherchant à se tromper lui-même sur ses dernières pièces. Son grand mérite est d'avoir trouvé la France agreste, grossière, ignorante, sans esprit, sans goût, vers le temps du *Cid*, et de l'avoir changée: car l'esprit qui règne au théâtre est l'image fidèle de l'esprit d'une nation. Non seulement on doit à Corneille la tragédie, la comédie, mais on lui doit l'art de penser.

Il n'eut pas le pathétique des Grecs, il n'en donna une idée que dans le dernier acte de *Rodogune*; et le tableau que forme ce cinquième acte me paraît, avec ses défauts, très supérieur à tout ce que la Grèce admirait. Le tableau du cinquième acte d'*Athalie* est dans ce grand goût. Il faut avouer que tous les derniers actes des autres pièces, sans exception, sont maigres, décharnés, faibles, en comparaison. Si vous exceptez ces deux spectacles frappants, nos tragédies françaises ont été trop souvent des recueils de dialogues plutôt que des actions pathétiques : c'est par là que nous péchons principalement; mais avec ce défaut, et quelques autres auxquels la nécessité de faire cinq actes assujettit les auteurs, on avoue que la scène française est supérieure à celles de toutes les nations anciennes et modernes. Cet art est absolument nécessaire dans une grande ville telle que Paris ; mais avant Corneille cet art n'existait pas, et après Racine il paraît impossible qu'il s'accroisse.

Il n'est pas plus possible de faire un commentaire sur la pièce de *Suréna* que sur *Agésilas*,

Attila, Pulchérie, Pertharite, Tite et Bérénice, la Toison d'or, Théodore. Si on a fait quelques réflexions sur *Othon*, c'est qu'en effet les beaux vers répandus dans la première scène soutenaient un peu le commentateur dans ce travail ingrat et dégoûtant. Je finirai par dire qu'il ne faut examiner que les ouvrages qui ont des beautés avec des défauts, afin d'apprendre aux jeunes gens à éviter les uns, et à imiter les autres ; mais pour les pièces aussi mal inventées que mal écrites, où les fautes innombrables ne sont pas rachetées par une seule belle scène, il est très inutile de commenter ce qu'on ne peut lire.

On n'aura donc ici qu'une seule observation, que j'ai déjà souvent indiquée ; c'est que plus Corneille vieillissait, plus il s'obstinait à traiter l'amour, lui qui, dans son dépit de réussir si mal, se plaignait *que la seule tendresse fût toujours à la mode.* D'ordinaire la vieillesse dédaigne des faiblesses qu'elle ne ressent plus ; l'esprit contracte une fermeté sévère qui va jusqu'à la rudesse : mais Corneille au contraire mit dans ses derniers ouvrages plus de galanterie que jamais ; et quelle galanterie ! Peut-être voulait-il joûter contre Racine, dont il sentait malgré lui la prodigieuse supériorité dans l'art si difficile de rendre cette passion aussi noble, aussi tragique qu'intéressante. Il imprima..... qu'*Othon*, *ni Suréna, ne sont point des cadets indignes de Cinna.* Ils étaient pourtant des cadets très indignes; et Pacorus, et Eurydice, et Palmis, et le Suréna, parlent d'amour comme des bourgeois de Paris.

> Si le mérite est grand, l'estime est un peu forte.
> Vous la pardonnerez à l'amour qui s'emporte;
> Comme vous le forcez à se trop expliquer,
> S'il manque de respect, vous l'en faites manquer.
> Il est si naturel d'estimer ce qu'on aime,
> Qu'on voudroit que par-tout on l'estimât de même;
> Et la pente est si douce à vanter ce qu'il vaut,
> Que jamais on ne craint de l'élever trop haut.

C'est dans ce style ridicule que Corneille fait l'amour dans ses vingt dernières tragédies, et dans quelques unes des premières. Quiconque ne sent pas ce défaut est sans aucun goût; et quiconque veut le justifier se ment à lui-même. Ceux qui m'ont fait un crime d'être trop sévère m'ont forcé à l'être véritablement, et à n'adoucir aucune vérité. Je ne dois rien à ceux qui sont de mauvaise foi : je ne dois compte à personne de ce que j'ai fait pour une descendante de Corneille, et de ce que j'ai fait pour satisfaire mon goût. Je connais mieux les beaux morceaux de ce grand génie que ceux qui feignent de respecter les mauvais ; je sais par cœur tout ce qu'il a fait d'excellent, mais on ne m'imposera silence en aucun genre sur ce qui me paraît défectueux.

Ma devise a toujours été *fari quæ sentiam*.

AVERTISSEMENT
DE CORNEILLE.

Le sujet de cette tragédie est tiré de Plutarque et d'Appian Alexandrin. Ils disent tous deux que Suréna étoit le plus noble, le plus riche, le mieux fait, et le plus vaillant des Parthes. Avec ces qualités, il ne pouvoit manquer d'être un des premiers hommes de son siècle; et, si je ne m'abuse, la peinture que j'en ai faite ne l'a point rendu méconnoissable : vous en jugerez.

PERSONNAGES.

ORODE, roi des Parthes.
PACORUS, fils d'Orode.
SURÉNA, lieutenant d'Orode, et général de son armée contre Crassus.
SILLACE, autre lieutenant d'Orode.
EURYDICE, fille d'Artabase, roi d'Arménie.
PALMIS, sœur de Suréna.
ORMÈNE, dame d'honneur d'Eurydice.

La scène est à Séleucie, sur l'Euphrate.

SURÉNA.

ACTE PREMIER.

SCÈNE I.

EURYDICE, ORMÈNE.

EURYDICE.

Ne me parle plus tant de joie et d'hyménée;
Tu ne sais pas les maux où je suis condamnée,
Ormène : c'est ici que doit s'exécuter
Ce traité qu'à deux rois il a plu d'arrêter;
Et l'on a préféré cette superbe ville,
Ces murs de Séleucie, aux murs d'Hécatompyle.
La reine et la princesse en quittent le séjour,
Pour rendre en ces beaux lieux tout son lustre à la cour.
Le roi les mande exprès, le prince n'attend qu'elles;
Et jamais ces climats n'ont vu pompes si belles.
Mais que servent pour moi tous ces préparatifs,
Si mon cœur est esclave et tous ses vœux captifs,
Si de tous ces efforts de publique alégresse
Il se fait des sujets de trouble et de tristesse ?
J'aime ailleurs.

ORMÈNE.
Vous, madame?
EURYDICE.
Ormène, je l'ai tu
Tant que j'ai pu me rendre à toute ma vertu.
N'espérant jamais voir l'amant qui m'a charmée,
Ma flamme dans mon cœur se tenoit renfermée;
L'absence et la raison sembloient la dissiper;
Le manque d'espoir même aidoit à me tromper.
Je crus ce cœur tranquille; et mon devoir sévère
Le préparoit sans peine aux lois du roi mon père,
Au choix qu'il lui plairoit. Mais, ô dieux! quel tourment,
S'il faut prendre un époux aux yeux de cet amant!
ORMÈNE.
Aux yeux de votre amant!
EURYDICE.
Il est temps de te dire
Et quel malheur m'accable, et pour qui je soupire.
Le mal qui s'évapore en devient plus léger;
Et le mien avec toi cherche à se soulager.
Quand l'avare Crassus, chef des troupes romaines,
Entreprit de dompter les Parthes dans leurs plaines,
Tu sais que de mon père il brigua le secours;
Qu'Orode en fit autant au bout de quelques jours;
Que pour ambassadeur il prit ce héros même
Qui l'avoit su venger et rendre au diadème.
ORMÈNE.
Oui, je vis Suréna vous parler pour son roi,
Et Cassius pour Rome avoir le même emploi.

ACTE I, SCÈNE I.

Je vis de ces états l'orgueilleuse puissance
D'Artabase à l'envi mendier l'assistance,
Ces deux grands intérêts partager votre cour,
Et des ambassadeurs prolonger le séjour.

EURYDICE.

Tous deux ainsi qu'au roi me rendirent visite,
Et j'en connus bientôt le différent mérite.
L'un, fier, et tout gonflé d'un vieux mépris des rois,
Sembloit pour compliment nous apporter des lois;
L'autre, par les devoirs d'un respect légitime,
Vengeoit le sceptre en nous de ce manque d'estime.
L'amour s'en mêla même; et tout son entretien
Sembla m'offrir son cœur, et demander le mien.
Il l'obtint; et mes yeux, que charmoit sa présence,
Soudain avec les siens en firent confidence.
Ces muets truchements surent lui révéler
Ce que je me forçois à lui dissimuler;
Et les mêmes regards qui m'expliquoient sa flamme
S'instruisoient dans les miens du secret de mon ame.
Ses vœux y rencontroient d'aussi tendres desirs;
Un accord imprévu confondoit nos soupirs;
Et d'un mot échappé la douceur hasardée
Trouvoit l'ame en tous deux toute persuadée.

ORMÈNE.

Cependant est-il roi, madame?

EURYDICE.

      Il ne l'est pas;
Mais il sait rétablir les rois dans leurs états.
Des Parthes le mieux fait d'esprit et de visage,

Le plus puissant en biens, le plus grand en courage,
Le plus noble : joins-y l'amour qu'il a pour moi;
Et tout cela vaut bien un roi qui n'est que roi.
Ne t'effarouche point d'un feu dont je fais gloire,
Et souffre de mes maux que j'achève l'histoire.
　　L'amour, sous les dehors de la civilité,
Profita quelque temps des longueurs du traité :
On ne soupçonna rien des soins d'un si grand homme;
Mais il fallut choisir entre le Parthe et Rome.
Mon père eut ses raisons en faveur du Romain;
J'eus les miennes pour l'autre, et parlai même en vain :
Je fus mal écoutée, et dans ce grand ouvrage
On ne daigna peser ni compter mon suffrage.
　　Nous fûmes donc pour Rome; et Suréna confus
Emporta la douleur d'un indigne refus.
Il m'en parut ému, mais il sut se contraindre :
Pour tout ressentiment il ne fit que nous plaindre;
Et comme tout son cœur me demeura soumis,
Notre adieu ne fut point un adieu d'ennemis.
　　Que servit de flatter l'espérance détruite?
Mon père choisit mal, on l'a vu par la suite.
Suréna fit périr l'un et l'autre Crassus,
Et sur notre Arménie Orode eut le dessus;
Il vint dans nos états fondre comme un tonnerre.
Hélas! j'avois prévu les maux de cette guerre,
Et n'avois pas compté parmi ces noirs succès
Le funeste bonheur que me gardoit la paix.
Les deux rois l'ont conclue, et j'en suis la victime :
On m'amène épouser un prince magnanime;
Car son mérite enfin ne m'est point inconnu,

Et se feroit aimer d'un cœur moins prévenu.
Mais quand ce cœur est pris et la place occupée,
Des vertus d'un rival en vain l'ame est frappée;
Tout ce qu'il a d'aimable importune les yeux;
Et plus il est parfait, plus il est odieux.
Cependant j'obéis, Orméne, je l'épouse;
Et de plus...

ORMÈNE.

Qu'auriez-vous de plus?

EURYDICE.

Je suis jalouse.

ORMÈNE.

Jalouse! Quoi, pour comble aux maux dont je vous plains...

EURYDICE.

Tu vois ce que je souffre, apprends ce que je crains.
Orode fait venir la princesse sa fille;
Et s'il veut de mon bien enrichir sa famille,
S'il veut qu'un double hymen honore un même jour,
Conçois mes déplaisirs; je t'ai dit mon amour.
C'est bien assez, ô ciel! que le pouvoir suprême
Me livre en d'autres bras aux yeux de ce que j'aime;
Ne me condamne pas à ce nouvel ennui
De voir tout ce que j'aime entre les bras d'autrui.

ORMÈNE.

Votre douleur, madame, est trop ingénieuse.

EURYDICE.

Quand on a commencé de se voir malheureuse,
Rien ne s'offre à nos yeux qui ne fasse trembler;
La plus fausse apparence a droit de nous troubler;
Et tout ce qu'on prévoit, tout ce qu'on s'imagine,

Forme un nouveau poison pour une ame chagrine.
ORMÈNE.
En ces nouveaux poisons trouvez-vous tant d'appas
Qu'il en faille faire un d'un hymen qui n'est pas?
EURYDICE.
La princesse est mandée, elle vient, elle est belle :
Un vainqueur des Romains n'est que trop digne d'elle;
S'il la voit, s'il lui parle, et si le roi le veut....
J'en dis trop, et déja tout mon cœur qui s'émeut...
ORMÈNE.
A soulager vos maux appliquez même étude
Qu'à prendre un vain soupçon pour une certitude :
Songez par où l'aigreur s'en pourroit adoucir.
EURYDICE.
J'y fais ce que je puis, et n'y puis réussir.
N'osant voir Suréna, qui règne en ma pensée,
Et qui me croit peut-être une ame intéressée,
Tu vois quelle amitié j'ai faite avec sa sœur :
Je crois le voir en elle, et c'est quelque douceur,
Mais légère, mais foible, et qui me gêne l'ame
Par l'inutile soin de lui cacher ma flamme.
Elle la sait sans doute, et l'air dont elle agit
M'en demande un aveu dont mon devoir rougit.
Ce frère l'aime trop pour s'être caché d'elle :
N'en use pas de même, et sois-moi plus fidèle;
Il suffit qu'avec toi j'amuse mon ennui.
Toutefois tu n'as rien à me dire de lui;
Tu ne sais ce qu'il fait, tu ne sais ce qu'il pense :
Une sœur est plus propre à cette confiance;
Elle sait s'il m'accuse, ou s'il plaint mon malheur,

ACTE I, SCÈNE I.

S'il partage ma peine, ou rit de ma douleur,
Si du vol qu'on lui fait il m'estime complice,
S'il me garde son cœur, ou s'il me rend justice.
Je la vois; force-la, si tu peux, à parler;
Force-moi, s'il le faut, à ne lui rien celer.
L'oserai-je, grands dieux! ou plutôt le pourrai-je?

ORMÈNE.

L'amour, dès qu'il le veut, se fait un privilége;
Et quand de se forcer ses desirs sont lassés,
Lui-même à n'en rien taire il s'enhardit assez.

SCÈNE II.

PALMIS, EURYDICE, ORMÈNE.

PALMIS.

J'apporte ici, madame, une heureuse nouvelle :
Ce soir la reine arrive.

EURYDICE.

Et Mandane avec elle?

PALMIS.

On n'en fait aucun doute.

EURYDICE.

Et Suréna l'attend
Avec beaucoup de joie et d'un esprit content?

PALMIS.

Avec tout le respect qu'elle a lieu d'en attendre.

EURYDICE.

Rien de plus?

PALMIS.

Qu'a de plus un sujet à lui rendre?

EURYDICE.

Je suis trop curieuse, et devrois mieux savoir
Ce qu'aux filles des rois un sujet peut devoir :
Mais de pareils sujets, sur qui tout l'état roule,
Se font assez souvent distinguer de la foule;
Et je sais qu'il en est qui, si j'en puis juger,
Avec moins de respect savent mieux obliger.

PALMIS.

Je n'en sais point, madame, et ne crois pas mon frère
Plus savant que sa sœur en un pareil mystère.

EURYDICE.

Passons. Que fait le prince?

PALMIS.

En véritable amant,
Doutez-vous qu'il ne soit dans le ravissement?
Et pourroit-il n'avoir qu'une joie imparfaite
Quand il se voit toucher au bonheur qu'il souhaite?

EURYDICE.

Peut-être n'est-ce pas un grand bonheur pour lui,
Madame; et j'y craindrois quelque sujet d'ennui.

PALMIS.

Et quel ennui pourroit mêler son amertume
Au doux et plein succès du feu qui le consume?
Quel chagrin a de quoi troubler un tel bonheur?
Le don de votre main...

EURYDICE.

La main n'est pas le cœur.

PALMIS.

Il est maître du vôtre.

EURYDICE.

Il ne l'est point, madame;
Et même je ne sais s'il le sera de l'ame.
Jugez après cela quel bonheur est le sien.
Mais achevons, de grace, et ne déguisons rien.
Savez-vous mon secret?

PALMIS.

Je sais celui d'un frère.

EURYDICE.

Vous savez donc le mien. Fait-il ce qu'il doit faire?
Me hait-il? et son cœur, justement irrité,
Me rend-il sans regret ce que j'ai mérité?

PALMIS.

Oui, madame, il vous rend tout ce qu'une grande ame
Doit au plus grand mérite et de zèle et de flamme.

EURYDICE.

Il m'aimeroit encor?

PALMIS.

C'est peu de dire aimer :
Il souffre sans murmure; et j'ai beau vous blâmer,
Lui-même il vous défend, vous excuse sans cesse.
« Elle est fille; et de plus, dit-il, elle est princesse :
« Je sais les droits d'un père, et connois ceux d'un roi;
« Je sais de ses devoirs l'indispensable loi;
« Je sais quel rude joug, dès sa plus tendre enfance,
« Imposent à ses vœux son rang et sa naissance :
« Son cœur n'est pas exempt d'aimer ni de haïr;

« Mais qu'il aime ou haïsse, il lui faut obéir.
« Elle m'a tout donné ce qui dépendoit d'elle,
« Et ma reconnoissance en doit être éternelle. »

EURYDICE.

Ah! vous redoublez trop, par ce discours charmant,
Ma haine pour le prince et mes feux pour l'amant;
Finissons-le, madame; en ce malheur extrême,
Plus je hais, plus je souffre, et souffre autant que j'aime.

PALMIS.

N'irritons point vos maux, et changeons d'entretien.
Je sais votre secret, sachez aussi le mien.
Vous n'êtes pas la seule à qui la destinée
Prépare un long supplice en ce grand hyménée :
Le prince...

EURYDICE.

Au nom des dieux, ne me le nommez pas;
Son nom seul me prépare à plus que le trépas.

PALMIS.

Un tel excès de haine!

EURYDICE.

Elle n'est que trop due
Aux mortelles douleurs dont m'accable sa vue.

PALMIS.

Eh bien! ce prince donc, qu'il vous plaît de haïr,
Et pour qui votre cœur s'apprête à se trahir,
Ce prince qui vous aime, il m'aimoit.

EURYDICE.

L'infidèle!

PALMIS.

Nos vœux étoient pareils, notre ardeur mutuelle;

ACTE I, SCÈNE II.

Je l'aimois.

EURYDICE.

Et l'ingrat brise des nœuds si doux!

PALMIS.

Madame, est-il des cœurs qui tiennent contre vous?
Est-il vœux ni serments qu'ils ne vous sacrifient?
Si l'ingrat me trahit, vos yeux le justifient,
Vos yeux qui sur moi-même ont un tel ascendant...

EURYDICE.

Vous demeurez à vous, madame, en le perdant;
Et le bien d'être libre aisément vous console
De ce qu'a d'injustice un manque de parole :
Mais je deviens esclave; et tels sont mes malheurs,
Qu'en perdant ce que j'aime il faut que j'aime ailleurs.

PALMIS.

Madame, trouvez-vous ma fortune meilleure?
Vous perdez votre amant, mais son cœur vous demeure;
Et j'éprouve en mon sort une telle rigueur,
Que la perte du mien m'enlève tout son cœur.
Ma conquête m'échappe où les vôtres grossissent;
Vous faites des captifs des miens qui s'affranchissent;
Votre empire s'augmente où se détruit le mien;
Et de toute ma gloire il ne me reste rien.

EURYDICE.

Reprenez vos captifs, rassurez vos conquêtes,
Rétablissez vos lois sur les plus grandes têtes;
J'en serai peu jalouse, et préfère à cent rois
La douceur de ma flamme et l'éclat de mon choix.
La main de Suréna vaut mieux qu'un diadème.
Mais dites-moi, madame, est-il bien vrai qu'il m'aime?

Dites; et s'il est vrai, pourquoi fuit-il mes yeux?
PALMIS.
Madame, le voici qui vous le dira mieux.
EURYDICE.
Juste ciel! à le voir déja mon cœur soupire!
Amour, sur ma vertu prends un peu moins d'empire!

SCÈNE III.

EURYDICE, SURÉNA.

EURYDICE.
Je vous ai fait prier de ne me plus revoir,
Seigneur : votre présence étonne mon devoir;
Et ce qui de mon cœur fit toutes les délices,
Ne sauroit plus m'offrir que de nouveaux supplices.
Osez-vous l'ignorer? et lorsque je vous voi,
S'il me faut trop souffrir, souffrez-vous moins que moi?
Souffrons-nous moins tous deux pour soupirer ensemble?
Allez, contentez-vous d'avoir vu que j'en tremble;
Et du moins par pitié d'un triomphe douteux,
Ne me hasardez plus à des soupirs honteux.
SURÉNA.
Je sais ce qu'à mon cœur coûtera votre vue;
Mais qui cherche à mourir doit chercher ce qui tue.
Madame, l'heure approche, et demain votre foi
Vous fait de m'oublier une éternelle loi;
Je n'ai plus que ce jour, que ce moment de vie :
Pardonnez à l'amour qui vous le sacrifie,
Et souffrez qu'un soupir exhale à vos genoux,

Pour ma dernière joie, une ame toute à vous.
EURYDICE.
Et la mienne, seigneur, la jugez-vous si forte,
Que vous ne craigniez point que ce moment l'emporte,
Que ce même soupir qui tranchera vos jours
Ne tranche aussi des miens le déplorable cours?
Vivez, seigneur, vivez, afin que je languisse,
Qu'à vos feux ma langueur rende long-temps justice.
Le trépas à vos yeux me sembleroit trop doux,
Et je n'ai pas encore assez souffert pour vous.
Je veux qu'un noir chagrin à pas lents me consume,
Qu'il me fasse à longs traits goûter son amertume;
Je veux, sans que la mort ose me secourir,
Toujours aimer, toujours souffrir, toujours mourir.
Mais pardonneriez-vous l'aveu d'une foiblesse
A cette douloureuse et fatale tendresse?
Vous pourriez-vous, seigneur, résoudre à soulager
Un malheur si pressant par un bonheur léger?
SURÉNA.
Quel bonheur peut dépendre ici d'un misérable
Qu'après tant de faveurs son amour même accable?
Puis-je encor quelque chose en l'état où je suis?
EURYDICE.
Vous pouvez m'épargner d'assez rudes ennuis.
N'épousez point Mandane : exprès on l'a mandée;
Mon chagrin, mes soupçons, m'en ont persuadée.
N'ajoutez point, seigneur, à des malheurs si grands
Celui de vous unir au sang de mes tyrans;
De remettre en leurs mains le seul bien qui me reste,
Votre cœur; un tel don me seroit trop funeste :

Je veux qu'il me demeure, et malgré votre roi,
Disposer d'une main qui ne peut être à moi.

SURÉNA.

Plein d'un amour si pur et si fort que le nôtre,
Aveugle pour Mandane, aveugle pour toute autre,
Comme je n'ai plus d'yeux vers elles à tourner,
Je n'ai plus ni de cœur ni de main à donner.
Je vous aime, et vous perds. Après cela, madame,
Seroit-il quelque hymen que pût souffrir mon ame?
Seroit-il quelques nœuds où se pût attacher
Le bonheur d'un amant qui vous étoit si cher,
Et qu'à force d'amour vous rendez incapable
De trouver sous le ciel quelque chose d'aimable?

EURYDICE.

Ce n'est pas là de vous, seigneur, ce que je veux.
A la postérité vous devez des neveux;
Et ces illustres morts dont vous tenez la place
Ont assez mérité de revivre en leur race :
Je ne veux pas l'éteindre, et tiendrois à forfait
Qu'il m'en fût échappé le plus léger souhait.

SURÉNA.

Que tout meure avec moi, madame; que m'importe
Qui foule après ma mort la terre qui me porte?
Sentiront-ils percer par un éclat nouveau,
Ces illustres aïeux, la nuit de leur tombeau?
Respireront-ils l'air où les feront revivre
Ces neveux qui peut-être auront peine à les suivre,
Peut-être ne feront que les déshonorer,
Et n'en auront le sang que pour dégénérer?
Quand nous avons perdu le jour qui nous éclaire,

Cette sorte de vie est bien imaginaire;
Et le moindre moment d'un bonheur souhaité
Vaut mieux qu'une si froide et vaine éternité.

EURYDICE.

Non, non, je suis jalouse; et mon impatience
D'affranchir mon amour de toute défiance,
Tant que je vous verrai maître de votre foi,
La croira réservée aux volontés du roi;
Mandane aura toujours un plein droit de vous plaire;
Ce sera l'épouser que de le pouvoir faire;
Et ma haine sans cesse aura de quoi trembler,
Tant que par là mes maux pourront se redoubler.
Il faut qu'un autre hymen me mette en assurance.
N'y portez, s'il se peut, que de l'indifférence:
Mais, par de nouveaux feux dussiez-vous me trahir,
Je veux que vous aimiez afin de m'obéir;
Je veux que ce grand choix soit mon dernier ouvrage,
Qu'il tienne lieu vers moi d'un éternel hommage,
Que mon ordre le règle, et qu'on me voie enfin
Reine de votre cœur et de votre destin;
Que Mandane, en dépit de l'espoir qu'on lui donne,
Ne pouvant s'élever jusqu'à votre personne,
Soit réduite à descendre à ces malheureux rois
A qui, quand vous voudrez, vous donnerez des lois.
Et n'appréhendez point d'en regretter la perte;
Il n'est cour sous les cieux qui ne vous soit ouverte;
Et par-tout votre gloire a fait de tels éclats,
Que les filles de roi ne vous manqueront pas.

SURÉNA.

Quand elles me rendroient maître de tout un monde,

Absolu sur la terre et souverain sur l'onde,
Mon cœur...

                EURYDICE.

            N'achevez point: l'air dont vous commencez
Pourroit à mon chagrin ne plaire pas assez;
Et d'un cœur qui veut être encor sous ma puissance
Je ne veux recevoir que de l'obéissance.

                SURÉNA.

A qui me donnez-vous?

                EURYDICE.

            Moi? que ne puis-je, hélas!
Vous ôter à Mandane, et ne vous donner pas!
Et contre les soupçons de ce cœur qui vous aime
Que ne m'est-il permis de m'assurer moi-même!
Mais adieu; je m'égare.

                SURÉNA.

            Où dois-je recourir,
O ciel! s'il faut toujours aimer, souffrir, mourir?

FIN DU PREMIER ACTE.

ACTE SECOND.

SCÈNE I.

PACORUS, SURÉNA.

PACORUS.

Suréna, votre zèle a trop servi mon père
Pour m'en laisser attendre un devoir moins sincère;
Et, si près d'un hymen qui doit m'être assez doux,
Je mets ma confiance et mon espoir en vous.
Palmis avec raison de cet hymen murmure;
Mais je puis réparer ce qu'il lui fait d'injure;
Et vous n'ignorez pas qu'à former ces grands nœuds
Mes pareils ne sont point tout-à-fait maîtres d'eux.
Quand vous voudrez tous deux attacher vos tendresses,
Il est des rois pour elle, et pour vous des princesses,
Et je puis hautement vous engager ma foi
Que vous ne vous plaindrez du prince ni du roi.

SURÉNA.

Cessez de me traiter, seigneur, en mercenaire :
Je n'ai jamais servi par espoir de salaire;
La gloire m'en suffit, et le prix que reçoit...

PACORUS.

Je sais ce que je dois quand on fait ce qu'on doit;
Et si de l'accepter ce grand cœur vous dispense,

Le mien se satisfait alors qu'il récompense.
J'épouse une princesse en qui les doux accords
Des graces de l'esprit avec celles du corps
Forment le plus brillant et plus noble assemblage,
Qui puisse orner une ame et parer un visage.
Je n'en dis que ce mot; et vous savez assez
Quels en sont les attraits, vous qui la connoissez.
 Cette princesse donc, si belle, si parfaite,
Je crains qu'elle n'ait pas ce que plus je souhaite,
Qu'elle manque d'amour, ou plutôt que ses vœux
N'aillent pas tout-à-fait du côté que je veux.
Vous qui l'avez tant vue, et qu'un devoir fidéle
A tenu si long-temps près de son père et d'elle,
Ne me déguisez point ce que dans cette cour,
Sur de pareils soupçons vous auriez eu de jour.

SURÉNA.

Je la voyois, seigneur, mais pour gagner son père;
C'étoit tout mon emploi, c'étoit ma seule affaire;
Et je croyois par elle être sûr de son choix :
Mais Rome et son intrigue eurent le plus de voix.
Du reste, ne prenant intérêt à m'instruire
Que de ce qui pouvoit vous servir ou vous nuire,
Comme je me bornois à remplir ce devoir,
Je puis n'avoir pas vu ce qu'un autre eût pu voir.
Si j'eusse pressenti que, la guerre achevée,
A l'honneur de vos feux elle étoit réservée,
J'aurois pris d'autres soins, et plus examiné;
Mais j'ai suivi mon ordre et n'ai point deviné.

PACORUS.

Quoi! de ce que je crains vous n'auriez nulle idée?

Par aucune ambassade on ne l'a demandée?
Aucun prince auprès d'elle, aucun digne sujet
Par ses attachements n'a marqué de projet?
Car il vient quelquefois du milieu des provinces
Des sujets en nos cours, qui valent bien des princes;
Et par l'objet présent les sentiments émus
N'attendent pas toujours des rois qu'on n'a point vus.

SURÉNA.

Durant tout mon séjour rien n'y blessoit ma vue;
Je n'y rencontrois point de visite assidue,
Point de devoirs suspects, ni d'entretiens si doux
Que, si j'avois aimé, j'en dusse être jaloux.
Mais qui vous peut donner cette importune crainte,
Seigneur?

PACORUS.

Plus je la vois, plus j'y vois de contrainte.
Elle semble, aussitôt que j'ose en approcher,
Avoir je ne sais quoi qu'elle me veut cacher.
Non qu'elle ait jusqu'ici demandé de remise:
Mais ce n'est pas m'aimer, ce n'est qu'être soumise;
Et tout le bon accueil que j'en puis recevoir,
Tout ce que j'en obtiens ne part que du devoir.

SURÉNA.

N'en appréhendez rien. Encor tout étonnée,
Toute tremblante encore au seul nom d'hyménée,
Pleine de son pays, pleine de ses parents,
Il lui passe en l'esprit cent chagrins différents.

PACORUS.

Mais il semble, à la voir, que son chagrin s'applique
A braver par dépit l'alégresse publique;

Inquiète, rêveuse, insensible aux douceurs
Que par un plein succès l'amour verse en nos cœurs...

SURÉNA.

Tout cessera, seigneur, dès que sa foi reçue
Aura mis en vos mains la foi qui vous est due;
Vous verrez ces chagrins détruits en moins d'un jour,
Et toute sa vertu devenir tout amour.

PACORUS.

C'est beaucoup hasarder que de prendre assurance
Sur une si légère et douteuse espérance.
Et qu'aura cet amour d'heureux, de singulier,
Qu'à son trop de vertu je devrai tout entier?
Qu'aura-t-il de charmant, cet amour, s'il ne donne
Que ce qu'un triste hymen ne refuse à personne,
Esclave dédaigneux d'une odieuse loi
Qui n'est pour toute chaîne attaché qu'à sa foi?
Pour faire aimer ses lois, l'hymen ne doit en faire
Qu'afin d'autoriser la pudeur à se taire.
Il faut, pour rendre heureux, qu'il donne sans gêner,
Et prête un doux prétexte à qui veut tout donner.
Que sera-ce, grands dieux! si toute ma tendresse
Rencontre un souvenir plus cher à ma princesse,
Si le cœur pris ailleurs ne s'en arrache pas,
Si pour un autre objet il soupire en mes bras!
Il faut, il faut enfin m'éclaircir avec elle.

SURÉNA.

Seigneur, je l'aperçois; l'occasion est belle.
Mais si vous en tirez quelque éclaircissement
Qui donne à votre crainte un juste fondement,
Que ferez-vous?

ACTE II, SCÈNE I.

PACORUS.

J'en doute; et, pour ne vous rien feindre,
Je crois l'aimer assez pour ne la pas contraindre.
Mais tel chagrin aussi pourroit me survenir,
Que je l'épouserois afin de la punir.
Un amant dédaigné souvent croit beaucoup faire
Quand il rompt le bonheur de ce qu'on lui préfère.
Mais elle approche. Allez, laissez-moi seul agir;
J'aurois peur devant vous d'avoir trop à rougir.

SCÈNE II.

PACORUS, EURYDICE.

PACORUS.

Quoi! madame, venir vous-même à ma rencontre!
Cet excès de bonté que votre cœur me montre...

EURYDICE.

J'allois chercher Palmis, que j'aime à consoler
Sur un malheur qui presse et ne peut reculer.

PACORUS.

Laissez-moi vous parler d'affaires plus pressées,
Et songez qu'il est temps de m'ouvrir vos pensées;
Vous vous abuseriez à les plus retenir.
Je vous aime, et demain l'hymen doit nous unir.
M'aimez-vous?

EURYDICE.

Oui, seigneur; et ma main vous est sûre.

PACORUS.

C'est peu que de la main, si le cœur en murmure.

EURYDICE.

Quel mal pourroit causer le murmure du mien,
S'il murmuroit si bas qu'aucun n'en apprît rien?

PACORUS.

Ah! madame, il me faut un aveu plus sincère.

EURYDICE.

Épousez-moi, seigneur, et laissez-moi me taire,
Un pareil doute offense, et cette liberté
S'attire quelquefois trop de sincérité.

PACORUS.

C'est ce que je demande, et qu'un mot sans contrainte
Justifie aujourd'hui mon espoir ou ma crainte.
Ah! si vous connoissiez ce que pour vous je sens...

EURYDICE.

Je ferois ce que font les cœurs obéissants,
Ce que veut mon devoir, ce qu'attend votre flamme,
Ce que je fais enfin.

PACORUS.

Vous feriez plus, madame;
Vous me feriez justice, et prendriez plaisir
A montrer que nos cœurs ne forment qu'un desir:
Vous me diriez sans cesse: « Oui, prince, je vous aime,
« Mais d'une passion, comme la vôtre, extrême;
« Je sens le même feu, je fais les mêmes vœux;
« Ce que vous souhaitez est tout ce que je veux;
« Et cette illustre ardeur ne sera point contente,
« Qu'un glorieux hymen n'ait rempli notre attente. »

EURYDICE.

Pour vous tenir, seigneur, un langage si doux,
Il faudroit qu'en amour j'en susse autant que vous.

PACORUS.

Le véritable amour, dès que le cœur soupire,
Instruit en un moment de tout ce qu'on doit dire.
Ce langage à ses feux n'est jamais importun;
Et, si vous l'ignorez, vous n'en sentez aucun.

EURYDICE.

Suppléez-y, seigneur, et dites-vous vous-même
Tout ce que sent un cœur dès le moment qu'il aime;
Faites-vous-en pour moi le charmant entretien;
J'avouerai tout, pourvu que je n'en dise rien.

PACORUS.

Ce langage est bien clair, et je l'entends sans peine.
Au défaut de l'amour, auriez-vous de la haine?
Je ne veux pas le croire; et des yeux si charmants...

EURYDICE.

Seigneur, sachez pour vous quels sont mes sentiments.
Si l'amitié vous plaît, si vous aimez l'estime,
A vous les refuser je croirois faire un crime;
Pour le cœur, si je puis vous le dire entre nous,
Je ne m'aperçois point qu'il soit encore à vous.

PACORUS.

Ainsi donc ce traité qu'ont fait les deux couronnes...

EURYDICE.

S'il a pu l'une à l'autre engager nos personnes,
Au seul don de la main son droit est limité,
Et mon cœur avec vous n'a point fait de traité.
C'est sans vous le devoir que je fais mon possible
A le rendre pour vous plus tendre et plus sensible:
Je ne sais si le temps l'y pourra disposer;
Mais, qu'il le puisse ou non, vous pouvez m'épouser.

PACORUS.

Je le puis, je le dois, je le veux; mais madame,
Dans ces tristes froideurs dont vous payez ma flamme,
Quelque autre amour plus fort...

EURYDICE.

Qu'osez-vous demander,
Prince?

PACORUS.

De mon bonheur ce qui doit décider.

EURYDICE.

Est-ce un aveu qui puisse échapper à ma bouche?

PACORUS.

Il est tout échappé, puisque ce mot vous touche.
Si vous n'aviez du cœur fait ailleurs l'heureux don,
Vous auriez moins de gêne à me dire que non;
Et, pour me garantir de ce que j'appréhende,
La réponse avec joie eût suivi la demande.
Madame, ce qu'on fait sans honte et sans remords
Ne coûte rien à dire, il n'y faut point d'efforts;
Et sans que la rougeur au visage nous monte....

EURYDICE.

Ah! ce n'est point pour moi que je rougis de honte.
Si j'ai pu faire un choix, je l'ai fait assez beau
Pour m'en faire un honneur jusque dans le tombeau;
Et quand je l'avouerai, vous aurez lieu de croire
Que tout mon avenir en aimera la gloire.
Je rougis, mais pour vous qui m'osez demander
Ce qu'on doit avoir peine à se persuader;
Et je ne comprends point avec quelle prudence
Vous voulez qu'avec vous j'en fasse confidence,

Vous qui, près d'un hymen accepté par devoir,
Devriez sur ce point craindre de trop savoir.
PACORUS.
Mais il est fait ce choix qu'on s'obstine à me taire,
Et qu'on cherche à me dire avec tant de mystère?
EURYDICE.
Je ne vous le dis point; mais, si vous m'y forcez,
Il vous en coûtera plus que vous ne pensez.
PACORUS.
Eh bien! madame, eh bien! sachons, quoi qu'il en coûte,
Quel est ce grand rival qu'il faut que je redoute.
Dites, est-ce un héros? est-ce un prince? est-ce un roi?
EURYDICE.
C'est ce que j'ai connu de plus digne de moi.
PACORUS.
Si le mérite est grand, l'estime est un peu forte.
EURYDICE.
Vous la pardonnerez à l'amour qui s'emporte:
Comme vous le forcez à se trop expliquer,
S'il manque de respect, vous l'en faites manquer.
Il est si naturel d'estimer ce qu'on aime,
Qu'on voudroit que par-tout on l'estimât de même;
Et la pente est si douce à vanter ce qu'il vaut,
Que jamais on ne craint de l'élever trop haut.
PACORUS.
C'est en dire beaucoup.
EURYDICE.
Apprenez davantage,
Et sachez que l'effort où mon devoir m'engage
Ne peut plus me réduire à vous donner demain

Ce qui vous étoit sûr, je veux dire ma main.
Ne vous la promettez qu'après que dans mon ame
Votre mérite aura dissipé cette flamme,
Et que mon cœur, charmé par des attraits plus doux,
Se sera répondu de n'aimer rien que vous.
Et ne me dites point que pour cet hyménée
C'est par mon propre aveu qu'on a pris la journée :
J'en sais la conséquence, et diffère à regret ;
Mais, puisque vous m'avez arraché mon secret,
Il n'est ni roi, ni père, il n'est prière, empire,
Qu'au péril de cent morts mon cœur n'ose en dédire.
C'est ce qu'il n'est plus temps de vous dissimuler,
Seigneur ; et c'est le prix de m'avoir fait parler.

PACORUS.

A ces bontés, madame, ajoutez une grace ;
Et du moins, attendant que cette ardeur se passe,
Apprenez-moi le nom de cet heureux amant
Qui sur tant de vertu règne si puissamment,
Par quelle qualité il a pu la surprendre.

EURYDICE.

Ne me pressez point tant, seigneur, de vous l'apprendre.
Si je vous l'avois dit....

PACORUS.

Achevons.

EURYDICE.

Dès demain
Rien ne m'empêcheroit de lui donner la main.

PACORUS.

Il est donc en ces lieux, madame ?

EURYDICE.

Il y peut être,
Seigneur, si déguisé qu'on ne le peut connoître.
Peut-être en domestique est-il auprès de moi;
Peut-être s'est-il mis de la maison du roi;
Peut-être chez vous-même il s'est réduit à feindre.
Craignez-le dans tous ceux que vous ne daignez craindre,
Dans tous les inconnus que vous aurez à voir;
Et, plus que tout encor, craignez de trop savoir.
J'en dis trop; il est temps que ce discours finisse.
A Palmis que je vois rendez plus de justice;
Et puissent de nouveau ses attraits vous charmer
Jusqu'à ce que le temps m'apprenne à vous aimer!

SCÈNE III.

PACORUS, PALMIS.

PACORUS.

Madame, au nom des dieux, ne venez pas vous plaindre.
On me donne sans vous assez de gens à craindre;
Et je serois bientôt accablé de leurs coups,
N'étoit que pour asile on me renvoie à vous.
J'obéis, j'y reviens, madame; et cette joie....

PALMIS.

Que n'y revenez-vous sans qu'on vous y renvoie!
Votre amour ne fait rien ni pour moi ni pour lui,
Si vous n'y revenez que par l'ordre d'autrui.

PACORUS.
N'est-ce rien que pour vous à cet ordre il défère?
PALMIS.
Non, ce n'est qu'un dépit qu'il cherche à satisfaire.
PACORUS.
Depuis quand le retour d'un cœur comme le mien
Fait-il si peu d'honneur qu'on ne le compte à rien?
PALMIS.
Depuis qu'il est honteux d'aimer un infidèle,
Que ce qu'un mépris chasse un coup d'œil le rappelle,
Et que les inconstants ne donnent point de cœurs
Sans être encor tout prêts de les porter ailleurs.
PACORUS.
Je le suis, je l'avoue, et mérite la honte
Que d'un retour suspect vous fassiez peu de compte.
Montrez-vous généreuse; et si mon changement
A changé votre amour en vif ressentiment,
Immolez un courroux si grand, si légitime,
A la juste pitié d'un si malheureux crime.
J'en suis assez puni sans que l'indignité....
PALMIS.
Seigneur, le crime est grand; mais j'ai de la bonté:
Je sais ce qu'à l'état ceux de votre naissance,
Tout maîtres qu'ils en sont, doivent d'obéissance:
Son intérêt chez eux l'emporte sur le leur,
Et du moment qu'il parle il fait taire le cœur.
PACORUS.
Non, madame, souffrez que je vous désabuse;
Je ne mérite point l'honneur de cette excuse:
Ma légèreté seule a fait ce nouveau choix;

Nulles raisons d'état ne m'en ont fait de lois ;
Et pour traiter la paix avec tant d'avantage,
On ne m'a point forcé de m'en faire le gage :
J'ai pris plaisir à l'être ; et plus mon crime est noir,
Plus l'oubli que j'en veux me fera vous devoir.
Tout mon cœur....

PALMIS.

Entre amants qu'un changement sépare,
Le crime est oublié sitôt qu'on le répare ;
Et, bien qu'il vous ait plu, seigneur, de me trahir,
Je le dis malgré moi, je ne vous puis haïr.

PACORUS.

Faites-moi grace entière, et songez à me rendre
Ce qu'un amour si pur, ce qu'une ardeur si tendre....

PALMIS.

Donnez-moi donc, seigneur, vous-même quelque jour,
Quelque infaillible voie à fixer votre amour ;
Et s'il est un moyen....

PACORUS.

S'il en est? Oui, madame,
Il en est de fixer tous les vœux de mon ame ;
Et ce joug qu'à tous deux l'amour rendit si doux,
Si je ne m'y rattache, il ne tiendra qu'à vous.
Il est, pour m'arrêter sous un si digne empire,
Un office à me rendre, un secret à me dire.
La princesse aime ailleurs, je n'en puis plus douter,
Et doute quel rival s'en fait mieux écouter.
Vous êtes avec elle en trop d'intelligence
Pour n'en avoir pas eu toute la confidence :
Tirez-moi de ce doute, et recevez ma foi

Qu'autre que vous jamais ne régnera sur moi.
PALMIS.
Quel gage en est-ce, hélas! qu'une foi si peu sûre?
Le ciel la rendra-t-il moins sujette au parjure?
Et ces liens si doux, que vous avez brisés,
A briser de nouveau seront-ils moins aisés?
Si vous voulez, seigneur, rappeler mes tendresses,
Il me faut des effets et non pas des promesses;
Et cette foi n'a rien qui me puisse ébranler,
Quand la main seule a droit de me faire parler.
PACORUS.
La main seule en a droit! Quand cent troubles m'agitent,
Que la haine, l'amour, l'honneur, me sollicitent,
Qu'à l'ardeur de punir je m'abandonne en vain,
Hélas! suis-je en état de vous donner la main?
PALMIS.
Et moi, sans cette main, seigneur, suis-je maîtresse
De ce que m'a daigné confier la princesse,
Du secret de son cœur? Pour le tirer de moi,
Il me faut vous devoir plus que je ne lui doi,
Être un autre vous-même; et le seul hyménée
Peut rompre le silence où je suis enchaînée.
PACORUS.
Ah! vous ne m'aimez plus.
PALMIS.
Je voudrois le pouvoir:
Mais pour ne plus aimer que sert de le vouloir?
J'ai pour vous trop d'amour, et je le sens renaître
Et plus tendre et plus fort qu'il n'a dû jamais être.
Mais si....

ACTE II, SCÈNE III.

PACORUS.

Ne m'aimez plus, ou nommez ce rival.

PALMIS.

Me préserve le ciel de vous aimer si mal!
Ce seroit vous livrer à des guerres nouvelles,
Allumer entre vous des haines immortelles....

PACORUS.

Que m'importe? et qu'aurai-je à redouter de lui,
Tant que je me verrai Suréna pour appui?
Quel qu'il soit, ce rival, il sera seul à plaindre:
Le vainqueur des Romains n'a point de rois à craindre.

PALMIS.

Je le sais; mais, seigneur, qui vous peut engager
Aux soins de le punir et de vous en venger?
Quand son grand cœur charmé d'une belle princesse
En a su mériter l'estime et la tendresse,
Quel dieu, quel bon génie a dû lui révéler
Que le vôtre pour elle aimeroit à brûler?
A quel trait ce rival a-t-il dû le connoître,
Respecter de si loin des feux encore à naître,
Voir pour vous d'autres fers que ceux où vous viviez,
Et lire en vos destins plus que vous n'en saviez?
S'il a vu la conquête à ses vœux exposée,
S'il a trouvé du cœur la sympathie aisée,
S'être emparé d'un bien où vous n'aspiriez pas,
Est-ce avoir fait des vols et des assassinats?

PACORUS.

Je le vois bien, madame, et vous et ce cher frère
Abondez en raisons pour cacher le mystère:
Je parle, promets, prie, et je n'avance rien.

Aussi votre intérêt est préférable au mien;
Rien n'est plus juste: mais....

PALMIS.

Seigneur....

PACORUS.

Adieu, madame:
Je vous fais trop jouir des troubles de mon ame.
Le ciel se lassera de m'être rigoureux.

PALMIS.

Seigneur, quand vous voudrez, il fera quatre heureux.

FIN DU SECOND ACTE.

ACTE TROISIÈME.

SCÈNE I.

ORODE, SILLACE.

SILLACE.

Je l'ai vu par votre ordre, et voulu par avance
Pénétrer le secret de son indifférence.
Il m'a paru, seigneur, si froid, si retenu :...
Mais vous en jugerez quand il sera venu.
Cependant je dirai que cette retenue
Sent une ame de trouble et d'ennuis prévenue;
Que ce calme paroît assez prémédité
Pour ne répondre pas de sa tranquillité;
Que cette indifférence a de l'inquiétude,
Et que cette froideur marque un peu trop d'étude.

ORODE.

Qu'un tel calme, Sillace, a droit d'inquiéter
Un roi qui lui doit tant, qu'il ne peut s'acquitter !
Un service au-dessus de toute récompense
A force d'obliger tient presque lieu d'offense;
Il reproche en secret tout ce qu'il a d'éclat;
Il livre tout un cœur au dépit d'être ingrat.
Le plus zélé déplaît, le plus utile gêne,
Et l'excès de son poids fait pencher vers la haine.

Suréna de l'exil lui seul m'a rappelé;
Il m'a rendu lui seul ce qu'on m'avoit volé,
Mon sceptre; de Crassus il vient de me défaire:
Pour faire autant pour lui quel don puis-je lui faire?
Lui partager mon trône? Il seroit tout à lui
S'il n'avoit mieux aimé n'en être que l'appui.
Quand j'en pleurois la perte, il forçoit des murailles;
Quand j'invoquois mes dieux, il gagnoit des batailles.
J'en frémis, j'en rougis, je m'en indigne, et crains
Qu'il n'ose quelque jour s'en payer par ses mains;
Et, dans tout ce qu'il a de nom et de fortune,
Sa fortune me pèse, et son nom m'importune.
Qu'un monarque est heureux, quand parmi ses sujets
Ses yeux n'ont point à voir de plus nobles objets,
Qu'au-dessus de sa gloire il n'y connoît personne,
Et qu'il est le plus digne enfin de sa couronne!

SILLACE.

Seigneur, pour vous tirer de ces perplexités,
La saine politique a deux extrémités.
Quoi qu'ait fait Suréna, quoi qu'il en faille attendre,
Ou faites-le périr, ou faites-en un gendre.
Puissant par sa fortune, et plus par son emploi,
S'il devient par l'hymen l'appui d'un autre roi,
Si, dans les différents que le ciel vous peut faire,
Une femme l'entraîne au parti de son père,
Que vous servira lors, seigneur, d'en murmurer?
Il faut, il faut le perdre, ou vous en assurer;
Il n'est point de milieu.

ORODE.

    Ma pensée est la vôtre:

Mais s'il ne veut pas l'un, pourrai-je vouloir l'autre?
Pour prix de ses hauts faits, et de m'avoir fait roi,
Son trépas.... Ce mot seul me fait pâlir d'effroi;
Ne m'en parlez jamais: que tout l'état périsse,
Avant que jusque-là ma vertu se ternisse,
Avant que je défère à ces raisons d'état
Qui nommeroient justice un si lâche attentat!

SILLACE.

Mais pourquoi lui donner les Romains en partage,
Quand sa gloire, seigneur, vous donnoit tant d'ombrage?
Pourquoi contre Artabase attacher vos emplois,
Et lui laisser matière à de plus grands exploits?

ORODE.

L'événement, Sillace, a trompé mon attente.
Je voyois des Romains la valeur éclatante;
Et, croyant leur défaite impossible sans moi,
Pour me la préparer, je fondis sur ce roi:
Je crus qu'il ne pourroit à-la-fois se défendre
Des fureurs de la guerre et de l'offre d'un gendre;
Et que par tant d'horreurs son peuple épouvanté
Lui feroit mieux goûter la douceur d'un traité;
Tandis que Suréna mis aux Romains en butte,
Les tiendroit en balance, ou craindroit pour sa chute,
Et me réserveroit la gloire d'achever,
Ou de le voir tombant, et de le relever.
Je réussis à l'un, et conclus l'alliance;
Mais Suréna vainqueur prévint mon espérance.
A peine d'Artabase eus-je signé la paix,
Que j'appris Crassus mort, et les Romains défaits.
Ainsi d'une si haute et si prompte victoire

J'emporte tout le fruit, et lui toute la gloire;
Et, beaucoup plus heureux que je n'aurois voulu,
Je me fais un malheur d'être trop absolu.
Je tiens toute l'Asie et l'Europe en alarmes,
Sans que rien s'en impute à l'effort de mes armes;
Et quand tous mes voisins tremblent pour leurs états,
Je ne les fais trembler que par un autre bras.
J'en tremble enfin moi-même, et pour remède unique
Je n'y vois qu'une basse et dure politique,
Si Mandane, l'objet des vœux de tant de rois,
Se doit voir d'un sujet le rebut ou le choix.

SILLACE.

Le rebut! Vous craignez, seigneur, qu'il la refuse?

ORODE.

Et ne se peut-il pas qu'un autre amour l'amuse,
Et que, rempli qu'il est d'une juste fierté,
Il n'écoute son cœur plus que ma volonté?
Le voici; laissez nous.

SCÈNE II.

ORODE, SURÉNA.

ORODE.

Suréna, vos services
(Qui l'auroit osé croire?) ont pour moi des supplices;
J'en ai honte, et ne puis assez me consoler
De ne voir aucun don qui les puisse égaler.
Suppléez au défaut d'une reconnoissance
Dont vos propres exploits m'ont mis en impuissance;

Et s'il en est un prix dont vous fassiez état,
Donnez-moi les moyens d'être un peu moins ingrat.

SURÉNA.

Quand je vous ai servi, j'ai reçu mon salaire,
Seigneur, et n'ai rien fait qu'un sujet n'ait dû faire;
La gloire m'en demeure, et c'est l'unique prix
Que s'en est proposé le soin que j'en ai pris.
Si pourtant il vous plaît, seigneur, que j'en demande
De plus dignes d'un roi dont l'ame est toute grande;
La plus haute vertu peut faire de faux pas;
Si la mienne en fait un, daignez ne le voir pas;
Gardez-moi des bontés toujours prêtes d'éteindre
Le plus juste courroux que j'aurois lieu d'en craindre;
Et si....

ORODE.

Ma gratitude oseroit se borner
Au pardon d'un malheur qu'on ne peut deviner,
Qui n'arrivera point? et j'attendrois un crime,
Pour vous montrer le fond de toute mon estime?
Le ciel m'est plus propice, et m'en ouvre un moyen
Par l'heureuse union de votre sang au mien.
D'avoir tout fait pour moi ce sera le salaire.

SURÉNA.

J'en ai flatté long-temps un espoir téméraire;
Mais puisque enfin le prince....

ORODE.

Il aima votre sœur,
Et le bien de l'état lui dérobe son cœur;
La paix de l'Arménie à ce prix est jurée.
Mais l'injure aisément peut être réparée;

J'y sais des rois tout prêts : et pour vous, dès demain,
Mandane que j'attends vous donnera la main.
C'est tout ce qu'en la mienne ont mis des destinées
Qu'à force de hauts faits la vôtre a couronnées.

SURÉNA.

A cet excès d'honneur rien ne peut s'égaler :
Mais si vous me laissiez liberté d'en parler,
Je vous dirois, seigneur, que l'amour paternelle
Doit à cette princesse un trône digne d'elle ;
Que l'inégalité de mon destin au sien
Ravaleroit son sang sans élever le mien ;
Qu'une telle union, quelque haut qu'on la mette,
Me laisse encor sujet, et la rendroit sujette ;
Et que de son hymen, malgré tous mes hauts faits,
Au lieu de rois à naître, il naîtroit des sujets.
De quel œil voulez-vous, seigneur, qu'elle me donne
Une main refusée à plus d'une couronne,
Et qu'un si digne objet des vœux de tant de rois
Descende par votre ordre à cet indigne choix ?
Que de mépris pour moi ! que de honte pour elle !
Non, seigneur, croyez-en un serviteur fidèle ;
Si votre sang du mien veut augmenter l'honneur,
Il y faut l'union du prince avec ma sœur.
Ne le mêlez, seigneur, au sang de vos ancêtres
Qu'afin que vos sujets en reçoivent des maîtres :
Vos Parthes dans la gloire ont trop long-temps vécu,
Pour attendre des rois du sang de leur vaincu.
Si vous ne le savez, tout le camp en murmure ;
Ce n'est qu'avec dépit que le peuple l'endure.
Quelles lois eût pu faire Artabase vainqueur

Plus rudes, disent-ils, même à des gens sans cœur?
Je les fais taire. Mais, seigneur, à le bien prendre,
C'étoit moins l'attaquer que lui mener un gendre;
Et, si vous en aviez consulté leurs souhaits,
Vous auriez préféré la guerre à cette paix.

ORODE.

Est-ce dans le dessein de vous mettre à leur tête
Que vous me demandez ma grace toute prête?
Et de leurs vains souhaits vous font-ils le porteur
Pour faire Palmis reine avec plus de hauteur?
Il n'est rien d'impossible à la valeur d'un homme
Qui rétablit son maître et triomphe de Rome:
Mais sous le ciel tout change, et les plus valeureux
N'ont jamais sûreté d'être toujours heureux.
J'ai donné ma parole; elle est inviolable.
Le prince aime Eurydice autant qu'elle est aimable:
Et, s'il faut dire tout, je lui dois cet appui
Contre ce que Phradate osera contre lui.
Car tout ce qu'attenta contre moi Mitradate,
Pacorus le doit craindre à son tour de Phradate:
Cet esprit turbulent, et jaloux du pouvoir,
Quoique son frère....

SURÉNA.

Il sait que je fais mon devoir,
Et n'a pas oublié que dompter des rebelles,
Détrôner un tyran....

ORODE.

Ces actions sont belles;
Mais pour m'avoir remis en état de régner,
Rendent-elles pour vous ma fille à dédaigner?

SURÉNA.

Suréna.
La dédaigner, seigneur, quand mon zèle fidèle
N'ose me regarder que comme indigne d'elle !
Osez me dispenser de ce que je vous doi,
Et, pour la mériter, je cours me faire roi.
S'il n'est rien d'impossible à la valeur d'un homme
Qui rétablit son maître et triomphe de Rome,
Sur quels rois aisément ne pourrai-je emporter,
En faveur de Mandane, un sceptre à la doter ?
Prescrivez-moi, seigneur, vous-même une conquête
Dont en prenant sa main je couronne sa tête ;
Et vous direz après si c'est la dédaigner,
Que vouloir ou me perdre ou la faire régner.
Mais je suis né sujet ; et j'aime trop à l'être.
Pour hasarder mes jours que pour servir mon maître,
Et consentir jamais qu'un homme tel que moi
Souille par son hymen le pur sang de son roi.

Orode.
Je n'examine point si ce respect déguise :
Mais parlons une fois avec pleine franchise.

Vous êtes mon sujet, mais un sujet si grand,
Que rien n'est malaisé quand son bras l'entreprend.
Vous possédez sous moi deux provinces entières
De peuples si hardis, de nations si fières,
Que sur tant de vassaux je n'ai d'autorité
Qu'autant que votre zèle a de fidélité.
Ils vous ont jusqu'ici suivi comme fidèle ;
Et, quand vous le voudrez, ils vous suivront rebelle :
Vous avez tant de nom, que tous les rois voisins
Vous veulent, comme Orode, unir à leurs destins

La victoire, chez vous passée en habitude,
Met jusque dans ses murs Rome en inquiétude :
Par gloire, ou pour braver au besoin mon courroux,
Vous traînez en tous lieux dix mille ames à vous :
Le nombre est peu commun pour un train domestique ;
Et s'il faut qu'avec vous tout-à-fait je m'explique,
Je ne vous saurois croire assez en mon pouvoir,
Si les nœuds de l'hymen n'enchaînent le devoir.

SURÉNA.

Par quel crime, seigneur, ou par quelle imprudence
Ai-je pu mériter si peu de confiance?
Si mon cœur, si mon bras pouvoit être gagné,
Mitradate et Crassus n'auroient rien épargné :
Tous les deux....

ORODE.

Laissons là Crassus et Mitradate.
Suréna, j'aime à voir que votre gloire éclate ;
Tout ce que je vous dois j'aime à le publier :
Mais, quand je m'en souviens, vous devez l'oublier.
Si le ciel par vos mains m'a rendu cet empire,
Je sais vous épargner la peine de le dire ;
Et, s'il met votre zéle au-dessus du commun,
Je n'en suis point ingrat ; craignez d'être importun.

SURÉNA.

Je reviens à Palmis, seigneur. De mes hommages
Si les lois du devoir sont de trop foibles gages,
En est-il de plus sûrs, où de plus fortes lois,
Qu'avoir une sœur reine et des neveux pour rois?
Mettez mon sang au trône, et n'en cherchez point d'autres,
Pour unir à tel point mes intérêts aux vôtres

Que tout cet univers, que tout notre avenir
Ne trouve aucune voie à les en désunir.
ORODE.
Mais, Suréna, le puis-je après la foi donnée,
Au milieu des apprêts d'un si grand hyménée?
Et rendrai-je aux Romains qui voudront me braver
Un ami que la paix vient de leur enlever?
Si le prince renonce au bonheur qu'il espère,
Que dira la princesse, et que fera son père?
SURÉNA.
Pour son père, seigneur, laissez-m'en le souci.
J'en réponds, et pourrois répondre d'elle aussi.
Malgré la triste paix que vous avez jurée,
Avec le prince même elle s'est déclarée;
Et, si je puis vous dire avec quels sentiments
Elle attend à demain l'effet de vos serments,
Elle aime ailleurs.
ORODE.
Et qui?
SURÉNA.
C'est ce qu'elle aime à taire:
Du reste, son amour n'en fait aucun mystère,
Et cherche à reculer les effets d'un traité
Qui fait tant murmurer votre peuple irrité.
ORODE.
Est-ce au peuple, est-ce à vous, Suréna, de me dire
Pour lui donner des rois quel sang je dois élire?
Et, pour voir dans l'état tous mes ordres suivis,
Est-ce de mes sujets que je dois prendre avis?
Si le prince à Palmis veut rendre sa tendresse,

ACTE III, SCÈNE II.

Je consens qu'il dédaigne à son tour la princesse;
Et nous verrons après quel remède apporter
A la division qui peut en résulter.
Pour vous, qui vous sentez indigne de ma fille,
Et craignez par respect d'entrer en ma famille,
Choisissez un parti qui soit digne de vous,
Et qui sur-tout n'ait rien à me rendre jaloux;
Mon ame avec chagrin sur ce point balancée
En veut, et dès demain, être débarrassée.

SURÉNA.

Seigneur, je n'aime rien.

ORODE.

Que vous aimiez ou non,
Faites un choix vous-même, ou souffrez-en le don.

SURÉNA.

Mais, si j'aime en tel lieu qu'il m'en faille avoir honte,
Du secret de mon cœur puis-je vous rendre compte?

ORODE.

A demain, Suréna; s'il se peut, dès ce jour,
Résolvons cet hymen avec ou sans amour.
Cependant allez voir la princesse Eurydice;
Sous les lois du devoir ramenez son caprice;
Et ne m'obligez point à faire à ses appas
Un compliment de roi qui ne lui plairoit pas.
Palmis vient par mon ordre, et je veux en apprendre
Dans vos prétentions la part qu'elle aime à prendre.

SCÈNE III.

ORODE, PALMIS.

ORODE.

Suréna m'a surpris, et je n'aurois pas dit
Qu'avec tant de valeur il eût eu tant d'esprit:
Mais moins on le prévoit, et plus cet esprit brille;
Il trouve des raisons à refuser ma fille,
Mais fortes; et qui même ont si bien succédé,
Que s'en disant indigne il m'a persuadé.
Savez-vous ce qu'il aime? Il est hors d'apparence
Qu'il fasse un tel refus sans quelque préférence,
Sans quelque objet charmant, dont l'adorable choix
Ferme tout son grand cœur au pur sang de ses rois.

PALMIS.

J'ai cru qu'il n'aimoit rien.

ORODE.

Il me l'a dit lui-même.
Mais la princesse avoue, et hautement, qu'elle aime:
Vous êtes son amie, et savez quel amant
Dans un cœur qu'elle doit règne si puissamment.

PALMIS.

Si la princesse en moi prend quelque confiance,
Seigneur, m'est-il permis d'en faire confidence?
Reçoit-on des secrets sans une forte loi?

ORODE.

Je croyois qu'elle pût se rompre pour un roi,
Et veux bien toutefois qu'elle soit si sévère
Qu'en mon propre intérêt elle oblige à se taire:

ACTE III, SCÈNE III.

Mais vous pouvez du moins me répondre de vous.

PALMIS.

Ah! pour mes sentiments, je vous les dirai tous.
J'aime ce que j'aimois, et n'ai point changé d'ame:
Je n'en fais point secret.

ORODE.

L'aimer encor, madame!
Ayez-en quelque honte, et parlez-en plus bas.
C'est foiblesse d'aimer qui ne vous aime pas.

PALMIS.

Non, seigneur: à son prince attacher sa tendresse,
C'est une grandeur d'ame et non une foiblesse;
Et lui garder un cœur qu'il lui plut mériter
N'a rien d'assez honteux pour ne s'en point vanter.
J'en ferai toujours gloire; et mon ame, charmée
De l'heureux souvenir de m'être vue aimée,
N'étouffera jamais l'éclat de ces beaux feux
Qu'alluma son mérite, et l'offre de ses vœux.

ORODE.

Faites mieux, vengez-vous. Il est des rois, madame,
Plus dignes qu'un ingrat d'une si belle flamme.

PALMIS.

De ce que j'aime encor ce seroit m'éloigner,
Et me faire un exil sous ombre de régner.
Je veux toujours le voir, cet ingrat qui me tue,
Non pour le triste bien de jouir de sa vue;
Cette fausse douceur est au-dessous de moi,
Et ne vaudra jamais que je néglige un roi.
Mais il est des plaisirs qu'une amante trahie
Goûte au milieu des maux qui lui coûtent la vie.

Je verrai l'infidèle inquiet, alarmé
D'un rival inconnu, mais ardemment aimé,
Rencontrer à mes yeux sa peine dans son crime,
Par les mains de l'hymen devenir ma victime,
Et ne me regarder, dans ce chagrin profond,
Que le remords en l'ame, et la rougeur au front.
De mes bontés pour lui l'impitoyable image,
Qu'imprimera l'amour sur mon pâle visage,
Insultera son cœur; et dans nos entretiens
Mes pleurs et mes soupirs rappelleront les siens,
Mais qui ne serviront qu'à lui faire connoître
Qu'il pouvoit être heureux et ne sauroit plus l'être;
Qu'à lui faire trop tard haïr son peu de foi,
Et, pour tout dire ensemble, avoir regret à moi.
Voilà tout le bonheur où mon amour aspire;
Voilà contre un ingrat tout ce que je conspire;
Voilà tous les plaisirs que j'espère à le voir,
Et tous les sentiments que vous vouliez savoir.

ORODE.

C'est bien traiter les rois en personnes communes
Qu'attacher à leur rang ces gênes importunes,
Comme si, pour vous plaire et les inquiéter,
Dans le trône avec eux l'amour pouvoit monter.
Il nous faut un hymen, pour nous donner des princes
Qui soient l'appui du sceptre et l'espoir des provinces;
C'est là qu'est notre force; et, dans nos grands destins,
Le manque de vengeurs enhardit les mutins.
Du reste, en ces grands nœuds l'état qui s'intéresse
Ferme l'œil aux attraits et l'ame à la tendresse:
La seule politique est ce qui nous émeut;

ACTE III, SCÈNE III.

On la suit, et l'amour s'y mêle comme il peut:
S'il vient, on l'applaudit; s'il manque, on s'en console:
C'est dont vous pouvez croire un roi sur sa parole.
Nous ne sommes point faits pour devenir jaloux,
Ni pour être en souci si le cœur est à nous.
Ne vous repaissez plus de ces vaines chimères,
Qui ne font les plaisirs que des ames vulgaires,
Madame; et, que le prince ait ou non à souffrir,
Acceptez un des rois que je puis vous offrir.

PALMIS.

Pardonnez-moi, seigneur, si mon ame alarmée
Ne veut point de ces rois dont on n'est point aimée.
J'ai cru l'être du prince, et l'ai trouvé si doux,
Que le souvenir seul m'en plaît plus qu'un époux.

ORODE.

N'en parlons plus, madame; et dites à ce frère
Qui vous est aussi cher que vous me seriez chère,
Que parmi ses respects il n'a que trop marqué....

PALMIS.

Quoi, seigneur?

ORODE.

Avec lui je crois m'être expliqué.
Qu'il y pense, madame. Adieu.

PALMIS, seule.

Quel triste augure!
Et que ne me dit point cette menace obscure!
Sauvez ces deux amants, ô ciel, et détournez
Les soupçons que leurs feux peuvent avoir donnés!

FIN DU TROISIÈME ACTE.

ACTE QUATRIÈME.

SCÈNE I.

EURYDICE, ORMÈNE.

ORMÈNE.
Oui, votre intelligence à demi découverte
Met votre Suréna sur le bord de sa perte.
Je l'ai su de Sillace; et j'ai lieu de douter
Qu'il n'ait, s'il faut tout dire, ordre de l'arrêter.

EURYDICE.
On n'oseroit, Ormène; on n'oseroit.

ORMÈNE.
Madame,
Croyez-en un peu moins votre fermeté d'ame.
Un héros arrêté n'a que deux bras à lui;
Et souvent trop de gloire est un débile appui.

EURYDICE.
Je sais que le mérite est sujet à l'envie,
Que son chagrin s'attache à la plus belle vie.
Mais sur quelle apparence oses-tu présumer
Qu'on pourroit....

ORMÈNE.
Il vous aime, et s'en est fait aimer.

EURYDICE.
Qui l'a dit?

ORMÈNE.

Vous et lui; c'est son crime et le vôtre.
Il refuse Mandane, et n'en veut aucune autre;
On sait que vous aimez, on ignore l'amant:
Madame, tout cela parle trop clairement.

EURYDICE.

Ce sont de vains soupçons qu'avec moi tu hasardes.

SCÈNE II.

EURYDICE, PALMIS, ORMÈNE.

PALMIS.

Madame, à chaque porte on a posé des gardes;
Rien n'entre, rien ne sort, qu'avec ordre du roi.

EURYDICE.

Qu'importe? et quel sujet en prenez-vous d'effroi?

PALMIS.

Ou quelque grand orage à nous troubler s'apprête,
Ou l'on en veut, madame, à quelque grande tête:
Je tremble pour mon frère.

EURYDICE.

A quel propos trembler?
Un roi qui lui doit tout voudroit-il l'accabler?

PALMIS.

Vous le figurez-vous à tel point insensible,
Que de son alliance un refus si visible....

EURYDICE.

Un si rare service a su le prévenir
Qu'il doit récompenser avant que de punir.

PALMIS.

Il le doit; mais, après une pareille offense,
Il est rare qu'on songe à la reconnoissance,
Et par un tel mépris le service effacé
Ne tient plus d'yeux ouverts sur ce qui s'est passé.

EURYDICE.

Pour la sœur d'un héros, c'est être bien timide.

PALMIS.

L'amante a-t-elle droit d'être plus intrépide?

EURYDICE.

L'amante d'un héros aime à lui ressembler,
Et voit ainsi que lui ses périls sans trembler.

PALMIS.

Vous vous flattez, madame; elle a de la tendresse
Que leur idée étonne, et leur image blesse;
Et ce que dans sa perte elle prend d'intérêt
Ne sauroit sans désordre en attendre l'arrêt.
Cette mâle vigueur de constance héroïque
N'est point une vertu dont le sexe se pique;
Ou, s'il peut jusque-là porter sa fermeté,
Ce qu'il appelle amour n'est qu'une dureté.
Si vous aimiez mon frère, on verroit quelque alarme;
Il vous échapperoit un soupir, une larme,
Qui marqueroit du moins un sentiment jaloux
Qu'une sœur se montrât plus sensible que vous.
Dieux! je donne l'exemple, et l'on s'en peut défendre!
Je le donne à des yeux qui ne daignent le prendre!
Auroit-on jamais cru qu'on pût voir quelque jour
Les nœuds du sang plus forts que les nœuds de l'amour?
Mais j'ai tort, et la perte est pour vous moins amère.

On recouvre un amant plus aisément qu'un frère;
Et si je perds celui que le ciel me donna,
Quand j'en recouvrerois, seroit-ce un Suréna?

EURYDICE.

Et si j'avois perdu cet amant qu'on menace,
Seroit-ce un Suréna qui rempliroit sa place?
Pensez-vous qu'exposée à de si rudes coups,
J'en soupire au-dedans, et tremble moins que vous?
Mon intrépidité n'est qu'un effort de gloire,
Que, tout fier qu'il paroît, mon cœur n'en veut pas croire.
Il est tendre, et ne rend ce tribut qu'à regret
Au juste et dur orgueil qu'il dément en secret.
Oui, s'il en faut parler avec une ame ouverte,
Je pense voir déja l'appareil de sa perte,
De ce héros si cher; et ce mortel ennui
N'ose plus aspirer qu'à mourir avec lui.

PALMIS.

Avec moins de chaleur, vous pourriez bien plus faire.
Acceptez mon amant pour conserver mon frère,
Madame; et puisque enfin il vous faut l'épouser,
Tâchez, par politique, à vous y disposer.

EURYDICE.

Mon amour est trop fort pour cette politique:
Tout entier on l'a vu, tout entier il s'explique;
Et le prince sait trop ce que j'ai dans le cœur,
Pour recevoir ma main comme un parfait bonheur.
J'aime ailleurs, et l'ai dit trop haut pour m'en dédire,
Avant qu'en sa faveur tout cet amour expire.
C'est avoir trop parlé; mais, dût se perdre tout,
Je me tiendrai parole, et j'irai jusqu'au bout.

PALMIS.

Ainsi donc vous voulez que ce héros périsse?

EURYDICE.

Pourroit-on en venir jusqu'à cette injustice?

PALMIS.

Madame, il répondra de toutes vos rigueurs,
Et du trop d'union où s'obstinent vos cœurs.
Rendez heureux le prince, il n'est plus sa victime.
Qu'il se donne à Mandane, il n'aura plus de crime.

EURYDICE.

Qu'il s'y donne, madame, et ne m'en dise rien:
Ou, si son cœur encor peut dépendre du mien,
Qu'il attende à l'aimer que ma haine cessée
Vers l'amour de son frère ait tourné ma pensée.
Résolvez-le vous-même à me désobéir;
Forcez-moi, s'il se peut, moi-même à le haïr;
A force de raison faites m'en un rebelle;
Accablez-le de pleurs pour le rendre infidèle;
Par pitié, par tendresse, appliquez tous vos soins
A me mettre en état de l'aimer un peu moins:
J'achèverai le reste. A quelque point qu'on aime,
Quand le feu diminue, il s'éteint de lui-même.

PALMIS.

Le prince vient, madame, et n'a pas grand besoin,
Dans son amour pour vous, d'un odieux témoin:
Vous pourrez mieux sans moi flatter son espérance,
Mieux en notre faveur tourner sa déférence;
Et ce que je prévois me fait assez souffrir,
Sans y joindre les vœux qu'il cherche à vous offrir.

SCÈNE III.

PACORUS, EURYDICE, ORMÈNE.

EURYDICE.

Est-ce pour moi, seigneur, qu'on fait garde à vos portes?
Pour assurer ma fuite, ai-je ici des escortes?
Ou si ce grand hymen, pour ses derniers apprêts....

PACORUS.

Madame, ainsi que vous, chacun a ses secrets.
Ceux que vous honorez de votre confidence
Observent par votre ordre un généreux silence.
Le roi suit votre exemple; et, si c'est vous gêner,
Comme nous devinons, vous pouvez deviner.

EURYDICE.

Qui devine est souvent sujet à se méprendre.

PACORUS.

Si je devine mal, je sais à qui m'en prendre;
Et comme votre amour n'est que trop évident,
Si je n'en sais l'objet, j'en sais le confident.
Il est le plus coupable: un amant peut se taire;
Mais d'un sujet au roi, c'est crime qu'un mystère.
Qui connoît un obstacle au bonheur de l'état,
Tant qu'il le tient caché, commet un attentat.
Ainsi ce confident.... Vous m'entendez, madame;
Et je vois dans les yeux ce qui se passe en l'ame.

EURYDICE.

S'il a ma confidence, il a mon amitié;
Et je lui dois, seigneur, du moins quelque pitié.

PÂCORUS.

Ce sentiment est juste, et même je veux croire
Qu'un cœur tel que le vôtre a droit d'en faire gloire;
Mais ce trouble, madame, et cette émotion
N'ont-ils rien de plus fort que la compassion?
Et quand de ses périls l'ombre vous intéresse,
Qu'une pitié si prompte en sa faveur vous presse,
Un si cher confident ne fait-il point douter
De l'amant ou de lui qui les peut exciter?

EURYDICE.

Qu'importe? et quel besoin de les confondre ensemble,
Quand ce n'est que pour vous, après tout, que je tremble?

PACORUS.

Quoi! vous me menacez vous-même à votre tour!
Et les emportements de votre aveugle amour....

EURYDICE.

Je m'emporte et m'aveugle un peu moins qu'on ne pense:
Pour l'avouer vous-même, entrons en confidence.
  Seigneur, je vous regarde en qualité d'époux;
Ma main ne sauroit être et ne sera qu'à vous;
Mes vœux y sont déja, tout mon cœur y veut être;
Dès que je le pourrai, je vous en ferai maître;
Et si pour s'y réduire il me fait différer,
Cet amant si chéri n'en peut rien espérer.
Je ne serai qu'à vous, qui que ce soit que j'aime,
A moins qu'à vous quitter vous m'obligiez vous-même:
Mais s'il faut que le temps m'apprenne à vous aimer,
Il ne me l'apprendra qu'à force d'estimer;
Et si vous me forcez à perdre cette estime,
Si votre impatience ose aller jusqu'au crime....

ACTE IV, SCÈNE III. 373

Vous m'entendez, seigneur, et c'est vous dire assez
D'où me viennent pour vous ces vœux intéressés.
J'ai part à votre gloire, et je tremble pour elle
Que vous ne la souilliez d'une tache éternelle,
Que le barbare éclat d'un indigne soupçon
Ne fasse à l'univers détester votre nom,
Et que vous ne veuilliez sortir d'inquiétude
Par une épouvantable et noire ingratitude.
Pourrois-je après cela vous conserver ma foi
Comme si vous étiez encor digne de moi,
Recevoir sans horreur l'offre d'une couronne
Toute fumante encor du sang qui vous la donne,
Et m'exposer en proie aux fureurs des Romains,
Quand pour les repousser vous n'auriez point de mains?
Si Crassus est défait, Rome n'est pas détruite;
D'autres ont ramassé les débris de sa fuite;
De nouveaux escadrons leur vont enfler le cœur;
Et vous avez besoin encor de son vainqueur.
  Voilà ce que pour vous craint une destinée
Qui se doit bientôt voir à la vôtre enchaînée,
Et deviendroit infame à se vouloir unir
Qu'à des rois dont on puisse aimer le souvenir.

PACORUS.

Tout ce que vous craignez est en votre puissance,
Madame; il ne vous faut qu'un peu d'obéissance,
Qu'exécuter demain ce qu'un père a promis:
L'amant, le confident, n'auront plus d'ennemis.
C'est de quoi, de nouveau, tout mon cœur vous conjure,
Par les tendres respects d'une flamme si pure,
Ces assidus respects, qui, sans cesse bravés,

Ne peuvent obtenir ce que vous me devez,
Par tout ce qu'a de rude un orgueil inflexible,
Par tous les maux que souffre....

EURYDICE.

Et moi, suis-je insensible?
Livre-t-on à mon cœur de moins rudes combats?
Seigneur, je suis aimée, et vous ne l'êtes pas.
Mon devoir vous prépare un assuré remède,
Quand il n'en peut souffrir au mal qui me possède;
Et pour finir le vôtre, il ne veut qu'un moment;
Quand il faut que le mien dure éternellement.

PACORUS.

Ce moment quelquefois est difficile à prendre,
Madame; et si le roi se lasse de l'attendre,
Pour venger le mépris de son autorité,
Songez à ce que peut un monarque irrité.

EURYDICE.

Ma vie est en ses mains, et de son grand courage
Il peut montrer sur elle un glorieux ouvrage.

PACORUS.

Traitez-le mieux, de grace, et ne vous alarmez
Que pour la sûreté de ce que vous aimez.
Le roi sait votre foible, et le trouble que porte
Le péril d'un amant dans l'ame la plus forte.

EURYDICE.

C'est mon foible, il est vrai; mais, si j'ai de l'amour,
J'ai du cœur, et pourrois le mettre en son plein jour.
Ce grand roi cependant prend une aimable voie
Pour me faire accepter ses ordres avec joie!
Pensez-y mieux, de grace; et songez qu'au besoin

ACTE IV, SCÈNE III.

Un pas hors du devoir nous peut mener bien loin.
Après ce premier pas, ce pas qui seul nous gêne,
L'amour rompt aisément le reste de sa chaîne;
Et, tyran à son tour du devoir méprisé,
Il s'applaudit long-temps du joug qu'il a brisé.

PACORUS.

Madame....

EURYDICE.

Après cela, seigneur, je me retire;
Et s'il vous reste encor quelque chose à me dire,
Pour éviter l'éclat d'un orgueil imprudent,
Je vous laisse achever avec mon confident.

SCÈNE IV.

PACORUS, SURÉNA.

PACORUS.

Suréna, je me plains, et j'ai lieu de me plaindre.

SURÉNA.

De moi, seigneur?

PACORUS.

De vous. Il n'est plus temps de feindre :
Malgré tous vos détours, on sait la vérité;
Et j'attendois de vous plus de sincérité,
Moi, qui mettois en vous ma confiance entière,
Et ne voulois souffrir aucune autre lumière.
L'amour dans sa prudence est toujours indiscret;
A force de se taire il trahit son secret :
Le soin de le cacher découvre ce qu'il cache;

Et son silence dit tout ce qu'il craint qu'on sache.
Ne cachez plus le vôtre, il est connu de tous,
Et toute votre adresse a parlé contre vous.

SURÉNA.

Puisque vous vous plaignez, la plainte est légitime,
Seigneur: mais, après tout, j'ignore encor mon crime.

PACORUS.

Vous refusez Mandane avec tant de respect,
Qu'il est trop raisonné pour n'être point suspect.
Avant qu'on vous l'offrît vos raisons étoient prêtes,
Et jamais on n'a vu de refus plus honnêtes;
Mais ces honnêtetés ne font pas moins rougir.
Il falloit tout promettre, et la laisser agir;
Il falloit espérer de son orgueil sévère
Un juste désaveu des volontés d'un père,
Et l'aigrir par des vœux si froids, si mal conçus,
Qu'elle usurpât sur vous la gloire du refus.
Vous avez mieux aimé tenter un artifice
Qui pût mettre Palmis où doit être Eurydice,
En me donnant le change attirer mon courroux,
Et montrer quel objet vous réservez pour vous.
Mais vous auriez mieux fait d'appliquer tant d'adresse
A remettre au devoir l'esprit de la princesse:
Vous en avez eu l'ordre, et j'en suis plus haï.
C'est pour un bon sujet avoir bien obéi!

SURÉNA.

Je le vois bien, seigneur; qu'on m'aime, qu'on vous aime,
Qu'on ne vous aime pas, que je n'aime pas même,
Tout m'est compté pour crime; et je dois seul au roi
Répondre de Palmis, d'Eurydice, et de moi;

ACTE IV, SCÈNE IV.

Comme si je pouvois sur une ame enflammée
Ce qu'on me voit pouvoir sur tout un corps d'armée,
Et qu'un cœur ne fût pas plus pénible à tourner
Que les Romains à vaincre et qu'un sceptre à donner.
    Sans faire un nouveau crime, oserai-je vous dire
Que l'empire des cœurs n'est pas de votre empire,
Et que l'amour, jaloux de son autorité,
Ne reconnoît ni rois ni souveraineté?
Il hait tous les emplois où la force l'appelle;
Dès qu'on le violente, on en fait un rebelle;
Et je suis criminel de n'en pas triompher,
Quand vous-même, seigneur, ne pouvez l'étouffer!
Changez-en par votre ordre à tel point le caprice,
Qu'Eurydice vous aime, et Palmis vous haïsse,
Ou rendez votre cœur à vos lois si soumis
Qu'il dédaigne Eurydice, et retourne à Palmis.
Tout ce que vous pourrez ou sur vous ou sur elles,
Rendra mes actions d'autant plus criminelles;
Mais sur elles, sur vous, si vous ne pouvez rien,
Des crimes de l'amour ne faites plus le mien.

              PACORUS.

Je pardonne à l'amour les crimes qu'il fait faire;
Mais je n'excuse point ceux qu'il s'obstine à taire,
Qui cachés avec soin se commettent long-temps,
Et tiennent près des rois de secrets mécontents.
Un sujet qui se voit le rival de son maître,
Quelque étude qu'il perde à ne le point paroître,
Ne pousse aucun soupir sans faire un attentat;
Et d'un crime d'amour il en fait un d'état.
Il a besoin de grace, et sur-tout quand on l'aime,

Jusqu'à se révolter contre le diadême,
Jusqu'à servir d'obstacle au bonheur général.

SURÉNA.

Oui: mais quand de son maître on lui fait un rival,
Qu'il aimoit le premier; qu'en dépit de sa flamme
Il cède, aimé qu'il est, ce qu'adore son ame;
Qu'il renonce à l'espoir, dédit sa passion,
Est-il digne de grace, ou de compassion?

PACORUS.

Qui cède ce qu'il aime est digne qu'on le loue:
Mais il ne cède rien quand on l'en désavoue;
Et les illusions d'un si faux compliment
Ne méritent qu'un long et vrai ressentiment.

SURÉNA.

Tout à l'heure, seigneur, vous me parliez de grace,
Et déja vous passez jusques à la menace!
La grace est aux grands cœurs honteuse à recevoir;
La menace n'a rien qui les puisse émouvoir.
Tandis que hors des murs ma suite est dispersée,
Que la garde au dedans par Sillace est placée,
Que le peuple s'attend à me voir arrêter,
Si quelqu'un en a l'ordre, il peut l'exécuter.
Qu'on veuille mon épée, ou qu'on veuille ma tête,
Dites un mot, seigneur, et l'une et l'autre est prête:
Je n'ai goutte de sang qui ne soit à mon roi;
Et si l'on m'ose perdre, il perdra plus que moi.
J'ai vécu pour ma gloire autant qu'il falloit vivre,
Et laisse un grand exemple à qui pourra me suivre;
Mais si vous me livrez à vos chagrins jaloux,
Je n'aurai pas peut-être assez vécu pour vous.

ACTE IV, SCÈNE IV.

PACORUS.

Suréna, mes pareils n'aiment point ces manières.
Ce sont fausses vertus que des vertus si fières.
Après tant de hauts faits et d'exploits signalés,
Le roi ne peut douter de ce que vous valez;
Il ne veut pas vous perdre : épargnez-vous la peine
D'attirer sa colère et mériter ma haine;
Donnez à vos égaux l'exemple d'obéir
Plutôt que d'un amour qui cherche à vous trahir.
Il sied bien aux grands cœurs de paroître intrépides,
De donner à l'orgueil plus qu'aux vertus solides;
Mais souvent ces grands cœurs n'en font que mieux leur cour
A paroître au besoin maîtres de leur amour.
Recevez cet avis d'une amitié fidèle :
Ce soir la reine arrive, et Mandane avec elle.
Je ne demande point le secret de vos feux;
Mais songez bien qu'un roi, quand il dit, Je le veux....
Adieu. Ce mot suffit; et vous devez m'entendre.

SURÉNA.

Je fais plus, je prévois ce que j'en dois attendre;
Je l'attends sans frayeur; et, quel qu'en soit le cours,
J'aurai soin de ma gloire, ordonnez de mes jours.

FIN DU QUATRIÈME ACTE.

ACTE CINQUIÈME.

SCÈNE I.

ORODE, EURYDICE.

ORODE.

Ne me l'avouez point; en cette conjoncture,
Le soupçon m'est plus doux que la vérité sûre;
L'obscurité m'en plaît, et j'aime à n'écouter
Que ce qui laisse encor liberté d'en douter.
Cependant par mon ordre on a mis garde aux portes,
Et d'un amant suspect dispersé les escortes;
De crainte qu'un aveugle et fol emportement
N'allât, et malgré vous, jusqu'à l'enlèvement.
La vertu la plus haute alors cède à la force;
Et pour deux cœurs unis l'amour a tant d'amorce,
Que le plus grand courroux qu'on voie y succéder
N'aspire qu'aux douceurs de se raccommoder.
Il n'est que trop aisé de juger quelle suite
Exigeroit de moi l'éclat de cette fuite;
Et pour n'en pas venir à ces extrémités,
Que vous l'aimiez ou non, j'ai pris mes sûretés.

EURYDICE.
A ces précautions je suis trop redevable;
Une prudence moindre en seroit incapable,

Seigneur: mais, dans le doute où votre esprit se plaît,
Si j'ose en ce héros prendre quelque intérêt,
Son sort est plus douteux que votre incertitude,
Et j'ai lieu plus que vous d'être en inquiétude.
Je ne vous réponds point sur cet enlèvement;
Mon devoir, ma fierté, tout en moi le dément.
La plus haute vertu peut céder à la force,
Je le sais, de l'amour je sais quelle est l'amorce;
Mais contre tous les deux l'orgueil peut secourir,
Et rien n'en est à craindre alors qu'on sait mourir.
Je ne serai qu'au prince.

ORODE.

Oui: mais à quand, madame,
A quand cet heureux jour, que de toute son ame....

EURYDICE.

Il se verroit, seigneur, dès ce soir mon époux,
S'il n'eût point voulu voir dans mon cœur plus que vous:
Sa curiosité s'est trop embarrassée
D'un point dont il devoit éloigner sa pensée.
Il sait que j'aime ailleurs, et l'a voulu savoir;
Pour peine il attendra l'effort de mon devoir.

ORODE.

Les délais les plus longs, madame, ont quelque terme.

EURYDICE.

Le devoir vient à bout de l'amour le plus ferme;
Les grands cœurs ont vers lui des retours éclatants;
Et quand on veut se vaincre, il y faut peu de temps.
Un jour y peut beaucoup, une heure y peut suffire,
Un de ces bons moments qu'un cœur n'ose en dédire;
S'il ne suit pas toujours nos souhaits et nos soins,

Il arrive souvent quand on l'attend le moins.
Mais je ne promets pas de m'y rendre facile,
Seigneur, tant que j'aurai l'ame si peu tranquille;
Et je ne livrerai mon cœur qu'à mes ennuis,
Tant qu'on me laissera dans l'alarme où je suis.

ORODE.

Le sort de Suréna vous met donc en alarme?

EURYDICE.

Je vois ce que pour tous ses vertus ont de charme,
Et puis craindre pour lui ce qu'on voit craindre à tous,
Ou d'un maître en colère ou d'un rival jaloux.
 Ce n'est point toutefois l'amour qui m'intéresse,
C'est.... Je crains encor plus que ce mot ne vous blesse,
Et qu'il ne vaille mieux s'en tenir à l'amour,
Que d'en mettre, et si tôt, le vrai sujet au jour.

ORODE.

Non, madame, parlez, montrez toutes vos craintes:
Puis-je sans les connoître en guérir les atteintes,
Et, dans l'épaisse nuit où vous vous retranchez,
Choisir le vrai remède aux maux que vous cachez?

EURYDICE.

Mais si je vous disois que j'ai droit d'être en peine
Pour un trône où je dois un jour monter en reine;
Que perdre Suréna, c'est livrer aux Romains
Un sceptre que son bras a remis en vos mains;
Que c'est ressusciter l'orgueil de Mitradate,
Exposer avec vous Pacorus et Phradate;
Que je crains que sa mort, enlevant votre appui,
Vous renvoie à l'exil où vous seriez sans lui:
Seigneur, ce seroit être un peu trop téméraire.

J'ai dû le dire au prince, et je dois vous le taire;
J'en dois craindre un trop long et trop juste courroux;
Et l'amour trouvera plus de grace chez vous.

ORODE.

Mais, madame, est-ce à vous d'être si politique?
Qui peut se taire ainsi, voyons comme il s'explique.
Si votre Suréna m'a rendu mes états,
Me les a-t-il rendus pour ne m'obéir pas?
Et trouvez-vous par là sa valeur bien fondée
A ne m'estimer plus son maître qu'en idée,
A vouloir qu'à ses lois j'obéisse à mon tour?
Ce discours iroit loin: revenons à l'amour,
Madame; et s'il est vrai qu'enfin....

EURYDICE.

Laissez-m'en faire,
Seigneur; je me vaincrai, j'y tâche, je l'espère;
J'ose dire encor plus, je m'en fais une loi;
Mais je veux que le temps en dépende de moi.

ORODE.

C'est bien parler en reine, et j'aime assez, madame,
L'impétuosité de cette grandeur d'ame;
Cette noble fierté que rien ne peut dompter
Remplira bien ce trône où vous devez monter.
Donnez-moi donc en reine un ordre que je suive.
Phradate est arrivé, ce soir Mandane arrive;
Ils sauront quels respects a montré pour sa main
Cet intrépide effroi de l'empire romain.
Mandane en rougira, le voyant auprès d'elle.
Phradate est violent, et prendra sa querelle.
Près d'un esprit si chaud et si fort emporté,

Suréna dans ma cour est-il en sûreté?
Puis-je vous en répondre, à moins qu'il se retire?

EURYDICE.

Bannir de votre cour l'honneur de votre empire!
Vous le pouvez, seigneur, et vous êtes son roi;
Mais je ne puis souffrir qu'il soit banni pour moi.
Car enfin les couleurs ne font rien à la chose;
Sous un prétexte faux je n'en suis pas moins cause;
Et qui craint pour Mandane un peu trop de rougeur
Ne craint pour Suréna que le fond de mon cœur.
Qu'il parte, il vous déplaît; faites-vous-en justice;
Punissez, exilez; il faut qu'il obéisse.
Pour remplir mes devoirs j'attendrai son retour,
Seigneur; et jusque-là point d'hymen ni d'amour.

ORODE.

Vous pourriez épouser le prince en sa présence?

EURYDICE.

Je ne sais: mais enfin je hais la violence.

ORODE.

Empêchez-la, madame, en vous donnant à nous;
Ou faites qu'à Mandane il s'offre pour époux.
Cet ordre exécuté, mon ame satisfaite
Pour ce héros si cher ne veut plus de retraite.
Qu'on le fasse venir. Modérez vos hauteurs:
L'orgueil n'est pas toujours la marque des grands cœurs.
Il me faut un hymen; choisissez l'un ou l'autre,
Ou lui dites adieu pour le moins jusqu'au vôtre.

EURYDICE.

Je sais tenir, seigneur, tout ce que je promets,
Et promettrois en vain de ne le voir jamais,

Moi qui sais que bientôt la guerre rallumée
Le rendra pour le moins nécessaire à l'armée.

ORODE.

Nous ferons voir, madame, en cette extrémité,
Comme il faut obéir à la nécessité.
Je vous laisse avec lui.

SCÈNE II.

EURYDICE, SURÉNA.

EURYDICE.

Seigneur, le roi condamne
Ma main à Pacorus, ou la vôtre à Mandane;
Le refus n'en sauroit demeurer impuni;
Il lui faut l'un ou l'autre, ou vous êtes banni.

SURÉNA.

Madame, ce refus n'est point vers lui mon crime :
Vous m'aimez; ce n'est point non plus ce qui l'anime.
Mon crime véritable est d'avoir aujourd'hui
Plus de nom que mon roi, plus de vertu que lui;
Et c'est de là que part cette secrète haine
Que le temps ne rendra que plus forte et plus pleine.
Plus on sert des ingrats, plus on s'en fait haïr :
Tout ce qu'on fait pour eux ne sert qu'à nous trahir.
Mon visage l'offense, et ma gloire le blesse.
Jusqu'au fond de mon ame il cherche une bassesse,
Et tâche à s'ériger par l'offre ou par la peur,
De roi que je l'ai fait, en tyran de mon cœur;
Comme si par ses dons il pouvoit me séduire,

Ou qu'il pût m'accabler, et ne se point détruire.
Je lui dois en sujet tout mon sang, tout mon bien;
Mais si je lui dois tout, mon cœur ne lui doit rien,
Et n'en reçoit de lois que comme autant d'outrages,
Comme autant d'attentats sur de plus doux hommages.
Cependant pour jamais il faut nous séparer,
Madame.

EURYDICE.
Cet exil pourroit toujours durer?

SURÉNA.
En vain pour mes pareils leur vertu sollicite;
Jamais un envieux ne pardonne au mérite.
Cet exil toutefois n'est pas un long malheur;
Et je n'irai pas loin sans mourir de douleur.

EURYDICE.
Ah! craignez de m'en voir assez persuadée
Pour mourir avant vous de cette seule idée.
Vivez, si vous m'aimez.

SURÉNA.
Je vivrois pour savoir
Que vous aurez enfin rempli votre devoir,
Que d'un cœur tout à moi, que de votre personne
Pacorus sera maître, ou plutôt sa couronne?
Ce penser m'assassine, et je cours de ce pas
Beaucoup moins à l'exil, madame, qu'au trépas.

EURYDICE.
Que le ciel n'a-t-il mis en ma main et la vôtre,
Ou de n'être à personne, ou d'être l'un à l'autre!

SURÉNA.
Falloit-il que l'amour vît l'inégalité

ACTE V, SCÈNE II.

Vous abandonner toute aux rigueurs d'un traité !
EURYDICE.
Cette inégalité me souffroit l'espérance.
Votre nom, vos vertus, valoient bien ma naissance;
Et Crassus a rendu plus digne encor de moi
Un héros dont le zèle a rétabli son roi.
Dans les maux où j'ai vu l'Arménie exposée,
Mon pays désolé m'a seul tyrannisée.
Esclave de l'état, victime de la paix,
Je m'étois répondu de vaincre mes souhaits,
Sans songer qu'un amour comme le nôtre extrême,
S'y rend inexorable aux yeux de ce qu'on aime.
Pour le bonheur public j'ai promis: mais, hélas!
Quand j'ai promis, seigneur, je ne vous voyois pas.
Votre rencontre ici m'ayant fait voir ma faute,
Je diffère à donner le bien que je vous ôte;
Et l'unique bonheur que j'y puis espérer
C'est de toujours promettre et toujours différer.
SURÉNA.
Que je serois heureux!... Mais qu'osé-je vous dire?
L'indigne et vain bonheur où mon amour aspire!
Fermez les yeux aux maux où l'on me fait courir;
Songez à vivre heureuse, et me laissez mourir.
Un trône vous attend, le premier de la terre,
Un trône où l'on ne craint que l'éclat du tonnerre,
Qui règle le destin du reste des humains,
Et jusque dans leurs murs alarme les Romains.
EURYDICE.
J'envisage ce trône et tous ses avantages,
Et je n'y vois par-tout, seigneur, que vos ouvrages;

Sa gloire ne me peint que celle de mes fers,
Et, dans ce qui m'attend, je vois ce que je perds.
Ah, seigneur!

SURÉNA.

Épargnez la douleur qui me presse;
Ne la ravalez point jusques à la tendresse;
Et laissez-moi partir dans cette fermeté
Qui fait de tels jaloux, et qui m'a tant coûté.

EURYDICE.

Partez, puisqu'il le faut, avec ce grand courage
Qui mérita mon cœur et donne tant d'ombrage.
Je suivrai votre exemple, et vous n'aurez point lieu....
Mais j'aperçois Palmis qui vient vous dire adieu;
Et je puis, en dépit de tout ce qui me tue,
Quelques moments encor jouir de votre vue.

SCÈNE III.

EURYDICE, SURÉNA, PALMIS.

PALMIS.

On dit qu'on vous exile à moins que d'épouser,
Seigneur, ce que le roi daigne vous proposer.

SURÉNA.

Non; mais jusqu'à l'hymen que Pacorus souhaite
Il m'ordonne chez moi quelques jours de retraite.

PALMIS.

Et vous partez?

SURÉNA.

Je pars.

ACTE V, SCÈNE III.

PALMIS.

Et, malgré son courroux,
Vous avez sûreté d'aller jusque chez vous;
Vous êtes à couvert des périls dont menace
Les gens de votre sorte une telle disgrace;
Et, s'il faut dire tout, sur de si longs chemins
Il n'est point de poisons, il n'est point d'assassins?

SURÉNA.

Le roi n'a pas encore oublié mes services,
Pour commencer par moi de telles injustices;
Il est trop généreux pour perdre son appui.

PALMIS.

S'il l'est, tous vos jaloux le sont-ils comme lui?
Est-il aucun flatteur, seigneur, qui lui refuse
De lui prêter un crime et lui faire une excuse?
En est-il que l'espoir d'en faire mieux sa cour
N'expose sans scrupule à ces courroux d'un jour,
Ces courroux qu'on affecte alors qu'on désavoue
De lâches coups d'état dont en l'ame on se loue,
Et qu'une absence élude, attendant le moment
Qui laisse évanouir ce faux ressentiment?

SURÉNA.

Ces courroux affectés que l'artifice donne
Font souvent trop de bruit pour abuser personne.
Si ma mort plaît au roi, s'il la veut tôt ou tard,
J'aime mieux qu'elle soit un crime qu'un hasard;
Qu'aucun ne l'attribue à cette loi commune
Qu'impose la nature et règle la fortune;
Que son perfide auteur, bien qu'il cache sa main,
Devienne abominable à tout le genre humain;

Et qu'il en naisse enfin des haines immortelles
Qui de tous ses sujets lui fassent des rebelles.

PALMIS.

Je veux que la vengeance aille à son plus haut point,
Les morts les mieux vengés ne ressuscitent point;
Et de tout l'univers la fureur éclatante
En consoleroit mal et la sœur et l'amante.

SURÉNA.

Que faire donc, ma sœur?

PALMIS.

Votre asile est ouvert.

SURÉNA.

Quel asile?

PALMIS.

L'hymen qui vous vient d'être offert.
Vos jours en sûreté dans les bras de Mandane,
Sans plus rien craindre...

SURÉNA.

Et c'est ma sœur qui m'y condamne!
C'est elle qui m'ordonne avec tranquillité
Aux yeux de ma princesse une infidélité!

PALMIS.

Lorsque d'aucun espoir notre ardeur n'est suivie,
Doit-on être fidèle aux dépens de sa vie?
Mais vous ne m'aidez point à le persuader,
Vous, qui d'un seul regard pourriez tout décider,
Madame! ses périls ont-ils de quoi vous plaire?

EURYDICE.

Je crois faire beaucoup, madame, de me taire;
Et tandis qu'à mes yeux vous donnez tout mon bien,

C'est tout ce que je puis que de ne dire rien,
Forcez-le, s'il se peut, au nœud que je déteste;
Je vous laisse en parler, dispensez-moi du reste:
Je n'y mets point d'obstacle, et mon esprit confus...
C'est m'expliquer assez, n'exigez rien de plus.

SURÉNA.

Quoi! vous vous figurez que l'heureux nom de gendre,
Si ma perte est jurée, a de quoi m'en défendre,
Quand, malgré la nature, en dépit de ses lois,
Le parricide a fait la moitié de nos rois,
Qu'un frère pour régner se baigne au sang d'un frère,
Qu'un fils impatient prévient la mort d'un père?
Notre Orode lui-même, où seroit-il sans moi?
Mitradate pour lui montroit-il plus de foi?
Croyez-vous Pacorus bien plus sûr de Phradate?
J'en connois mal le cœur, si bientôt il n'éclate,
Et si de ce haut rang que j'ai vu l'éblouir,
Son père et son aîné peuvent long-temps jouir.
Je n'aurai plus de bras alors pour leur défense.
Car enfin mes refus ne font pas mon offense;
Mon vrai crime est ma gloire, et non pas mon amour;
Je l'ai dit, avec elle il croîtra chaque jour;
Plus je les servirai, plus je serai coupable;
Et s'ils veulent ma mort, elle est inévitable.
Chaque instant que l'hymen pourroit la reculer
Ne les attacheroit qu'à mieux dissimuler,
Qu'à rendre, sous l'appât d'une amitié tranquille,
L'attentat plus secret, plus noir, et plus facile.
Ainsi, dans ce grand nœud chercher ma sûreté,
C'est inutilement faire une lâcheté,

Souiller en vain mon nom, et vouloir qu'on m'impute
D'avoir enseveli ma gloire sous ma chute.
Mais, dieux! se pourroit-il qu'ayant si bien servi,
Par l'ordre de mon roi le jour me fût ravi?
Non, non, c'est d'un bon œil qu'Orode me regarde;
Vous le voyez, ma sœur; je n'ai pas même un garde;
Je suis libre.

PALMIS.

Et j'en crains d'autant plus son courroux;
S'il vous faisoit garder, il répondroit de vous.
Mais pouvez-vous, seigneur, rejoindre votre suite?
Êtes-vous libre assez pour choisir une fuite?
Garde-t-on chaque porte à moins d'un grand dessein?
Pour en rompre l'effet il ne faut qu'une main.
Par toute l'amitié que le sang doit attendre,
Par tout ce que l'amour a pour vous de plus tendre....

SURÉNA.

La tendresse n'est point de l'amour d'un héros;
Il est honteux pour lui d'écouter des sanglots;
Et, parmi la douceur des plus illustres flammes,
Un peu de dureté sied bien aux grandes ames.

PALMIS.

Quoi! vous pourriez....

SURÉNA.

Adieu. Le trouble où je vous voi
Me fait vous craindre plus que je ne crains le roi.

SCÈNE IV.

EURYDICE, PALMIS.

PALMIS.

Il court à son trépas, et vous en serez cause,
A moins que votre amour à son départ s'oppose.
J'ai perdu mes soupirs, et j'y perdrois mes pas.
Mais il vous en croira, vous ne les perdrez pas.
Ne lui refusez point un mot qui le retienne,
Madame.

EURYDICE.

S'il périt, ma mort suivra la sienne.

PALMIS.

Je puis en dire autant ; mais ce n'est pas assez.
Vous avez tant d'amour, madame, et balancez !

EURYDICE.

Est-ce le mal aimer que de le vouloir suivre ?

PALMIS.

C'est un excès d'amour qui ne fait point revivre :
De quoi lui servira notre mortel ennui ?
De quoi nous servira de mourir après lui ?

EURYDICE.

Vous vous alarmez trop : le roi dans sa colère
Ne parle....

PALMIS.

Vous dit-il tout ce qu'il prétend faire ?
D'un trône où ce héros a su le replacer,
S'il en veut à ses jours, l'ose-t-il prononcer ?

Le pourroit-il sans honte; et pourriez-vous attendre
A prendre soin de lui qu'il soit trop tard d'en prendre?
N'y perdez aucun temps, partez: que tardez-vous?
Peut-être en ce moment on le perce de coups;
Peut-être....

EURYDICE.

Que d'horreur vous me jetez dans l'ame!

PALMIS.

Quoi! vous n'y courez pas!

EURYDICE.

Et le puis-je, madame?
Donner ce qu'on adore à ce qu'on veut haïr,
Quel amour jusque-là put jamais se trahir?
Savez-vous qu'à Mandane envoyer ce que j'aime,
C'est de ma propre main m'assassiner moi-même?

PALMIS.

Savez-vous qu'il le faut, ou que vous le perdez?

EURYDICE.

Je n'y résiste plus, vous me le défendez.
Ormène vient à nous, et lui peut aller dire
Qu'il épouse.... Achevez tandis que je soupire.

PALMIS.

Elle vient tout en pleurs.

SCÈNE V.

EURYDICE, PALMIS, ORMÈNE.

ORMÈNE.

Qu'il vous en va coûter !
Et que pour Suréna....

PALMIS.

L'a-t-on fait arrêter ?

ORMÈNE.

A peine du palais il sortoit dans la rue,
Qu'une flèche a parti d'une main inconnue ;
Deux autres l'ont suivie ; et j'ai vu ce vainqueur,
Comme si toutes trois l'avoient atteint au cœur,
Dans un ruisseau de sang tomber mort sur la place.

EURYDICE.

Hélas !

ORMÈNE.

Songez à vous, la suite vous menace ;
Et je pense avoir même entendu quelque voix
Nous crier qu'on apprît à dédaigner les rois.

PALMIS.

Prince ingrat ! lâche roi ! Que fais-tu du tonnerre,
Ciel, si tu daignes voir ce qu'on fait sur la terre ?
Et pour qui gardes-tu tes carreaux embrasés,
Si de pareils tyrans n'en sont point écrasés ?
Et vous, madame, et vous, dont l'amour inutile,
Dont l'intrépide orgueil paroît encor tranquille,
Vous qui, brûlant pour lui, sans vous déterminer,

Ne l'avez tant aimé que pour l'assassiner,
Allez d'un tel amour, allez voir tout l'ouvrage,
En recueillir le fruit, en goûter l'avantage.
Quoi! vous causez sa perte, et n'avez point de pleurs!

EURYDICE.

Non, je ne pleure point, madame, mais je meurs[1].
Ormène, soutiens-moi.

ORMÈNE.

Que dites-vous, madame?

EURYDICE.

Généreux Suréna, reçois toute mon ame.

---

[1] Ce vers fournira la seule remarque qu'on croie devoir faire sur la tragédie de *Suréna*. *Je ne pleure point, mais je meurs*, serait le sublime de la douleur, si cette idée était assez ménagée, assez préparée pour devenir vraisemblable, car le vraisemblable seul peut toucher. Il faut, pour dire qu'on meurt de douleur, et pour en mourir en effet, avoir éprouvé, avoir fait voir un désespoir si violent, qu'on ne s'étonne pas qu'un prompt trépas en soit la suite; mais on ne meurt pas ainsi de mort subite après avoir fait des raisonnements politiques et des dissertations sur l'amour. Le vers par lui-même est très tragique*, mais il n'est pas amené par des sentiments assez tragiques. Ce n'est pas assez qu'un vers soit beau, il faut qu'il soit placé, et qu'il ne soit pas seul de son espèce dans la foule.

* On ne peut qu'approuver ce que Voltaire observe ici avec autant de goût que de justesse : mais il reconnaît du moins que ce vers est non seulement beau, mais très tragique, et qu'il serait même le sublime de la douleur, s'il eût été plus amené. Ce n'était pas cependant la seule remarque qu'un commentateur impartial aurait pu faire sur cette pièce; et si Voltaire eût mis à faire valoir les beautés de Corneille autant d'intérêt qu'il a mis de malignité à s'appesantir sur ses fautes, j'ose dire que le caractère héroïque de Suréna méritait d'être compté parmi les plus belles conceptions du génie de ce grand poëte. En effet, à quelques inégalités près, qui appartiennent plus à la diction qu'au fond des idées, on y retrouve encore tout

ACTE V, SCÈNE V.

ORMÈNE.

Emportons-la d'ici pour la mieux secourir.

PALMIS.

Suspendez ces douleurs qui pressent de mourir,
Grands dieux! et, dans les maux où vous m'avez plongée,
Ne souffrez point ma mort que je ne sois vengée!

Corneille : des vers tels que ceux-ci, d'autant plus remarquables, qu'ils étaient de la vieillesse de l'auteur, auraient, à ce qu'il nous semble, été dignes de l'attention de Voltaire :

> Que tout meure avec moi, madame : que m'importe
> Qui foule après ma mort la terre qui me porte?
> Sentiront-ils percer par un éclat nouveau,
> Ces illustres aïeux, la nuit de leur tombeau?
> Respireront-ils l'air où les feront revivre
> Ces neveux qui peut-être auront peine à les suivre,
> Peut-être ne feront que les déshonorer,
> Et n'en auront le sang que pour dégénérer?
> Quand nous avons perdu le jour qui nous éclaire,
> Cette sorte de vie est bien imaginaire;
> Et le moindre moment d'un bonheur souhaité
> Vaut mieux qu'une si froide et vaine éternité.

Suréna, dans la troisième scène du cinquième acte, ne soutient pas d'une manière moins brillante la noble fierté de son caractère. Les lecteurs trouveront dans cette scène des vers où le génie de Corneille nous paraît encore se montrer dans tout son éclat. Nous nous contenterons d'indiquer le passage qui commence ainsi :

> Quoi! vous vous figurez que l'heureux nom de gendre,
> Si ma perte est jurée, a de quoi m'en défendre, etc.

L'ingratitude des rois et leur basse et jalouse politique n'ont peut-être jamais été caractérisées avec plus de vérité que dans le personnage d'Orode. Nous convenons que celui de Palmis est très faible ; mais celui d'Eurydice est-il donc sans beauté? n'y découvrirait-on pas même quelques traits du personnage d'Atalide dans *Bajazet*? P.

FIN DE SURÉNA.

PSYCHÉ,

TRAGI-COMÉDIE ET BALLET*.

* A l'exception du premier acte, de la première scène du second, et de la première du troisième, qui sont de Molière, cette pièce est de Corneille; et le premier de nos poëtes tragiques voulut bien seconder le premier de nos poëtes comiques dans une fête destinée à Louis XIV.

C'est à l'âge de soixante-quatre ans que l'auteur du *Cid*, des *Horaces*, de *Cinna*, fit cette charmante scène de l'Amour et de Psyché (la troisième du troisième acte); scène que beaucoup d'amateurs savent par cœur, et qui égale ce que Quinault a fait depuis de plus gracieux.

La pièce fut représentée à la cour en 1690, et l'année suivante à Paris.

PERSONNAGES.

JUPITER.
VÉNUS.
L'AMOUR.
ZÉPHYRE.
ÉGIALE, \
PHAÈNE, / Graces.
LE ROI, père de Psyché.
PSYCHÉ.
AGLAURE, \
CYDIPPE, / sœurs de Psyché.
CLÉOMÈNE, \
AGÉNOR, / princes, amants de Psyché.
LYCAS, capitaine des gardes.
Deux Amours.
Le dieu d'un fleuve.
Suite du Roi.

PSYCHÉ.

ACTE PREMIER.

Le théâtre représente le palais du roi.

SCÈNE I.

AGLAURE, CYDIPPE.

AGLAURE.

Il est des maux, ma sœur, que le silence aigrit:
Laissons, laissons parler mon chagrin et le vôtre;
    Et de nos cœurs l'une à l'autre
    Exhalons le cuisant dépit.
    Nous nous voyons sœurs d'infortune;
Et la vôtre et la mienne ont un si grand rapport,
Que nous pouvons mêler toutes les deux en une,
    Et, dans notre juste transport,
    Murmurer à plainte commune
    Des cruautés de notre sort.
    Quelle fatalité secrète,
    Ma sœur, soumet tout l'univers
    Aux attraits de notre cadette?
    Et de tant de princes divers

Qu'en ces lieux la fortune jette,
N'en présente aucun à nos fers?
Quoi! voir de toutes parts, pour lui rendre les armes,
Les cœurs se précipiter,
Et passer devant nos charmes
Sans s'y vouloir arrêter!
Quel sort ont nos yeux en partage,
Et qu'est-ce qu'ils ont fait aux dieux,
De ne jouir d'aucun hommage
Parmi tous ces tributs de soupirs glorieux
Dont le superbe avantage
Fait triompher d'autres yeux?
Est-il pour nous, ma sœur, de plus rude disgrace,
Que de voir tous les cœurs mépriser nos appas,
Et l'heureuse Psyché jouir avec audace
D'une foule d'amants attachés à ses pas?

CYDIPPE.

Ah! ma sœur, c'est une aventure
A faire perdre la raison;
Et tous les maux de la nature
Ne sont rien en comparaison.

AGLAURE.

Pour moi, j'en suis souvent jusqu'à verser des larmes.
Tout plaisir, tout repos par là m'est arraché;
Contre un pareil malheur ma constance est sans armes.
Toujours à ce chagrin mon esprit attaché
Me tient devant les yeux la honte de nos charmes,
Et le triomphe de Psyché.
La nuit, il m'en repasse une idée éternelle
Qui sur toute chose prévaut:

Rien ne me peut chasser cette image cruelle;
Et, dès qu'un doux sommeil vient me délivrer d'elle,
  Dans mon esprit aussitôt
  Quelque songe la rappelle
  Qui me réveille en sursaut.

CYDIPPE.

  Ma sœur, voilà mon martyre.
  Dans vos discours je me vois;
  Et vous venez là de dire
  Tout ce qui se passe en moi.

AGLAURE.

Mais encor, raisonnons un peu sur cette affaire.
Quels charmes si puissants en elle sont épars?
Et par où, dites-moi, du grand secret de plaire
L'honneur est-il acquis à ses moindres regards?
  Que voit-on dans sa personne
  Pour inspirer tant d'ardeurs?
  Quel droit de beauté lui donne
  L'empire de tous les cœurs?
Elle a quelques attraits, quelque éclat de jeunesse,
On en tombe d'accord, je n'en disconviens pas:
Mais lui cède-t-on fort pour quelque peu d'aînesse,
  Et se voit-on sans appas?
Est-on d'une figure à faire qu'on se raille?
N'a-t-on pas quelques traits et quelques agréments,
Quelque teint, quelques yeux, quelque air, et quelque taille
A pouvoir dans nos fers jeter quelques amants?
  Ma sœur, faites-moi la grace
  De me parler franchement:
Suis-je faite d'un air, à votre jugement,

Que mon mérite au sien doive céder la place?
  Et dans quelque ajustement
  Trouvez-vous qu'elle m'efface?
    CYDIPPE.
Qui! vous, ma sœur? nullement.
Hier à la chasse près d'elle
Je vous regardai long-temps:
Et, sans vous donner d'encens,
Vous me parûtes plus belle.
Mais, moi, dites, ma sœur, sans me vouloir flatter,
Sont-ce des visions que je me mets en tête,
Quand je me crois taillée à pouvoir mériter
  La gloire de quelque conquête?
    AGLAURE.
Vous, ma sœur? vous avez, sans nul déguisement,
Tout ce qui peut causer une amoureuse flamme.
Vos moindres actions brillent d'un agrément
  Dont je me sens toucher l'ame;
  Et je serois votre amant,
  Si j'étois autre que femme.
    CYDIPPE.
D'où vient donc qu'on la voit l'emporter sur nous deux,
Qu'à ses premiers regards les cœurs rendent les armes,
Et que d'aucun tribut de soupirs et de vœux
  On ne fait honneur à nos charmes?
    AGLAURE.
Toutes les dames, d'une voix,
  Trouvent ses attraits peu de chose;
Et du nombre d'amants qu'elle tient sous ses lois,
  Ma sœur, j'ai découvert la cause.

ACTE I, SCÈNE I.

CYDIPPE.

Pour moi, je la devine; et l'on doit présumer
Qu'il faut que là-dessous soit caché du mystère.
 Ce secret de tout enflammer
N'est point de la nature un effet ordinaire:
L'art de la Thessalie entre dans cette affaire;
Et quelque main a su sans doute lui former
 Un charme pour se faire aimer.

AGLAURE.

Sur un plus fort appui ma croyance se fonde;
Et le charme qu'elle a pour attirer les cœurs,
C'est un air en tout temps désarmé de rigueurs,
Des regards caressants que la bouche seconde,
 Un souris chargé de douceurs
 Qui tend les bras à tout le monde,
 Et ne vous promet que faveurs.
Notre gloire n'est plus aujourd'hui conservée,
Et l'on n'est plus au temps de ces nobles fiertés
Qui, par un digne essai d'illustres cruautés,
Vouloient voir d'un amant la constance éprouvée.
De tout ce noble orgueil qui nous seyoit si bien,
On est bien descendu dans le siècle où nous sommes;
Et l'on en est réduite à n'espérer plus rien,
A moins que l'on se jette à la tête des hommes.

CYDIPPE.

Oui, voilà le secret de l'affaire; et je voi
 Que vous le prenez mieux que moi.
C'est pour nous attacher à trop de bienséance
Qu'aucun amant, ma sœur, à nous ne veut venir;
 Et nous voulons trop soutenir

L'honneur de notre sexe et de notre naissance.
Les hommes maintenant aiment ce qui leur rit;
L'espoir, plus que l'amour, est ce qui les attire;
    Et c'est par là que Psyché nous ravit
    Tous les amants qu'on voit sous son empire.
Suivons, suivons l'exemple; ajustons-nous au temps;
Abaissons-nous, ma sœur, à faire des avances;
Et ne ménageons plus de tristes bienséances
Qui nous ôtent les fruits du plus beau de nos ans.

AGLAURE.

J'approuve la pensée; et nous avons matière
    D'en faire l'épreuve première
Aux deux princes qui sont les derniers arrivés.
Ils sont charmants, ma sœur; et leur personne entière
    Me.... Les avez-vous observés?

CYDIPPE.

Ah! ma sœur, ils sont faits tous deux d'une manière
Que mon ame.... Ce sont deux princes achevés.

AGLAURE.

Je trouve qu'on pourroit rechercher leur tendresse
    Sans se faire déshonneur.

CYDIPPE.

Je trouve que, sans honte, une belle princesse
    Leur pourroit donner son cœur.

AGLAURE.

Les voici tous deux, et j'admire
Leur air et leur ajustement.

CYDIPPE.

Ils ne démentent nullement
Tout ce que nous venons d'en dire.

SCÈNE II.

CLÉOMÈNE, AGÉNOR, AGLAURE, CYDIPPE.

AGLAURE.

D'où vient, princes, d'où vient que vous fuyez ainsi?
Prenez-vous l'épouvante en nous voyant paroître?

CLÉOMÈNE.

On nous faisoit croire qu'ici
La princesse Psyché, madame, pourroit être.

AGLAURE.

Tous ces lieux n'ont-ils rien d'agréable pour vous,
Si vous ne les voyez ornés de sa présence?

AGÉNOR.

Ces lieux peuvent avoir des charmes assez doux;
Mais nous cherchons Psyché dans notre impatience.

CYDIPPE.

Quelque chose de bien pressant
Vous doit à la chercher pousser tous deux, sans doute?

CLÉOMÈNE.

Le motif est assez puissant,
Puisque notre fortune enfin en dépend toute.

AGLAURE.

Ce seroit trop à nous que de nous informer
Du secret que ces mots nous peuvent enfermer.

CLÉOMÈNE.

Nous ne prétendons point en faire de mystère;
Aussi bien malgré nous paroîtroit-il au jour;
Et le secret ne dure guère,

Madame, quand c'est de l'amour.
CYDIPPE.
Sans aller plus avant, princes, cela veut dire
Que vous aimez Psyché tous deux.
AGÉNOR.
Tous deux soumis à son empire,
Nous allons de concert lui découvrir nos feux.
AGLAURE.
C'est une nouveauté sans doute assez bizarre,
Que deux rivaux si bien unis.
CLÉOMÈNE.
Il est vrai que la chose est rare,
Mais non pas impossible à deux parfaits amis.
CYDIPPE.
Est-ce que dans ces lieux il n'est qu'elle de belle?
Et n'y trouvez-vous point à séparer vos vœux?
AGLAURE.
Parmi l'éclat du sang, vos yeux n'ont-ils vu qu'elle
A pouvoir mériter vos feux?
CLÉOMÈNE.
Est-ce que l'on consulte au moment qu'on s'enflamme?
Choisit-on qui l'on veut aimer?
Et pour donner toute son ame,
Regarde-t-on quel droit on a de nous charmer?
AGÉNOR.
Sans qu'on ait le pouvoir d'élire,
On suit dans une telle ardeur
Quelque chose qui nous attire;
Et lorsque l'amour touche un cœur,
On n'a point de raison à dire.

ACTE I, SCÈNE II.

AGLAURE.

En vérité, je plains les fâcheux embarras
    Où je vois que vos cœurs se mettent.
Vous aimez un objet dont les riants appas
Mêleront des chagrins à l'espoir qu'ils vous jettent;
    Et son cœur ne vous tiendra pas
    Tout ce que ses yeux vous promettent.

CYDIPPE.

L'espoir qui vous appelle au rang de ses amants
Trouvera du mécompte aux douceurs qu'elle étale;
Et c'est pour essuyer de très fâcheux moments,
Que les soudains retours de son ame inégale.

AGLAURE.

Un clair discernement de ce que vous valez
Nous fait plaindre le sort où cet amour vous guide;
Et vous pouvez trouver tous deux, si vous voulez,
Avec autant d'attraits, une ame plus solide.

CYDIPPE.

    Par un choix plus doux de moitié,
Vous pouvez de l'amour sauver votre amitié;
Et l'on voit en vous deux un mérite si rare,
Qu'un tendre avis veut bien prévenir, par pitié,
    Ce que votre cœur se prépare.

CLÉOMÈNE.

Cet avis généreux fait pour nous éclater
    Des bontés qui nous touchent l'ame;
Mais le ciel nous réduit à ce malheur, madame,
    De ne pouvoir en profiter.

AGÉNOR.

Votre illustre pitié veut en vain nous distraire

D'un amour dont tous deux nous redoutons l'effet;
Ce que notre amitié, madame, n'a pas fait,
   Il n'est rien qui le puisse faire.
            CYDIPPE.
Il faut que le pouvoir de Psyché.... La voici.

SCÈNE III.

PSYCHÉ, CYDIPPE, AGLAURE, CLÉOMÈNE,
                AGÉNOR.

            CYDIPPE.
Venez jouir, ma sœur, de ce qu'on vous apprête.
            AGLAURE.
Préparez vos attraits à recevoir ici
Le triomphe nouveau d'une illustre conquête.
            CYDIPPE.
Ces princes ont tous deux si bien senti vos coups,
Qu'à vous le découvrir leur bouche se dispose.
            PSYCHÉ.
Du sujet qui les tient si rêveurs parmi nous,
   Je ne me croyois pas la cause;
   Et j'aurois cru toute autre chose
   En les voyant parler à vous.
            AGLAURE.
   N'ayant ni beauté ni naissance
A pouvoir mériter leur amour et leurs soins,
   Ils nous favorisent au moins
   De l'honneur de la confidence.

ACTE I, SCÈNE III.

CLÉOMÈNE, à Psyché.

L'aveu qu'il nous faut faire à vos divins appas
Est sans doute, madame, un aveu téméraire ;
    Mais tant de cœurs près du trépas,
Sont, par de tels aveux, forcés à vous déplaire,
Que vous êtes réduite à ne les punir pas
    Des foudres de votre colère.
    Vous voyez en nous deux amis
Qu'un doux rapport d'humeurs sut joindre dès l'enfance ;
Et ces tendres liens se sont vus affermis
Par cent combats d'estime et de reconnoissance.
Du destin ennemi les assauts rigoureux,
Les mépris de la mort, et l'aspect des supplices,
Par d'illustres éclats de mutuels offices,
Ont de notre amitié signalé les beaux nœuds :
Mais, à quelques essais qu'elle se soit trouvée,
    Son grand triomphe est en ce jour ;
Et rien ne fait tant voir sa constance éprouvée
Que de se conserver au milieu de l'amour.
Oui, malgré tant d'appas, son illustre constance
Aux lois qu'elle nous fait a soumis tous nos vœux :
Elle vient, d'une douce et pleine déférence,
Remettre à votre choix le succès de nos feux ;
Et, pour donner un poids à notre concurrence,
Qui des raisons d'état entraîne la balance
    Sur le choix de l'un de nous deux,
Cette même amitié s'offre sans répugnance
D'unir nos deux états au sort du plus heureux.

AGÉNOR.

Oui, de ces deux états, madame,

Que sous votre heureux choix nous nous offrons d'unir,
  Nous voulons faire à notre flamme
  Un secours pour vous obtenir.
Ce que, pour ce bonheur, près du roi votre père,
  Nous nous sacrifions tous deux
N'a rien de difficile à nos cœurs amoureux;
Et c'est au plus heureux faire un don nécessaire
  D'un pouvoir dont le malheureux,
  Madame, n'aura plus affaire.

PSYCHÉ.

Le choix que vous m'offrez, princes, montre à mes yeux
De quoi remplir les vœux de l'ame la plus fière;
Et vous me le parez tous deux d'une manière
Qu'on ne peut rien offrir qui soit plus précieux.
Vos feux, votre amitié, votre vertu suprême,
Tout me relève en vous l'offre de votre foi;
Et j'y vois un mérite à s'opposer lui-même
  A ce que vous voulez de moi.
Ce n'est pas à mon cœur qu'il faut que je défère
  Pour entrer sous de tels liens:
Ma main, pour se donner, attend l'ordre d'un père,
Et mes sœurs ont des droits qui vont devant les miens.
Mais, si l'on me rendoit sur mes vœux absolue,
Vous y pourriez avoir trop de part à la fois;
Et toute mon estime, entre vous suspendue,
Ne pourroit sur aucun laisser tomber mon choix.
  A l'ardeur de votre poursuite
Je répondrois assez de mes vœux les plus doux;
  Mais c'est, parmi tant de mérite,
Trop de deux cœurs pour moi, trop peu d'un cœur pour vous.

ACTE I, SCÈNE III.

De mes plus doux souhaits j'aurois l'ame gênée
    A l'effort de votre amitié;
Et j'y vois l'un de vous prendre une destinée
    A me faire trop de pitié.
Oui, princes, à tous ceux dont l'amour suit le vôtre
Je vous préférerois tous deux avec ardeur;
    Mais je n'aurois jamais le cœur
De pouvoir préférer l'un de vous deux à l'autre.
    A celui que je choisirois
Ma tendresse feroit un trop grand sacrifice;
Et je m'imputerois à barbare injustice
    Le tort qu'à l'autre je ferois.
Oui, tous deux vous brillez de trop de grandeur d'ame
    Pour en faire aucun malheureux;
Et vous devez chercher dans l'amoureuse flamme
    Le moyen d'être heureux tous deux.
    Si votre cœur me considère
Assez pour me souffrir de disposer de vous,
    J'ai deux sœurs capables de plaire,
Qui peuvent bien vous faire un destin assez doux;
Et l'amitié me rend leur personne assez chère
    Pour vous souhaiter leurs époux.

CLÉOMÈNE.

    Un cœur dont l'amour est extrême
    Peut-il bien consentir, hélas!
    D'être donné par ce qu'il aime?
Sur nos deux cœurs, madame, à vos divins appas
    Nous donnons un pouvoir suprême:
    Disposez-en pour le trépas;
    Mais pour une autre que vous-même,

Ayez cette bonté de n'en disposer pas.

AGÉNOR.

Aux princesses, madame, on feroit trop d'outrage;
Et c'est pour leurs attraits un indigne partage
    Que les restes d'une autre ardeur.
Il faut d'un premier feu la pureté fidèle
    Pour aspirer à cet honneur
    Où votre bonté nous appelle;
    Et chacune mérite un cœur
    Qui n'ait soupiré que pour elle.

AGLAURE.

    Il me semble, sans nul courroux,
    Qu'avant que de vous en défendre,
    Princes, vous deviez bien attendre
    Qu'on se fût expliqué sur vous.
Nous croyez-vous un cœur si facile et si tendre?
Et lorsqu'on parle ici de vous donner à nous,
    Savez-vous si l'on veut vous prendre?

CYDIPPE.

Je pense que l'on a d'assez hauts sentiments
Pour refuser un cœur qu'il faut qu'on sollicite,
Et qu'on ne veut devoir qu'à son propre mérite
    La conquête de ses amants.

PSYCHÉ.

J'ai cru pour vous, mes sœurs, une gloire assez grande
Si la possession d'un mérite si haut....

SCÈNE IV.

PSYCHÉ, AGLAURE, CYDIPPE, CLÉOMÈNE, AGÉNOR, LYCAS.

LYCAS, *à Psyché.*

Ah, madame!

PSYCHÉ.

Qu'as-tu?

LYCAS.

Le roi....

PSYCHÉ.

Quoi?

LYCAS.

Vous demande.

PSYCHÉ.

De ce trouble si grand que faut-il que j'attende?

LYCAS.

Vous ne le saurez que trop tôt.

PSYCHÉ.

Hélas! que pour le roi tu me donnes à craindre!

LYCAS.

Ne craignez que pour vous, c'est vous que l'on doit plaindre.

PSYCHÉ.

C'est pour louer le ciel, et me voir hors d'effroi,
De savoir que je n'aie à craindre que pour moi.
Mais apprends-moi, Lycas, le sujet qui te touche.

LYCAS.

Souffrez que j'obéisse à qui m'envoie ici,
Madame, et qu'on vous laisse apprendre de sa bouche

Ce qui peut m'affliger ainsi.
PSYCHÉ.
Allons savoir sur quoi l'on craint tant ma foiblesse.

SCÈNE V.

AGLAURE, CYDIPPE, LYCAS.

AGLAURE.
Si ton ordre n'est pas jusqu'à nous étendu,
Dis-nous quel grand malheur nous couvre ta tristesse.
LYCAS.
Hélas! ce grand malheur dans la cour répandu,
　　Voyez-le vous-même, princesse,
Dans l'oracle qu'au roi les destins ont rendu.
Voici ses propres mots que la douleur, madame,
　　A gravés au fond de mon ame :
　　« Que l'on ne pense nullement
« A vouloir de Psyché conclure l'hyménée :
« Mais qu'au sommet d'un mont elle soit promptement
　　« En pompe funèbre menée ;
　　« Et que, de tous abandonnée,
« Pour époux elle attende en ces lieux constamment
« Un monstre dont on a la vue empoisonnée,
« Un serpent qui répand son venin en tous lieux,
« Et trouble dans sa rage et la terre et les cieux. »
　　Après un arrêt si sévère
Je vous quitte, et vous laisse à juger entre vous
Si, par de plus cruels et plus sensibles coups,
Tous les dieux nous pouvoient expliquer leur colère.

SCÈNE VI.

AGLAURE, CYDIPPE.

CYDIPPE.
Ma sœur, que sentez-vous à ce soudain malheur
Où nous voyons Psyché par les destins plongée?
AGLAURE.
Mais vous, que sentez-vous, ma sœur?
CYDIPPE.
A ne vous point mentir, je sens que dans mon cœur
Je n'en suis pas trop affligée.
AGLAURE.
Moi, je sens quelque chose au mien
Qui ressemble assez à la joie.
Allons, le destin nous envoie
Un mal que nous pouvons regarder comme un bien.

FIN DU PREMIER ACTE.

ACTE SECOND.

La scène est changée en des rochers affreux, et fait voir dans l'éloignement une effroyable solitude.

SCÈNE I.

LE ROI, PSYCHÉ, AGLAURE, CYDIPPE, LYCAS, SUITE.

PSYCHÉ.

De vos larmes, seigneur, la source m'est bien chère;
Mais c'est trop aux bontés que vous avez pour moi
Que de laisser régner les tendresses de père
    Jusque dans les yeux d'un grand roi.
Ce qu'on vous voit ici donner à la nature
Au rang que vous tenez, seigneur, fait trop d'injure,
Et j'en dois refuser les touchantes faveurs.
    Laissez moins sur votre sagesse
    Prendre d'empire à vos douleurs,
Et cessez d'honorer mon destin par des pleurs,
Qui, dans le cœur d'un roi, montrent de la foiblesse.

LE ROI.

Ah! ma fille, à ces pleurs laisse mes yeux ouverts;
Mon deuil est raisonnable, encor qu'il soit extrême;
Et lorsque pour toujours on perd ce que je perds,

La sagesse, crois-moi, peut pleurer elle-même.
  En vain l'orgueil du diadème
Veut qu'on soit insensible à ces cruels revers ;
En vain de la raison les secours sont offerts
Pour vouloir d'un œil sec voir mourir ce qu'on aime ;
L'effort en est barbare aux yeux de l'univers ;
Et c'est brutalité plus que vertu suprême.
  Je ne veux point, dans cette adversité,
  Parer mon cœur d'insensibilité,
   Et cacher l'ennui qui me touche :
   Je renonce à la vanité
   De cette dureté farouche
   Que l'on appelle fermeté ;
   Et, de quelque façon qu'on nomme
Cette vive douleur dont je ressens les coups,
Je veux bien l'étaler, ma fille, aux yeux de tous,
Et dans le cœur d'un roi montrer le cœur d'un homme.

PSYCHÉ.

Je ne mérite pas cette grande douleur :
Opposez, opposez un peu de résistance
  Aux droits qu'elle prend sur un cœur
Dont mille événements ont marqué la puissance.
Quoi ! faut-il que pour moi vous renonciez, seigneur,
  A cette royale constance
Dont vous avez fait voir dans les coups du malheur
  Une fameuse expérience ?

LE ROI.

La constance est facile en mille occasions.
  Toutes les révolutions
Où nous peut exposer la fortune inhumaine,

La perte des grandeurs, les persécutions,
Le poison de l'envie, et les traits de la haine,
  N'ont rien que ne puissent sans peine
  Braver les résolutions
D'une ame où la raison est un peu souveraine.
  Mais ce qui porte des rigueurs
  A faire succomber les cœurs
  Sous le poids des douleurs amères,
  Ce sont, ce sont les rudes traits
  De ces fatalités sévères
  Qui nous enlèvent pour jamais
  Les personnes qui nous sont chères.
  La raison contre de tels coups
  N'offre point d'armes secourables;
  Et voilà des dieux en courroux
  Les foudres les plus redoutables
  Qui se puissent lancer sur nous.

PSYCHÉ.

Seigneur, une douceur ici vous est offerte.
Votre hymen a reçu plus d'un présent des dieux;
  Et, par une faveur ouverte,
Ils ne vous ôtent rien, en m'ôtant à vos yeux,
Dont ils n'aient pris le soin de réparer la perte.
Il vous reste de quoi consoler vos douleurs;
Et cette loi du ciel, que vous nommez cruelle,
  Dans les deux princesses mes sœurs
  Laisse à l'amitié paternelle
  Où placer toutes ses douceurs.

LE ROI.

Ah! de mes maux soulagement frivole!

Rien, rien ne s'offre à moi qui de toi me console.
C'est sur mes déplaisirs que j'ai les yeux ouverts;
 Et, dans un destin si funeste,
 Je regarde ce que je perds,
 Et ne vois point ce qui me reste.

PSYCHÉ.

Vous savez mieux que moi qu'aux volontés des dieux,
 Seigneur, il faut régler les nôtres;
Et je ne puis vous dire, en ces tristes adieux,
Que ce que beaucoup mieux vous pouvez dire aux autres.
 Ces dieux sont maîtres souverains
 Des présents qu'ils daignent nous faire;
 Ils ne les laissent dans nos mains
 Qu'autant de temps qu'il peut leur plaire;
 Lorsqu'ils viennent les retirer,
 On n'a nul droit de murmurer
Des graces que leur main ne veut plus nous étendre.
Seigneur, je suis un don qu'ils ont fait à vos vœux;
Et quand, par cet arrêt, ils veulent me reprendre,
Ils ne vous ôtent rien que vous ne teniez d'eux,
Et c'est sans murmurer que vous devez me rendre.

LE ROI.

 Ah! cherche un meilleur fondement
Aux consolations que ton cœur me présente;
Et de la fausseté de ce raisonnement
 Ne fais pas un accablement
 A cette douleur si cuisante
 Dont je souffre ici le tourment.
Crois-tu là me donner une raison puissante
Pour ne me plaindre point de cet arrêt des cieux?

Et, dans le procédé des dieux
Dont tu veux que je me contente,
Une rigueur assassinante
Ne paroît-elle pas aux yeux?
Vois l'état où ces dieux me forcent à te rendre,
Et l'autre où te reçut mon cœur infortuné;
Tu connoîtras par là qu'ils me viennent reprendre
Bien plus que ce qu'ils m'ont donné.
Je reçus d'eux en toi, ma fille,
Un présent que mon cœur ne leur demandoit pas;
J'y trouvois alors peu d'appas,
Et leur en vis sans joie accroître ma famille,
Mais mon cœur, ainsi que mes yeux,
S'est fait de ce présent une douce habitude;
J'ai mis quinze ans de soins, de veilles et d'études
A me le rendre précieux;
Je l'ai paré de l'aimable richesse
De mille brillantes vertus;
En lui j'ai renfermé, par des soins assidus,
Tous les plus beaux trésors que fournit la sagesse;
A lui j'ai de mon ame attaché la tendresse;
J'en ai fait de ce cœur le charme et l'allégresse,
La consolation de mes sens abattus,
Le doux espoir de ma vieillesse.
Ils m'ôtent tout cela, ces dieux;
Et tu veux que je n'aie aucun sujet de plainte
Sur cet affreux arrêt dont je souffre l'atteinte!
Ah! leur pouvoir se joue avec trop de rigueur
Des tendresses de notre cœur.
Pour m'ôter leur présent, leur falloit-il attendre

ACTE II, SCÈNE I.

Que j'en eusse fait tout mon bien?
Ou plutôt, s'ils avoient dessein de le reprendre,
N'eût-il pas été mieux de ne me donner rien?

PSYCHÉ.

Seigneur, redoutez la colère
De ces dieux contre qui vous osez éclater.

LE ROI.

Après ce coup, que peuvent-ils me faire?
Ils m'ont mis en état de ne rien redouter.

PSYCHÉ.

Ah! seigneur, je tremble des crimes
Que je vous fais commettre, et je dois me haïr.

LE ROI.

Ah! qu'ils souffrent du moins mes plaintes légitimes!
Ce m'est assez d'effort que de leur obéir;
Ce doit leur être assez que mon cœur t'abandonne
Au barbare respect qu'il faut qu'on ait pour eux,
Sans prétendre gêner la douleur que me donne
L'épouvantable arrêt d'un sort si rigoureux.
Mon juste désespoir ne sauroit se contraindre;
Je veux, je veux garder ma douleur à jamais;
Je veux sentir toujours la perte que je fais;
De la rigueur du ciel je veux toujours me plaindre;
Je veux jusqu'au trépas incessamment pleurer
Ce que tout l'univers ne peut me réparer.

PSYCHÉ.

Ah! de grace, seigneur, épargnez ma foiblesse;
J'ai besoin de constance en l'état où je suis.
Ne fortifiez point l'excès de mes ennuis
   Des larmes de votre tendresse.

Seuls ils sont assez forts; et c'est trop pour mon cœur
De mon destin et de votre douleur.

LE ROI.

Oui, je dois t'épargner mon deuil inconsolable.
Voici l'instant fatal de m'arracher de toi :
Mais comment prononcer ce mot épouvantable?
Il le faut toutefois, le ciel m'en fait la loi;
Une rigueur inévitable
M'oblige à te laisser en ce funeste lieu.
Adieu : je vais.... Adieu.

SCÈNE II.

PSYCHÉ, AGLAURE, CYDIPPE.

PSYCHÉ.

Suivez le roi, mes sœurs, vous essuierez ses larmes,
Vous adoucirez ses douleurs;
Et vous l'accableriez d'alarmes,
Si vous vous exposiez encore à mes malheurs.
Conservez-lui ce qui lui reste.
Le serpent que j'attends peut vous être funeste,
Vous envelopper dans mon sort,
Et me porter en vous une seconde mort.
Le ciel m'a seule condamnée
A son haleine empoisonnée :
Rien ne sauroit me secourir;
Et je n'ai pas besoin d'exemple pour mourir.

AGLAURE.

Ne nous enviez pas ce cruel avantage

De confondre nos pleurs avec vos déplaisirs,
De mêler nos soupirs à vos derniers soupirs ;
D'une tendre amitié souffrez ce dernier gage.
            PSYCHÉ.
    C'est vous perdre inutilement.
            CYDIPPE.
C'est en votre faveur espérer un miracle,
Ou vous accompagner jusques au monument.
            PSYCHÉ.
Que peut-on se promettre après un tel oracle?
            AGLAURE.
Un oracle jamais n'est sans obscurité :
On l'entend d'autant moins que mieux on croit l'entendre ;
Et peut-être, après tout, n'en devez-vous attendre
    Que gloire et que félicité.
Laissez-nous voir, ma sœur, par une digne issue
Cette frayeur mortelle heureusement déçue ;
    Ou mourir du moins avec vous,
Si le ciel à nos vœux ne se montre plus doux.
            PSYCHÉ.
Ma sœur, écoutez mieux la voix de la nature
    Qui vous appelle auprès du roi.
    Vous m'aimez trop ; le devoir en murmure ;
    Vous en savez l'indispensable loi.
Un père vous doit être encor plus cher que moi.
Rendez-vous toutes deux l'appui de sa vieillesse,
Vous lui devez chacune un gendre et des neveux.
Mille rois à l'envi vous gardent leur tendresse,
Mille rois à l'envi vous offriront leurs vœux.
L'oracle me veut seule ; et seule aussi je veux

PSYCHÉ.

Mourir, si je puis, sans foiblesse,
Ou ne vous avoir pas pour témoins toutes deux
De ce que, malgré moi, la nature m'en laisse.

AGLAURE.

Partager vos malheurs, c'est vous importuner?

CYDIPPE.

J'ose dire un peu plus, ma sœur, c'est vous déplaire?

PSYCHÉ.

Non; mais enfin c'est me gêner,
Et peut-être du ciel redoubler la colère.

AGLAURE.

Vous le voulez, et nous partons.
Daigne ce même ciel, plus juste et moins sévère,
Vous envoyer le sort que nous vous souhaitons,
    Et que notre amitié sincère,
En dépit de l'oracle, et malgré vous, espère!

PSYCHÉ.

Adieu. C'est un espoir, ma sœur, et des souhaits
    Qu'aucun des dieux ne remplira jamais.

SCÈNE III.

PSYCHÉ.

Enfin, seule et toute à moi-même,
Je puis envisager cet affreux changement
    Qui, du haut d'une gloire extrême,
    Me précipite au monument.
    Cette gloire étoit sans seconde;
L'éclat s'en répandoit jusqu'aux deux bouts du monde;
Tout ce qu'il a de rois sembloient faits pour m'aimer;

ACTE II, SCÈNE III.

Tous leurs sujets, me prenant pour déesse,
　　Commençoient à m'accoutumer
　　Aux encens qu'ils m'offroient sans cesse;
Leurs soupirs me suivoient sans qu'il m'en coûtât rien;
Mon ame restoit libre en captivant tant d'ames;
　　Et j'étois, parmi tant de flammes,
Reine de tous les cœurs, et maîtresse du mien.
　　O ciel, m'auriez-vous fait un crime
　　　De cette insensibilité?
Déployez-vous sur moi tant de sévérité,
Pour n'avoir à leurs vœux rendu que de l'estime?
　　Si vous m'imposiez cette loi,
Qu'il fallût faire un choix pour ne pas vous déplaire,
　　Puisque je ne pouvois le faire,
　　Que ne le faisiez-vous pour moi?
Que ne m'inspiriez-vous ce qu'inspire à tant d'autres
Le mérite, l'amour, et.... Mais que vois-je ici?

SCÈNE IV.

CLÉOMÈNE, AGÉNOR, PSYCHÉ.

CLÉOMÈNE.

Deux amis, deux rivaux, dont l'unique souci
Est d'exposer leurs jours pour conserver les vôtres.

PSYCHÉ.

Puis-je vous écouter quand j'ai chassé deux sœurs?
Princes, contre le ciel pensez-vous me défendre?
Vous livrer au serpent qu'ici je dois attendre,
Ce n'est qu'un désespoir qui sied mal aux grands cœurs;

Et mourir alors que je meurs,
C'est accabler une ame tendre,
Qui n'a que trop de ses douleurs.

AGÉNOR.

Un serpent n'est pas invincible;
Cadmus, qui n'aimoit rien, défit celui de Mars.
Nous aimons, et l'amour sait rendre tout possible
Au cœur qui suit ses étendards,
A la main dont lui-même il conduit tous les dards.

PSYCHÉ.

Voulez-vous qu'il vous serve en faveur d'une ingrate
Que tous ses traits n'ont pu toucher;
Qu'il dompte sa vengeance au moment qu'elle éclate,
Et vous aide à m'en arracher?
Quand même vous m'auriez servie,
Quand vous m'auriez rendu la vie,
Quel fruit espérez-vous de qui ne peut aimer?

CLÉOMÈNE.

Ce n'est point par l'espoir d'un si charmant salaire
Que nous nous sentons animer;
Nous ne cherchons qu'à satisfaire
Aux devoirs d'un amour qui n'ose présumer
Que jamais, quoi qu'il puisse faire,
Il soit capable de vous plaire,
Et digne de vous enflammer.
Vivez, belle princesse, et vivez pour un autre;
Nous le verrons d'un œil jaloux;
Nous en mourrons, mais d'un trépas plus doux
Que s'il nous falloit voir le vôtre:
Et si nous ne mourons en vous sauvant le jour,

Quelque amour qu'à nos yeux vous préfériez au nôtre,
Nous voulons bien mourir de douleur et d'amour.

PSYCHÉ.

Vivez, princes, vivez, et de ma destinée
Ne songez plus à rompre ou partager la loi ;
Je crois vous l'avoir dit, le ciel ne veut que moi,
     Le ciel m'a seule condamnée.
Je pense ouïr déja les mortels sifflements
     De son ministre qui s'approche :
Ma frayeur me le peint, me l'offre à tous moments ;
Et, maîtresse qu'elle est de tous mes sentiments,
Elle me le figure au haut de cette roche.
J'en tombe de foiblesse ; et mon cœur abattu
Ne soutient plus qu'à peine un reste de vertu.
Adieu, princes ; fuyez, qu'il ne vous empoisonne.

AGÉNOR.

Rien ne s'offre à nos yeux encor qui les étonne ;
Et quand vous vous peignez un si proche trépas,
     Si la force vous abandonne,
     Nous avons des cœurs et des bras
     Que l'espoir n'abandonne pas :
Peut-être qu'un rival a dicté cet oracle,
Que l'or a fait parler celui qui l'a rendu.
     Ce ne seroit pas un miracle
Que pour un dieu muet un homme eût répondu ;
Et dans tous les climats on n'a que trop d'exemples
Qu'il est, ainsi qu'ailleurs, des méchants dans les temples.

CLÉOMÈNE.

Laissez-nous opposer au lâche ravisseur
A qui le sacrilége indignement vous livre,

Un amour qu'a le ciel choisi pour défenseur
De la seule beauté pour qui nous voulons vivre.
Si nous n'osons prétendre à sa possession,
Du moins en son péril permettez-nous de suivre
L'ardeur et les devoirs de notre passion.

PSYCHÉ.

Portez-les à d'autres moi-mêmes,
Princes, portez-les à mes sœurs,
Ces devoirs, ces ardeurs extrêmes,
Dont pour moi sont remplis vos cœurs :
Vivez pour elles quand je meurs.
Plaignez de mon destin les funestes rigueurs,
Sans leur donner en vous de nouvelles matières.
Ce sont mes volontés dernières ;
Et l'on a reçu de tout temps
Pour souveraines lois les ordres des mourants.

CLÉOMÈNE.

Princesse....

PSYCHÉ.

Encore un coup, princes, vivez pour elles.
Tant que vous m'aimerez, vous devez m'obéir ;
Ne me réduisez pas à vouloir vous haïr,
Et vous regarder en rebelles
A force de m'être fidèles.
Allez, laissez-moi seule expirer en ce lieu
Où je n'ai plus de voix que pour vous dire adieu.
Mais je sens qu'on m'enlève, et l'air m'ouvre une route
D'où vous n'entendrez plus cette mourante voix.
Adieu, princes, adieu pour la dernière fois.

Voyez si de mon sort vous pouvez être en doute.
(Psyché est enlevée en l'air par deux zéphyrs.)

AGÉNOR.

Nous la perdons de vue. Allons tous deux chercher
Sur le faîte de ce rocher,
Prince, les moyens de la suivre.

CLÉOMÈNE.

Allons-y chercher ceux de ne lui point survivre.

SCÈNE V.

L'AMOUR, *en l'air*.

Allez mourir, rivaux d'un dieu jaloux,
Dont vous méritez le courrroux
Pour avoir eu le cœur sensible aux mêmes charmes.
Et toi, forge, Vulcain, mille brillants attraits
Pour orner un palais
Où l'Amour de Psyché veut essuyer les larmes,
Et lui rendre les armes.

FIN DU SECOND ACTE.

ACTE TROISIÈME.

La scène se change en une cour magnifique, ornée de colonnes de lapis, enrichies de figures d'or, qui forment un palais pompeux et brillant, que l'Amour destine pour Psyché.

SCÈNE I.

L'AMOUR, ZÉPHYRE.

ZÉPHYRE.
Oui, je me suis galamment acquitté
De la commission que vous m'avez donnée;
Et, du haut du rocher, je l'ai, cette beauté,
Par le milieu des airs, doucement amenée
  Dans ce beau palais enchanté,
  Où vous pouvez en liberté
  Disposer de sa destinée.
Mais vous me surprenez par ce grand changement
  Qu'en votre personne vous faites:
Cette taille, ces traits, et cet ajustement,
  Cachent tout-à-fait qui vous êtes;
Et je donne aux plus fins à pouvoir en ce jour
  Vous reconnoître pour l'Amour.
   L'AMOUR.
Aussi ne veux-je pas qu'on puisse me connoître:

Je ne veux à Psyché découvrir que mon cœur,
Rien que les beaux transports de cette vive ardeur
  Que ses doux charmes y font naître;
Et pour en exprimer l'amoureuse langueur,
  Et cacher ce que je puis être
  Aux yeux qui m'imposent des lois,
  J'ai pris la forme que tu vois.
    ZÉPHYRE.
  En tout vous êtes un grand maître,
  C'est ici que je le connois.
Sous des déguisements de diverse nature
  On a vu les dieux amoureux
Chercher à soulager cette douce blessure
Que reçoivent les cœurs de vos traits pleins de feu:
  Mais en bon sens vous l'emportez sur eux;
   Et voilà la bonne figure
   Pour avoir un succès heureux
Près de l'aimable sexe où l'on porte ses vœux.
Oui, de ces formes-là l'assistance est bien forte;
  Et, sans parler ni de rang ni d'esprit,
Qui peut trouver moyen d'être fait de la sorte
  Ne soupire guère à crédit.
    L'AMOUR.
  J'ai résolu, mon cher Zéphyre,
  De demeurer ainsi toujours;
  Et l'on ne peut le trouver à redire
  A l'aîné de tous les Amours.
Il est temps de sortir de cette longue enfance
  Qui fatigue ma patience;
Il est temps désormais que je devienne grand.

ZÉPHYRE.

Fort bien, vous ne pouvez mieux faire;
Et vous entrez dans un mystère
Qui ne demande rien d'enfant.

L'AMOUR.

Ce changement sans doute irritera ma mère.

ZÉPHYRE.

Je prévois là-dessus quelque peu de colère.
 Bien que les disputes des ans
Ne doivent point régner parmi les immortelles,
Votre mère Vénus est de l'humeur des belles,
 Qui n'aiment point de grands enfants.
 Mais où je la trouve outragée,
C'est dans le procédé que l'on vous voit tenir;
 Et c'est l'avoir étrangement vengée
Que d'aimer la beauté qu'elle vouloit punir.
Cette haine, où ses vœux prétendent que réponde
La puissance d'un fils que redoutent les dieux....

L'AMOUR.

Laissons cela, Zéphyre, et me dis si tes yeux
Ne trouvent pas Psyché la plus belle du monde.
Est-il rien sur la terre, est-il rien dans les cieux
Qui puisse lui ravir le titre glorieux
 De beauté sans seconde?
 Mais je la vois, mon cher Zéphyre,
Qui demeure surprise à l'éclat de ces lieux.

ZÉPHYRE.

Vous pouvez vous montrer pour finir son martyre,
 Lui découvrir son destin glorieux,
Et vous dire entre vous tout ce que peuvent dire

Les soupirs, la bouche, et les yeux.
En confident discret, je sais ce qu'il faut faire
Pour ne pas interrompre un amoureux mystère.

SCÈNE II.

PSYCHÉ.

Où suis-je? et, dans un lieu que je croyois barbare,
Quelle savante main a bâti ce palais,
Que l'art, que la nature pare
De l'assemblage le plus rare
Que l'œil puisse admirer jamais?
Tout rit, tout brille, tout éclate
Dans ces jardins, dans ces appartements,
Dont les pompeux ameublements
N'ont rien qui n'enchante et ne flatte;
Et, de quelque côté que tournent mes frayeurs,
Je ne vois sous mes pas que de l'or ou des fleurs.
Le ciel auroit-il fait cet amas de merveilles
Pour la demeure d'un serpent?
Et lorsque par leur vue il amuse et suspend
De mon destin jaloux les rigueurs sans pareilles,
Veut-il montrer qu'il s'en repent?
Non, non, c'est de sa haine, en cruautés féconde,
Le plus noir, le plus rude trait,
Qui, par une rigueur nouvelle et sans seconde,
N'étale ce choix qu'elle a fait
De ce qu'a de plus beau le monde
Qu'afin que je le quitte avec plus de regret.
Que son espoir est ridicule

S'il croit par là soulager mes douleurs!
Tout autant de moments que ma mort se recule
Sont autant de nouveaux malheurs;
Plus elle tarde, et plus de fois je meurs.
Ne me fais plus languir, viens prendre ta victime,
Monstre qui dois me déchirer.
Veux-tu que je te cherche? et faut-il que j'anime
Tes fureurs à me dévorer?
Si le ciel veut ma mort, si ma vie est un crime,
De ce peu qui m'en reste ose enfin t'emparer.
Je suis lasse de murmurer
Contre un châtiment légitime;
Je suis lasse de soupirer :
Viens, que j'achève d'expirer.

SCÈNE III.

L'AMOUR, PSYCHÉ, ZÉPHYRE.

L'AMOUR.

Le voilà ce serpent, ce monstre impitoyable,
Qu'un oracle étonnant pour vous a préparé,
Et qui n'est pas, peut-être, à tel point effroyable
Que vous vous l'êtes figuré.

PSYCHÉ.

Vous, seigneur, vous seriez ce monstre dont l'oracle
A menacé mes tristes jours,
Vous qui semblez plutôt un dieu qui, par miracle,
Daigne venir lui-même à mon secours?

L'AMOUR.

Quel besoin de secours au milieu d'un empire
　　Où tout ce qui respire
N'attend que vos regards pour en prendre la loi,
Où vous n'avez à craindre autre monstre que moi?

PSYCHÉ.

Qu'un monstre tel que vous inspire peu de crainte!
　　Et que, s'il a quelque poison,
　　Une ame auroit peu de raison
　　De hasarder la moindre plainte
　　Contre une favorable atteinte
　Dont tout le cœur craindroit la guérison!
A peine je vous vois, que mes frayeurs cessées
Laissent évanouir l'image du trépas,
Et que je sens couler dans mes veines glacées
Un je ne sais quel feu que je ne connois pas.
J'ai senti de l'estime et de la complaisance,
　　De l'amitié, de la reconnoissance;
De la compassion les chagrins innocents
　　M'en ont fait sentir la puissance:
Mais je n'ai point encor senti ce que je sens.
Je ne sais ce que c'est; mais je sais qu'il me charme,
　　Que je n'en conçois point d'alarme:
Plus j'ai les yeux sur vous, plus je m'en sens charmer;
Tout ce que j'ai senti n'agissoit point de même;
　　Et je dirois que je vous aime,
Seigneur, si je savois ce que c'est que d'aimer.
Ne les détournez point, ces yeux qui m'empoisonnent,
Ces yeux tendres, ces yeux perçants, mais amoureux,

Qui semblent partager le trouble qu'ils me donnent.
Hélas! plus ils sont dangereux,
Plus je me plais à m'attacher sur eux.
Par quel ordre du ciel, que je ne puis comprendre,
Vous dis-je plus que je ne dois,
Moi, de qui la pudeur devroit du moins attendre
Que vous m'expliquassiez le trouble où je vous vois?
Vous soupirez, seigneur, ainsi que je soupire;
Vos sens, comme les miens, paroissent interdits :
C'est à moi de m'en taire, à vous de me le dire;
Et cependant c'est moi qui vous le dis.

L'AMOUR.

Vous avez eu, Psyché, l'ame toujours si dure,
Qu'il ne faut pas vous étonner
Si, pour en réparer l'injure,
L'Amour en ce moment se paie avec usure
De ceux qu'elle a dû lui donner.
Ce moment est venu qu'il faut que votre bouche
Exhale des soupirs si long-temps retenus;
Et qu'en vous arrachant à cette humeur farouche,
Un amas de transports aussi doux qu'inconnus
Aussi sensiblement tout à-la-fois vous touche,
Qu'ils ont dû vous toucher durant tant de beaux jours
Dont cette ame insensible a profané le cours.

PSYCHÉ.

N'aimer point, c'est donc un grand crime?

L'AMOUR.

En souffrez-vous un rude châtiment?

PSYCHÉ.

C'est punir assez doucement.

ACTE III, SCÈNE III.

L'AMOUR.

C'est lui choisir sa peine légitime,
Et se faire justice, en ce glorieux jour,
D'un manquement d'amour par un excès d'amour.

PSYCHÉ.

Que n'ai-je été plus tôt punie!
J'y mets le bonheur de ma vie.
Je devrois en rougir, ou le dire plus bas:
Mais le supplice a trop d'appas;
Permettez que tout haut je le die et redie:
Je le dirois cent fois et n'en rougirois pas.
Ce n'est point moi qui parle, et de votre présence
L'empire surprenant, l'aimable violence,
Dès que je veux parler, s'empare de ma voix.
C'est en vain qu'en secret ma pudeur s'en offense,
Que le sexe et la bienséance
Osent me faire d'autres lois:
Vos yeux de ma réponse eux-mêmes font le choix;
Et ma bouche, asservie à leur toute-puissance,
Ne me consulte plus sur ce que je me dois.

L'AMOUR.

Croyez, belle Psyché, croyez ce qu'ils vous disent,
Ces yeux qui ne sont point jaloux:
Qu'à l'envi les vôtres m'instruisent
De tout ce qui se passe en vous.
Croyez-en ce cœur qui soupire,
Et qui, tant que le vôtre y voudra repartir,
Vous dira bien plus, d'un soupir,
Que cent regards ne peuvent dire.
C'est le langage le plus doux,

C'est le plus fort, c'est le plus sûr de tous.
PSYCHÉ.
L'intelligence en étoit due
A nos cœurs, pour les rendre également contents.
J'ai soupiré, vous m'avez entendue;
Vous soupirez, je vous entends :
Mais ne me laissez plus en doute,
Seigneur, et dites-moi si, par la même route,
Après moi, le Zéphyre ici vous a rendu
Pour me dire ce que j'écoute;
Quand j'y suis arrivée étiez-vous attendu?
Et, quand vous lui parlez, êtes-vous entendu?
L'AMOUR.
J'ai dans ce doux climat un souverain empire,
Comme vous l'avez sur mon cœur;
L'Amour m'est favorable, et c'est en sa faveur
Qu'à mes ordres Éole a soumis le Zéphyre.
C'est l'Amour qui, pour voir mes feux récompensés,
Lui-même a dicté cet oracle
Par qui vos beaux jours menacés
D'une foule d'amants se sont débarrassés,
Et qui m'a délivré de l'éternel obstacle
De tant de soupirs empressés
Qui ne méritoient pas de vous être adressés.
Ne me demandez point quelle est cette province,
Ni le nom de son prince;
Vous le saurez quand il en sera temps.
Je veux vous acquérir, mais c'est par mes services,
Par des soins assidus, et par des vœux constants,
Par les amoureux sacrifices

ACTE III, SCÈNE III.

De tout ce que je suis,
De tout ce que je puis,
Sans que l'éclat du rang pour moi vous sollicite,
Sans que de mon pouvoir je me fasse un mérite;
Et, bien que souverain dans cet heureux séjour,
Je ne vous veux, Psyché, devoir qu'à mon amour.
Venez en admirer avec moi les merveilles,
Princesse, et préparez vos yeux et vos oreilles
　　A ce qu'il a d'enchantements :
　　Vous y verrez des bois et des prairies
　　　Contester sur leurs agréments
　　　Avec l'or et les pierreries;
　Vous n'entendrez que des concerts charmants;
　　De cent beautés vous y serez servie,
Qui vous adoreront sans vous porter envie,
　　Et brigueront à tous moments,
　　D'une ame soumise et ravie,
　　L'honneur de vos commandements.

　　　　PSYCHÉ.

　　Mes volontés suivent les vôtres;
　　Je n'en saurois plus avoir d'autres.
Mais votre oracle enfin vient de me séparer
　　De deux sœurs, et du roi, mon père,
　　　Que mon trépas imaginaire
　　　Réduit tous trois à me pleurer.
Pour dissiper l'erreur dont leur ame accablée
De mortels déplaisirs se voit pour moi comblée,
　　Souffrez que mes sœurs soient témoins
　　Et de ma gloire et de vos soins;
Prêtez-leur, comme à moi, les ailes du Zéphyre,

Qui leur puissent de votre empire,
Ainsi qu'à moi, faciliter l'accès;
Faites-leur voir en quel lieu je respire;
Faites-leur de ma perte admirer le succès.

L'AMOUR.

Vous ne me donnez pas, Psyché, toute votre ame.
Ce tendre souvenir d'un père et de deux sœurs
Me vole une part des douceurs
Que je veux toutes pour ma flamme.
N'ayez d'yeux que pour moi qui n'en ai que pour vous;
Ne songez qu'à m'aimer, ne songez qu'à me plaire.
Et quand de tels soucis osent vous en distraire....

PSYCHÉ.

Des tendresses du sang peut-on être jaloux?

L'AMOUR.

Je le suis, ma Psyché, de toute la nature.
Les rayons du soleil vous baisent trop souvent:
Vos cheveux souffrent trop les caresses du vent;
Dès qu'il les flatte, j'en murmure:
L'air même que vous respirez,
Avec trop de plaisir passe par votre bouche:
Votre habit de trop près vous touche;
Et sitôt que vous soupirez,
Je ne sais quoi qui m'effarouche
Craint parmi vos soupirs des soupirs égarés.
Mais vous voulez vos sœurs; allez, partez, Zéphyre;
Psyché le veut, je ne l'en puis dédire.

(Zéphyre s'envole.)

SCÈNE IV.

L'AMOUR, PSYCHÉ.

L'AMOUR.

Quand vous leur ferez voir ce bienheureux séjour,
De ses trésors faites-leur cent largesses,
Prodiguez-leur caresses sur caresses;
Et du sang, s'il se peut, épuisez les tendresses
Pour vous rendre toute à l'amour.
Je n'y mêlerai point d'importune présence.
Mais ne leur faites pas de si longs entretiens;
Vous ne sauriez pour eux avoir de complaisance,
Que vous ne dérobiez aux miens.

PSYCHÉ.

Votre amour me fait une grace
Dont je n'abuserai jamais.

L'AMOUR.

Allons voir cependant ces jardins, ce palais,
Où vous ne verrez rien que votre éclat n'efface.
Et vous, petits Amours, et vous, jeunes Zéphyrs,
Qui pour armes n'avez que de tendres soupirs,
Montrez tous à l'envi ce qu'à voir ma princesse
Vous avez senti d'allégresse.

FIN DU TROISIÈME ACTE.

ACTE QUATRIÈME.

Le théâtre représente un jardin superbe et charmant; on y voit des berceaux de verdure soutenus par des termes d'or, décorés par des vases d'orangers et par des arbres chargés de toutes sortes de fruits. Le milieu du théâtre est rempli des fleurs les plus belles et les plus rares. On découvre dans l'enfoncement plusieurs dômes de rocailles, ornés de coquillages, de fontaines et de statues; et toute cette vue se termine par un magnifique palais.

SCÈNE I.

AGLAURE, CYDIPPE.

AGLAURE.

Je n'en puis plus, ma sœur; j'ai vu trop de merveilles :
L'avenir aura peine à les bien concevoir;
Le soleil, qui voit tout, et qui nous fait tout voir,
  N'en a jamais vu de pareilles.
  Elles me chagrinent l'esprit;
Et ce brillant palais, ce pompeux équipage,
  Font un odieux étalage
Qui m'accable de honte autant que de dépit.
  Que la fortune indignement nous traite!
  Et que sa largesse indiscrète
Prodigue aveuglément, épuise, unit d'efforts,

Pour faire de tant de trésors
Le partage d'une cadette!

CYDIPPE.

J'entre dans tous vos sentiments,
J'ai les mêmes chagrins; et dans ces lieux charmants,
Tout ce qui vous déplaît me blesse;
Tout ce que vous prenez pour un mortel affront,
Comme vous, m'accable, et me laisse
L'amertume dans l'ame et la rougeur au front.

AGLAURE.

Non, ma sœur, il n'est point de reines
Qui, dans leur propre état, parlent en souveraines
Comme Psyché parle en ces lieux.
On l'y voit obéie avec exactitude,
Et de ses volontés une amoureuse étude
Les cherche jusque dans ses yeux.
Mille beautés s'empressent autour d'elle,
Et semblent dire à nos regards jaloux:
Quels que soient nos attraits, elle est encor plus belle;
Et nous, qui la servons, le sommes plus que vous.
Elle prononce, on exécute;
Aucun ne s'en défend, aucun ne s'en rebute.
Flore, qui s'attache à ses pas,
Répand à pleines mains autour de sa personne
Ce qu'elle a de plus doux appas;
Zéphyre vole aux ordres qu'elle donne;
Et son amante et lui, s'en laissant trop charmer,
Quittent pour la servir les soins de s'entr'aimer.

CYDIPPE.

Elle a des dieux à son service,

Elle aura bientôt des autels;
Et nous ne commandons qu'à de chétifs mortels
    De qui l'audace et le caprice,
Contre nous à toute heure en secret révoltés,
    Opposent à nos volontés
    Ou le murmure ou l'artifice!

AGLAURE.

    C'étoit peu que dans notre cour
Tant de cœurs à l'envi nous l'eussent préférée;
Ce n'étoit pas assez que de nuit et de jour
D'une foule d'amants elle y fût adorée:
Quand nous nous consolions de la voir au tombeau
    Par l'ordre imprévu d'un oracle,
    Elle a voulu de son destin nouveau
Faire en notre présence éclater le miracle,
    Et choisir nos yeux pour témoins
De ce qu'au fond du cœur nous souhaitions le moins.

CYDIPPE.

    Ce qui le plus me désespère,
C'est cet amant parfait et si digne de plaire
    Qui se captive sous ses lois.
Quand nous pourrions choisir entre tous les monarques,
    En est-il un, de tant de rois,
    Qui porte de si nobles marques?
Se voir du bien par-delà ses souhaits
N'est souvent qu'un bonheur qui fait des misérables;
Il n'est ni train pompeux ni superbe palais
Qui n'ouvrent quelque porte à des maux incurables:
Mais avoir un amant d'un mérite achevé,
    Et s'en voir chèrement aimée,

C'est un bonheur si haut, si relevé,
Que sa grandeur ne peut être exprimée.
AGLAURE.
N'en parlons plus, ma sœur, nous en mourrions d'ennui :
Songeons plutôt à la vengeance ;
Et trouvons le moyen de rompre entre elle et lui
Cette adorable intelligence.
La voici. J'ai des coups tout prêts à lui porter
Qu'elle aura peine d'éviter.

SCÈNE II.

PSYCHÉ, AGLAURE, CYDIPPE.

PSYCHÉ.
Je viens vous dire adieu ; mon amant vous renvoie,
Et ne sauroit plus endurer
Que vous lui retranchiez un moment de la joie
Qu'il prend de se voir seul à me considérer ;
Dans un simple regard, dans la moindre parole,
Son amour trouve des douceurs
Qu'en faveur du sang je lui vole,
Quand je les partage à des sœurs.

AGLAURE.
La jalousie est assez fine ;
Et ces délicats sentiments
Méritent bien qu'on s'imagine
Que celui qui pour vous a ces empressements
Passe le commun des amants.
Je vous en parle ainsi faute de le connoître.

Vous ignorez son nom et ceux dont il tient l'être ;
　　　Nos esprits en sont alarmés.
Je le tiens un grand prince, et d'un pouvoir suprême,
　　　Bien au-delà du diadème ;
Ses trésors sous vos pas confusément semés
Ont de quoi faire honte à l'abondance même.
　　　Vous l'aimez autant qu'il vous aime ;
　　　Il vous charme, et vous le charmez :
Votre félicité, ma sœur, seroit extrême
　　　Si vous saviez qui vous aimez.

PSYCHÉ.

　　　Que m'importe? j'en suis aimée ;
　　　Plus il me voit, plus je lui plais.
Il n'est point de plaisirs dont l'ame soit charmée
　　　Qui ne préviennent mes souhaits ;
Et je vois mal de quoi la vôtre est alarmée
　　　Quand tout me sert dans ce palais.

AGLAURE.

　　　Qu'importe qu'ici tout vous serve,
Si toujours cet amant vous cache ce qu'il est?
Nous ne nous alarmons que pour votre intérêt.
En vain tout vous y rit, en vain tout vous y plaît,
Le véritable amour ne fait point de réserve ;
　　　Et qui s'obstine à se cacher
Sent quelque chose en soi qu'on lui peut reprocher.
　　　Si cet amant devient volage,
Car souvent en amour le change est assez doux ;
　　　Et j'ose le dire entre nous,
Pour grand que soit l'éclat dont brille ce visage,
Il en peut être ailleurs d'aussi belles que vous ;

Si, dis-je, un autre objet sous d'autres lois l'engage,
Si, dans l'état où je vous voi,
Seule en ses mains et sans défense,
Il va jusqu'à la violence,
Sur qui vous vengera le roi,
Ou de ce changement, ou de cette insolence?

PSYCHÉ.

Ma sœur, vous me faites trembler.
Juste ciel! pourrois-je être assez infortunée....

CYDIPPE.

Que sait-on si déja les nœuds de l'hyménée....

PSYCHÉ.

N'achevez pas, ce seroit m'accabler.

AGLAURE.

Je n'ai plus qu'un mot à vous dire.
Ce prince qui vous aime, et qui commande aux vents,
Qui nous donne pour char les ailes du Zéphyre,
Et de nouveaux plaisirs vous comble à tous moments,
Quand il rompt à vos yeux l'ordre de la nature,
Peut-être à tant d'amour mêle un peu d'imposture;
Peut-être ce palais n'est qu'un enchantement;
Et ces lambris dorés, ces amas de richesses
Dont il achète vos tendresses,
Dès qu'il sera lassé de souffrir vos caresses,
Disparoîtront en un moment.
Vous savez comme nous ce que peuvent les charmes.

PSYCHÉ.

Que je sens à mon tour de cruelles alarmes!

AGLAURE.

Notre amitié ne veut que votre bien.

PSYCHÉ.

Adieu, mes sœurs, finissons l'entretien :
J'aime; et je crains qu'on ne s'impatiente.
Partez; et demain, si je puis,
Vous me verrez ou plus contente,
Ou dans l'accablement des plus mortels ennuis.

AGLAURE.

Nous allons dire au roi quelle nouvelle gloire,
Quel excès de bonheur le ciel répand sur vous.

CYDIPPE.

Nous allons lui conter d'un changement si doux
La surprenante et merveilleuse histoire.

PSYCHÉ.

Ne l'inquiétez pas, ma sœur, de vos soupçons;
Et quand vous lui peindrez un si charmant empire....

AGLAURE.

Nous savons toutes deux ce qu'il faut taire ou dire,
Et n'avons pas besoin sur ce point de leçons.

(Un nuage descend, qui enveloppe les deux sœurs de Psyché;
Zéphyre les enlève dans les airs.)

SCÈNE III.

L'AMOUR, PSYCHÉ.

L'AMOUR.

Enfin vous êtes seule, et je puis vous redire,
Sans avoir pour témoins vos importunes sœurs,
Ce que des yeux si beaux ont pris sur moi d'empire,
Et quels excès ont les douceurs
Qu'une sincère ardeur inspire

ACTE IV, SCÈNE III.

Sitôt qu'elle assemble deux cœurs.
Je puis vous expliquer de mon ame ravie
Les amoureux empressements,
Et vous jurer qu'à vous seule asservie
Elle n'a pour objets de ses ravissements
Que de voir cette ardeur de même ardeur suivie,
Ne concevoir plus d'autre envie
Que de régler mes vœux sur vos desirs,
Et de ce qui vous plaît faire tous mes plaisirs.
Mais d'où vient qu'un triste nuage
Semble offusquer l'éclat de ces beaux yeux?
Vous manque-t-il quelque chose en ces lieux?
Des vœux qu'on vous y rend dédaignez-vous l'hommage?

PSYCHÉ.

Non, seigneur.

L'AMOUR.

Qu'est-ce donc? et d'où vient mon malheur?
J'entends moins de soupirs d'amour que de douleur;
Je vois de votre teint les roses amorties
Marquer un déplaisir secret;
Vos sœurs à peine sont parties
Que vous soupirez de regret.
Ah! Psyché, de deux cœurs quand l'ardeur est la même,
Ont-ils des soupirs différents?
Et quand on aime bien, et qu'on voit ce qu'on aime,
Peut-on songer à des parents?

PSYCHÉ.

Ce n'est point là ce qui m'afflige.

L'AMOUR.

Est-ce l'absence d'un rival,

Et d'un rival aimé, qui fait qu'on me néglige?

PSYCHÉ.

Dans un cœur tout à vous que vous pénétrez mal!
Je vous aime, seigneur, et mon amour s'irrite
De l'indigne soupçon que vous avez formé.
Vous ne connoissez pas quel est votre mérite,
Si vous craignez de n'être pas aimé.
Je vous aime; et depuis que j'ai vu la lumière,
Je me suis montrée assez fière
Pour dédaigner les vœux de plus d'un roi;
Et s'il vous faut ouvrir mon ame tout entière,
Je n'ai trouvé que vous qui fût digne de moi.
Cependant j'ai quelque tristesse
Qu'en vain je voudrois vous cacher;
Un noir chagrin se mêle à toute ma tendresse,
Dont je ne la puis détacher.
Ne m'en demandez point la cause:
Peut-être la sachant voudrez-vous m'en punir;
Et si j'ose aspirer encore à quelque chose,
Je suis sûre du moins de ne point l'obtenir.

L'AMOUR.

Et ne craignez-vous point qu'à mon tour je m'irrite
Que vous connoissiez mal quel est votre mérite,
Ou feigniez de ne pas savoir
Quel est sur moi votre absolu pouvoir?
Ah! si vous en doutez, soyez désabusée.
Parlez.

PSYCHÉ.

J'aurai l'affront de me voir refusée.

ACTE IV, SCÈNE III.

L'AMOUR.

Prenez en ma faveur de meilleurs sentiments,
L'expérience en est aisée;
Parlez, tout se tient prêt à vos commandements.
Si pour m'en croire il vous faut des serments,
J'en jure vos beaux yeux, ces maîtres de mon ame,
Ces divins auteurs de ma flamme;
Et si ce n'est assez d'en jurer vos beaux yeux,
J'en jure par le Styx, comme jurent les dieux.

PSYCHÉ.

J'ose craindre un peu moins après cette assurance.
Seigneur, je vois ici la pompe et l'abondance,
Je vous adore, et vous m'aimez,
Mon cœur en est ravi, mes sens en sont charmés;
Mais, parmi ce bonheur suprême,
J'ai le malheur de ne savoir qui j'aime.
Dissipez cet aveuglement,
Et faites-moi connoître un si parfait amant.

L'AMOUR.

Psyché, que venez-vous de dire?

PSYCHÉ.

Que c'est le bonheur où j'aspire;
Et si vous ne me l'accordez....

L'AMOUR.

Je l'ai juré, je n'en suis plus le maître;
Mais vous ne savez pas ce que vous demandez.
Laissez-moi mon secret. Si je me fais connoître,
Je vous perds et vous me perdez.
Le seul remède est de vous en dédire.

PSYCHÉ.

C'est là sur vous mon souverain empire?
L'AMOUR.
Vous pouvez tout, et je suis tout à vous;
Mais si nos feux vous semblent doux,
Ne mettez point d'obstacle à leur charmante suite;
Ne me forcez point à la fuite :
C'est le moindre malheur qui nous puisse arriver
D'un souhait qui vous a séduite.
PSYCHÉ.
Seigneur, vous voulez m'éprouver;
Mais je sais ce que j'en dois croire.
De grace apprenez-moi tout l'excès de ma gloire,
Et ne me cachez plus pour quel illustre choix
J'ai rejeté les vœux de tant de rois.
L'AMOUR.
Le voulez-vous?
PSYCHÉ.
Souffrez que je vous en conjure.
L'AMOUR.
Si vous saviez, Psyché, la cruelle aventure
Que par là vous vous attirez....
PSYCHÉ.
Seigneur, vous me désespérez.
L'AMOUR.
Pensez-y bien, je puis encor me taire!
PSYCHÉ.
Faites-vous des serments pour n'y point satisfaire.
L'AMOUR.
Eh bien! je suis le dieu le plus puissant des dieux,

ACTE IV, SCÈNE III.

Absolu sur la terre, absolu dans les cieux ;
Dans les eaux, dans les airs mon pouvoir est suprême ;
  En un mot je suis l'Amour même,
Qui de mes propres traits m'étois blessé pour vous ;
Et sans la violence, hélas ! que vous me faites,
Et qui vient de changer mon amour en courroux,
  Vous m'alliez avoir pour époux.
  Vos volontés sont satisfaites,
  Vous avez su qui vous aimiez,
 Vous connoissez l'amant que vous charmiez ;
  Psyché, voyez où vous en êtes :
Vous me forcez vous-même à vous quitter ;
Vous me forcez vous-même à vous ôter
  Tout l'effet de votre victoire.
Peut-être vos beaux yeux ne me reverront plus.
Ces palais, ces jardins, avec moi disparus,
Vont faire évanouir votre naissante gloire.
  Vous n'avez pas voulu m'en croire ;
 Et, pour tout fruit de ce doute éclairci,
  Le destin, sous qui le ciel tremble,
Plus fort que mon amour, que tous les dieux ensemble,
Vous va montrer sa haine, et me chasse d'ici.

  (L'amour s'envole, et le jardin s'évanouit.)

SCÈNE IV.

Le théâtre représente un désert et les bords sauvages d'un fleuve.

PSYCHÉ, LE DIEU DU FLEUVE, *assis sur un amas de roseaux, et appuyé sur une urne.*

PSYCHÉ.

Cruel destin! funeste inquiétude!
    Fatale curiosité!
Qu'avez-vous fait, affreuse solitude,
    De toute ma félicité?
J'aimois un dieu, j'en étois adorée,
Mon bonheur redoubloit de moment en moment;
    Et je me vois seule, éplorée,
Au milieu d'un désert, où, pour accablement,
    Et confuse et désespérée,
Je sens croître l'amour quand j'ai perdu l'amant.
    Le souvenir m'en charme et m'empoisonne;
Sa douceur tyrannise un cœur infortuné
Qu'aux plus cuisants chagrins ma flamme a condamné.
    O ciel! quand l'Amour m'abandonne,
Pourquoi me laisse-t-il l'amour qu'il m'a donné?
Source de tous les biens, inépuisable et pure,
    Maître des hommes et des dieux,
    Cher auteur des maux que j'endure,
Êtes-vous pour jamais disparu de mes yeux?
    Je vous en ai banni moi-même;

Dans un excès d'amour, dans un bonheur extrême,
D'un indigne soupçon mon cœur s'est alarmé.
Cœur ingrat, tu n'avois qu'un feu mal allumé;
Et l'on ne peut vouloir, du moment que l'on aime,
  Que ce que veut l'objet aimé.
Mourons, c'est le parti qui seul me reste à suivre
  Après la perte que je fais.
  Pour qui, grands dieux! voudrois-je vivre?
  Et pour qui former des souhaits?
Fleuve, de qui les eaux baignent ces tristes sables,
  Ensevelis mon crime dans tes flots;
  Et pour finir des maux si déplorables,
Laisse-moi dans ton lit assurer mon repos.

  LE DIEU DU FLEUVE.

  Ton trépas souilleroit mes ondes,
  Psyché, le ciel te le défend;
Et peut-être qu'après des douleurs si profondes
  Un autre sort t'attend.
Fuis plutôt de Vénus l'implacable colère.
Je la vois qui te cherche, et qui te veut punir:
L'amour du fils a fait la haine de la mère.
  Fuis, je saurai la retenir.

   PSYCHÉ.

  J'attends ses fureurs vengeresses;
Qu'auront-elles pour moi qui ne me soit trop doux?
Qui cherche le trépas ne craint dieux ni déesses,
  Et peut braver tout leur courroux.

SCÈNE V.

VÉNUS, PSYCHÉ, LE DIEU DU FLEUVE.

VÉNUS.

Orgueilleuse Psyché, vous m'osez donc attendre
Après m'avoir sur terre enlevé mes honneurs,
  Après que vos traits suborneurs
Ont reçu les encens qu'aux miens seuls on doit rendre?
  J'ai vu mes temples désertés;
J'ai vu tous les mortels, séduits par vos beautés,
Idolâtrer en vous la beauté souveraine,
Vous offrir des respects jusqu'alors inconnus,
  Et ne se mettre pas en peine
  S'il étoit une autre Vénus:
  Et je vous vois encor l'audace
De n'en pas redouter les justes châtiments,
  Et de me regarder en face,
Comme si c'étoit peu que mes ressentiments!

PSYCHÉ.

Si de quelques mortels on m'a vue adorée,
Est-ce un crime pour moi d'avoir eu des appas
  Dont leur ame inconsidérée
Laissoit charmer des yeux qui ne vous voyoient pas?
  Je suis ce que le ciel m'a faite,
Je n'ai que les beautés qu'il m'a voulu prêter.
Si les vœux qu'on m'offroit vous ont mal satisfaite,
Pour forcer tous les cœurs à vous les reporter,

Vous n'aviez qu'à vous présenter,
Qu'à ne leur cacher plus cette beauté parfaite
Qui, pour les rendre à leur devoir,
Pour se faire adorer, n'a qu'à se faire voir.

VÉNUS.

Il falloit vous en mieux défendre.
Ces respects, ces encens, se devoient refuser;
Et, pour les mieux désabuser,
Il falloit à leurs yeux vous-même me les rendre.
Vous avez aimé cette erreur
Pour qui vous ne deviez avoir que de l'horreur:
Vous avez bien fait plus; votre humeur arrogante,
Sur le mépris de mille rois
Jusques aux cieux a porté de son choix
L'ambition extravagante.

PSYCHÉ.

J'aurois porté mon choix, déesse, jusqu'aux cieux?

VÉNUS.

Votre insolence est sans seconde.
Dédaigner tous les rois du monde,
N'est-ce pas aspirer aux dieux?

PSYCHÉ.

Si l'Amour pour eux tous m'avoit endurci l'ame,
Et me réservoit toute à lui,
En puis-je être coupable? et faut-il qu'aujourd'hui,
Pour prix d'une si belle flamme,
Vous vouliez m'accabler d'un éternel ennui?

VÉNUS.

Psyché, vous deviez mieux connoître
Qui vous étiez, et quel étoit ce dieu.

PSYCHÉ.

Et m'en a-t-il donné ni le temps ni le lieu,
Lui qui de tout mon cœur d'abord s'est rendu maître?

VÉNUS.

Tout votre cœur s'en est laissé charmer,
Et vous l'avez aimé dès qu'il vous a dit, J'aime.

PSYCHÉ.

Pouvois-je n'aimer pas le dieu qui fait aimer,
　Et qui me parloit pour lui-même?
　C'est votre fils; vous savez son pouvoir;
　　Vous en connoissez le mérite.

VÉNUS.

Oui, c'est mon fils, mais un fils qui m'irrite,
Un fils qui me rend mal ce qu'il sait me devoir,
　Un fils qui fait qu'on m'abandonne,
Et qui, pour mieux flatter ses indignes amours,
Depuis que vous l'aimez ne blesse plus personne
Qui vienne à mes autels implorer mon secours.
　　Vous m'en avez fait un rebelle.
On m'en verra vengée, et hautement, sur vous;
Et je vous apprendrai s'il faut qu'une mortelle
　Souffre qu'un dieu soupire à ses genoux.
Suivez-moi; vous verrez, par votre expérience,
　　A quelle folle confiance
　　Vous portoit cette ambition.
Venez, et préparez autant de patience
　　Qu'on vous voit de présomption.

FIN DU QUATRIÈME ACTE.

ACTE CINQUIÈME.

La scène représente les enfers. On y voit une mer toute de feu, dont les flots sont dans une perpétuelle agitation. Cette mer effroyable est bornée par des ruines enflammées; et au milieu de ses flots agités, au travers d'une gueule affreuse, paroît le palais infernal de Pluton. Psyché passe dans une barque, et paroît avec la boîte qu'elle a été demander à Proserpine de la part de Vénus.

SCÈNE I.

PSYCHÉ.

Effroyables replis des ondes infernales,
Noirs palais où Mégère et ses sœurs font leur cour,
  Éternels ennemis du jour,
Parmi vos Ixions et parmi vos Tantales,
Parmi tant de tourments qui n'ont point d'intervalles,
  Est-il dans votre affreux séjour
  Quelques peines qui soient égales
Aux travaux où Vénus condamne mon amour?
  Elle n'en peut être assouvie;
Et depuis qu'à ses lois je me trouve asservie,
Depuis qu'elle me livre à ses ressentiments,
  Il m'a fallu dans ces cruels moments
  Plus d'une ame et plus d'une vie

Pour remplir ses commandements.
Je souffrirois tout avec joie,
Si, parmi les rigueurs que sa haine déploie,
Mes yeux pouvoient revoir, ne fût-ce qu'un moment,
Ce cher, cet adorable amant.
Je n'ose le nommer : ma bouche, criminelle
D'avoir trop exigé de lui,
S'en est rendue indigne ; et, dans ce dur ennui,
La souffrance la plus mortelle
Dont m'accable à toute heure un renaissant trépas
Est celle de ne le voir pas.
Si son courroux duroit encore,
Jamais aucun malheur n'approcheroit du mien ;
Mais s'il avoit pitié d'une ame qui l'adore,
Quoi qu'il fallût souffrir, je ne souffrirois rien.
Oui, destins, s'il calmoit cette juste colère,
Tous mes malheurs seroient finis :
Pour me rendre insensible aux fureurs de la mère,
Il ne faut qu'un regard du fils.
Je n'en veux plus douter, il partage ma peine ;
Il voit ce que je souffre, et souffre comme moi ;
Tout ce que j'endure le gêne ;
Lui-même il s'en impose une amoureuse loi.
En dépit de Vénus, en dépit de mon crime,
C'est lui qui me soutient, c'est lui qui me ranime
Au milieu des périls où l'on me fait courir ;
Il garde la tendresse où son feu le convie,
Et prend soin de me rendre une nouvelle vie
Chaque fois qu'il me faut mourir.
Mais que me veulent ces deux ombres

Qu'à travers le faux jour de ces demeures sombres
J'entrevois s'avancer vers moi?

SCÈNE II.

PSYCHÉ, CLÉOMÈNE, AGÉNOR.

PSYCHÉ.

Cléomène, Agénor, est-ce vous que je voi?
Qui vous a ravi la lumière?

CLÉOMÈNE.

La plus juste douleur qui d'un beau désespoir
Nous eût pu fournir la matière;
Cette pompe funèbre où du sort le plus noir
Vous attendiez la rigueur la plus fière,
L'injustice la plus entière.

AGÉNOR.

Sur ce même rocher où le ciel en courroux
Vous promettoit, au lieu d'époux,
Un serpent dont soudain vous seriez dévorée,
Nous tenions la main préparée
A repousser sa rage, ou mourir avec vous.
Vous le savez, princesse; et lorsqu'à notre vue
Par le milieu des airs vous êtes disparue,
Du haut de ce rocher, pour suivre vos beautés,
Ou plutôt pour goûter cette amoureuse joie
D'offrir pour vous au monstre une première proie,
D'amour et de douleur l'un et l'autre emportés,
Nous nous sommes précipités.

CLÉOMÈNE.

Heureusement déçus au sens de votre oracle,

Nous en avons ici reconnu le miracle,
Et su que le serpent prêt à vous dévorer
 Étoit le dieu qui fait qu'on aime,
Et qui, tout dieu qu'il est, vous adorant lui-même,
  Ne pouvoit endurer
Qu'un mortel comme nous osât vous adorer.

AGÉNOR.

 Pour prix de vous avoir suivie,
Nous jouissons ici d'un trépas assez doux.
 Qu'avions-nous affaire de vie,
 Si nous ne pouvions être à vous?
 Nous revoyons ici vos charmes,
Qu'aucun des deux là-haut n'auroit revus jamais.
Heureux si nous voyons la moindre de vos larmes
Honorer des malheurs que vous nous avez faits!

PSYCHÉ.

 Puis-je avoir des larmes de reste,
Après qu'on a porté les miens au dernier point?
Unissons nos soupirs dans un sort si funeste,
 Les soupirs ne s'épuisent point.
Mais vous soupireriez, princes, pour une ingrate.
Vous n'avez point voulu survivre à mes malheurs;
 Et, quelque douleur qui m'abatte,
 Ce n'est point pour vous que je meurs.

CLÉOMÈNE.

L'avons-nous mérité, nous dont toute la flamme
N'a fait que vous lasser du récit de nos maux?

PSYCHÉ.

Vous pouviez mériter, princes, toute mon ame,
 Si vous n'eussiez été rivaux.

ACTE V, SCÈNE II.

Ces qualités incomparables
Qui de l'un et de l'autre accompagnoient les vœux
Vous rendoient tous deux trop aimables
Pour mépriser aucun des deux.

AGÉNOR.

Vous avez pû, sans être injuste ni cruelle,
Nous refuser un cœur réservé pour un dieu.
Mais revoyez Vénus. Le destin nous rappelle,
Et nous force à vous dire adieu.

PSYCHÉ.

Ne vous donne-t-il pas le loisir de me dire
Quel est ici votre séjour?

CLÉOMÈNE.

Dans des bois toujours verts, où d'amour on respire,
Aussitôt qu'on est mort d'amour:
D'amour on y revit, d'amour on y soupire,
Sous les plus douces lois de son heureux empire;
Et l'éternelle nuit n'ose en chasser le jour
Que lui-même il attire
Sur nos fantômes qu'il inspire,
Et dont aux enfers même il se fait une cour.

AGÉNOR.

Vos envieuses sœurs, après nous descendues,
Pour vous perdre se sont perdues;
Et l'une et l'autre tour-à-tour,
Pour le prix d'un conseil qui leur coûte la vie,
A côté d'Ixion, à côté de Titye,
Souffrent, tantôt la roue, et tantôt le vautour.
L'Amour, par les Zéphyrs, s'est fait prompte justice
De leur envenimée et jalouse malice:

Ces ministres ailés de son juste courroux,
Sous couleur de les rendre encore auprès de vous,
Ont plongé l'une et l'autre au fond d'un précipice,
Où le spectacle affreux de leurs corps déchirés
N'étale que le moindre et le premier supplice
De ces conseils dont l'artifice
Fait les maux dont vous soupirez.

PSYCHÉ.

Que je les plains!

CLÉOMÈNE.

Vous êtes seule à plaindre.
Mais nous demeurons trop à vous entretenir;
Adieu. Puissions-nous vivre en votre souvenir!
Puissiez-vous, et bientôt, n'avoir plus rien à craindre!
Puisse, et bientôt, l'Amour vous enlever aux cieux,
Vous y mettre à côté des dieux,
Et, rallumant un feu qui ne se puisse éteindre,
Affranchir à jamais l'éclat de vos beaux yeux
D'augmenter le jour en ces lieux!

SCÈNE III.

PSYCHÉ.

Pauvres amants! Leur amour dure encore!
Tout morts qu'ils sont, l'un et l'autre m'adore,
Moi, dont la dureté reçut si mal leurs vœux!
Tu n'en fais pas ainsi, toi, qui seul m'as ravie,
Amant que j'aime encor cent fois plus que ma vie,
Et qui brises de si beaux nœuds!
Ne me fuis plus, et souffre que j'espère

ACTE V, SCÈNE III.

Que tu pourras un jour rabaisser l'œil sur moi,
Qu'à force de souffrir j'aurai de quoi te plaire,
  De quoi me rengager ta foi.
Mais ce que j'ai souffert m'a trop défigurée
  Pour rappeler un tel espoir;
 L'œil abattu, triste, désespérée,
  Languissante et décolorée,
  De quoi puis-je me prévaloir,
Si par quelque miracle, impossible à prévoir,
Ma beauté qui t'a plu ne se voit réparée?
  Je porte ici de quoi la réparer;
  Ce trésor de beauté divine,
Qu'en mes mains pour Vénus a remis Proserpine,
Enferme des appas dont je puis m'emparer;
  Et l'éclat en doit être extrême,
  Puisque Vénus, la beauté même,
  Les demande pour se parer.
En dérober un peu seroit-ce un si grand crime?
Pour plaire aux yeux d'un dieu qui s'est fait mon amant,
Pour regagner son cœur et finir mon tourment,
  Tout n'est-il pas trop légitime?
Ouvrons. Quelles vapeurs m'offusquent le cerveau,
Et que vois-je sortir de cette boîte ouverte?
Amour, si ta pitié ne s'oppose à ma perte,
Pour ne revivre plus je descends au tombeau..

   (Psyché s'évanouit.)

SCÈNE IV.

L'AMOUR, PSYCHÉ *évanouie*.

L'AMOUR.

Votre péril, Psyché, dissipe ma colère,
Ou plutôt de mes feux l'ardeur n'a point cessé;
Et bien qu'au dernier point vous m'ayez su déplaire,
  Je ne me suis intéressé
  Que contre celle de ma mère.
J'ai vu tous vos travaux, j'ai suivi vos malheurs,
Mes soupirs ont par-tout accompagné vos pleurs.
Tournez les yeux vers moi, je suis encor le même.
Quoi! je dis et redis tout haut que je vous aime,
Et vous ne dites point, Psyché, que vous m'aimez!
Est-ce que pour jamais vos beaux yeux sont fermés,
Qu'à jamais la clarté leur vient d'être ravie?
O mort! devois-tu prendre un dard si criminel,
Et, sans aucun respect pour mon être éternel,
  Attenter à ma propre vie?
  Combien de fois, ingrate déité,
   Ai-je grossi ton noir empire
  Par les mépris et par la cruauté
  D'une orgueilleuse et farouche beauté!
   Combien même, s'il le faut dire,
  T'ai-je immolé de fidéles amants
   A force de ravissements!
   Va, je ne blesserai plus d'ames,
   Je ne percerai plus de cœurs

Qu'avec des dards trempés aux divines liqueurs
Qui nourrissent du ciel les immortelles flammes,
Et n'en lancerai plus que pour faire à tes yeux
  Autant d'amants, autant de dieux.
  Et vous, impitoyable mère,
  Qui la forcez à m'arracher
  Tout ce que j'avois de plus cher,
Craignez, à votre tour, l'effet de ma colère.
  Vous me voulez faire la loi,
Vous, qu'on voit si souvent la recevoir de moi!
Vous qui portez un cœur sensible comme un autre,
Vous enviez au mien les délices du vôtre!
Mais dans ce même cœur j'enfoncerai des coups
Qui ne seront suivis que de chagrins jaloux;
Je vous accablerai de honteuses surprises,
Et choisirai par-tout, à vos vœux les plus doux,
  Des Adonis et des Anchises,
  Qui n'auront que haine pour vous.

SCÈNE V.

VÉNUS, L'AMOUR, PSYCHÉ *évanouie*.

VÉNUS.

  La menace est respectueuse;
  Et d'un enfant qui fait le révolté
  La colère présomptueuse....

L'AMOUR.

Je ne suis plus enfant, et je l'ai trop été;
Et ma colère est juste autant qu'impétueuse.

VÉNUS.

L'impétuosité s'en devroit retenir,
  Et vous pourriez vous souvenir
  Que vous me devez la naissance.

L'AMOUR.

  Et vous pourriez n'oublier pas
  Que vous avez un cœur et des appas
   Qui relèvent de ma puissance;
Que mon arc de la vôtre est l'unique soutien;
  Que sans mes traits elle n'est rien;
  Et que, si les cœurs les plus braves
En triomphe par vous se sont laissé traîner,
  Vous n'avez jamais fait d'esclaves
  Que ceux qu'il m'a plu d'enchaîner.
Ne me vantez donc plus ces droits de la naissance
  Qui tyrannisent mes desirs;
Et, si vous ne voulez perdre mille soupirs,
Songez, en me voyant, à la reconnoissance,
  Vous qui tenez de ma puissance
  Et votre gloire et vos plaisirs.

VÉNUS.

  Comment l'avez-vous défendue,
  Cette gloire dont vous parlez?
  Comment me l'avez-vous rendue?
Et quand vous avez vu mes autels désolés,
   Mes temples violés,
   Mes honneurs ravalés,
Si vous avez pris part à tant d'ignominie,
  Comment en a-t-on vue punie
  Psyché qui me les a volés?

ACTE V, SCÈNE V.

Je vous ai commandé de la rendre charmée
     Du plus vil de tous les mortels,
Qui ne daignât répondre à son ame enflammée
     Que par des rebuts éternels,
     Par les mépris les plus cruels ;
     Et vous-même l'avez aimée !
Vous avez contre moi séduit les immortels :
C'est pour vous qu'à mes yeux les Zéphyrs l'ont cachée ;
     Qu'Apollon même, suborné
     Par un oracle adroitement tourné,
     Me l'avoit si bien arrachée,
     Que si sa curiosité,
     Par une aveugle défiance,
     Ne l'eût rendue à ma vengeance,
     Elle échappoit à mon cœur irrité.
Voyez l'état où votre amour l'a mise,
Votre Psyché ; son ame va partir :
Voyez ; et si la vôtre en est encore éprise,
     Recevez son dernier soupir.
Menacez, bravez-moi, cependant qu'elle expire.
     Tant d'insolence vous sied bien !
Et je dois endurer quoi qu'il vous plaise dire,
     Moi qui sans vos traits ne puis rien !

L'AMOUR.

Vous ne pouvez que trop, déesse impitoyable ;
Le Destin l'abandonne à tout votre courroux.
     Mais soyez moins inexorable
Aux prières, aux pleurs d'un fils à vos genoux.
     Ce doit vous être un spectacle assez doux
     De voir d'un œil Psyché mourante,

Et de l'autre ce fils, d'une voix suppliante,
Ne vouloir plus tenir son bonheur que de vous.
Rendez-moi ma Psyché, rendez-lui tous ses charmes :
Rendez-la, déesse, à mes larmes ;
Rendez à mon amour, rendez à ma douleur
Le charme de mes yeux et le choix de mon cœur.

VÉNUS.

Quelque amour que Psyché vous donne,
De ses malheurs par moi n'attendez pas la fin ;
Si le Destin me l'abandonne,
Je l'abandonne à son destin.
Ne m'importunez plus ; et, dans cette infortune,
Laissez-la sans Vénus triompher ou périr.

L'AMOUR.

Hélas ! si je vous importune,
Je ne le ferois pas si je pouvois mourir.

VÉNUS.

Cette douleur n'est pas commune,
Qui force un immortel à souhaiter la mort.

L'AMOUR.

Voyez par son excès si mon amour est fort.
Ne lui ferez-vous grace aucune ?

VÉNUS.

Je vous l'avoue, il me touche le cœur,
Votre amour ; il désarme, il fléchit ma rigueur.
Votre Psyché reverra la lumière.

L'AMOUR.

Que je vous vais par-tout faire donner d'encens !

VÉNUS.

Oui, vous la reverrez dans sa beauté première :

ACTE V, SCÈNE V.

Mais de vos vœux reconnoissants
Je veux la déférence entière ;
Je veux qu'un vrai respect laisse à mon amitié
Vous choisir une autre moitié.

L'AMOUR.

Et moi je ne veux plus de grace,
Je reprends toute mon audace ;
Je veux Psyché, je veux sa foi ;
Je veux qu'elle revive, et revive pour moi,
Et tiens indifférent que votre haine lasse
En faveur d'une autre se passe.
Jupiter, qui paroît, va juger entre nous
De mes emportements et de votre courroux.

(Après quelques éclairs et des roulements de tonnerre, Jupiter paroît en l'air sur son aigle, et descend sur terre.)

SCÈNE VI.

JUPITER, VÉNUS, L'AMOUR, PSYCHÉ
évanouie.

L'AMOUR.

Vous à qui seul tout est possible,
Père des dieux, souverain des mortels,
Fléchissez la rigueur d'une mère inflexible,
Qui sans moi n'auroit point d'autels.
J'ai pleuré, j'ai prié, je soupire, menace,
Et perds menaces et soupirs.
Elle ne veut pas voir que de mes déplaisirs
Dépend du monde entier l'heureuse ou triste face,

Et que si Psyché perd le jour,
Si Psyché n'est à moi, je ne suis plus l'Amour.
Oui, je romprai mon arc, je briserai mes fléches,
　　J'éteindrai jusqu'à mon flambeau,
Je laisserai languir la nature au tombeau;
Ou, si je daigne aux cœurs faire encor quelques brèches
Avec ces pointes d'or qui me font obéir,
Je vous blesserai tous là-haut pour des mortelles,
　　Et ne décocherai sur elles
Que des traits émoussés qui forcent à haïr,
　　Et qui ne font que des rebelles,
　　Des ingrates, et des cruelles.
　　Par quelle tyrannique loi
Tiendrai-je à vous servir mes armes toujours prêtes,
Et vous ferai-je à tous conquêtes sur conquêtes,
Si vous me défendez d'en faire une pour moi?

　　　　JUPITER, *à Vénus.*

　　Ma fille, sois-lui moins sévère.
Tu tiens de sa Psyché le destin en tes mains;
La Parque, au moindre mot, va suivre ta colère;
Parle, et laisse-toi vaincre aux tendresses de mère,
Ou redoute un courroux que moi-même je crains.
　　Veux-tu donner le monde en proie
A la haine, au désordre, à la confusion;
　　Et d'un dieu d'union,
　　D'un dieu de douceur et de joie,
Faire un dieu d'amertume et de division?
　　Considère ce que nous sommes,
Et si les passions doivent nous dominer:
　　Plus la vengeance a de quoi plaire aux hommes,

ACTE V, SCÈNE VI.

Plus il sied bien aux dieux de pardonner.

VÉNUS.

Je pardonne à ce fils rebelle.
Mais voulez-vous qu'il me soit reproché
Qu'une misérable mortelle,
L'objet de mon courroux, l'orgueilleuse Psyché,
Sous ombre qu'elle est un peu belle,
Par un hymen dont je rougis
Souillé mon alliance et le lit de mon fils?

JUPITER.

Eh bien! je la fais immortelle,
Afin d'y rendre tout égal.

VÉNUS.

Je n'ai plus de mépris ni de haine pour elle,
Et l'admets à l'honneur de ce nœud conjugal.
Psyché, reprenez la lumière
Pour ne la reperdre jamais.
Jupiter a fait votre paix,
Et je quitte cette humeur fière
Qui s'opposoit à vos souhaits.

PSYCHÉ, *sortant de son évanouissement.*

C'est donc vous, ô grande déesse,
Qui redonnez la vie à ce cœur innocent!

VÉNUS.

Jupiter vous fait grace, et ma colère cesse.
Vivez, Vénus l'ordonne; aimez, elle y consent.

PSYCHÉ, *à l'Amour.*

Je vous revois enfin, cher objet de ma flamme!

L'AMOUR, *à Psyché.*

Je vous possède, enfin, délices de mon ame!

JUPITER.

Venez, amants, venez aux cieux
Achever un si grand et si digne hyménée.
Viens-y, belle Psyché, changer de destinée;
Viens prendre place au rang des dieux.

FIN DE PSYCHÉ.

TABLE DES PIÈCES
CONTENUES
DANS LE TOME NEUVIÈME.

ATTILA, ROI DES HUNS, TRAGÉDIE EN CINQ
 ACTES .... *Page*   1
Préface de Voltaire............................. 3
Préface de Corneille. — Au lecteur............... 9
Personnages.................................... 12

TITE ET BÉRÉNICE, COMÉDIE HÉROÏQUE EN CINQ
 ACTES 93
Préface de Voltaire............................ 95
Xiphilinus ex Dione in Vespasiano, Guillelmo Blanco
 Interprete.................................... 97
— In Tito................................... *ibid.*
Personnages.................................... 98
Suite de la Préface de Voltaire, dont la première
 partie précède la pièce de Corneille........... 183
Remarques de Voltaire sur Bérénice, tragédie de
 Racine....................................... 187

PULCHÉRIE, TRAGÉDIE EN CINQ ACTES............ 205
Préface de Voltaire........................... 207
Préface de Corneille.......................... 223
Personnages................................... 226

TABLE

SURÉNA, GÉNÉRAL DES PARTHES, TRAGÉDIE
EN CINQ ACTES............................... *Page* 307
Préface de Voltaire............................. 309
Avertissement de Corneille..................... 317
Personnages................................... 318

PSYCHÉ, TRAGI-COMÉDIE ET BALLET............. 399
Personnages................................... 400

FIN DU TOME NEUVIÈME.

www.ingramcontent.com/pod-product-compliance
Lightning Source LLC
Chambersburg PA
CBHW050253230426
43664CB00012B/1933